中小学教师专业伦理培训研究

何光辉◎著

图书在版编目（CIP）数据

中小学教师专业伦理培训研究/何光辉著．—广州：华南理工大学出版社，2020.7
ISBN 978-7-5623-6388-0

Ⅰ.①中⋯ Ⅱ.①何⋯ Ⅲ.①中小学-教师-师德-研究 Ⅳ.①G635.16

中国版本图书馆 CIP 数据核字（2020）第 096099 号

中小学教师专业伦理培训研究
何光辉 著

出 版 人：卢家明
出版发行：华南理工大学出版社
（广州五山华南理工大学17号楼，邮编510640）
http：//www.scutpress.com.cn E-mail:scutc13@scut.edu.cn
营销部电话：020-87113487　87111048（传真）
责任编辑：黄冰莹
责任校对：梁晓艾
印 刷 者：广东虎彩云印刷有限公司
开　　本：787mm×960mm　1/16　印张：11.5　字数：212 千
版　　次：2020 年 7 月第 1 版　2020 年 7 月第 1 次印刷
定　　价：38.00 元

版权所有　盗版必究　　印装差错　负责调换

前　言

"做高尚的事业，过简单的生活"是笔者的座右铭。1998年我研究生毕业后，一直从事教育政策、教师教育和职业教育研究和实践工作，先后主持、参与了一系列区域性重大教育教学改革项目。在多年的职业生涯中，笔者深深认识到，教师的知识和态度直接影响到教育改革的进程和结果，教师的师德素养决定着教育的质量；同时，也看到，很多中小学教师由于缺少必要的伦理知识和技术而使自己陷入无谓的职业困境中，背负道德和心理的十字架。如很多中小学教师为了把自己班上的学科成绩搞上去，总是在下午放学后把一些所谓"成绩差的学生"留下来补课，尽管是无偿的，结果还是遭到学校领导的批评和一些家长的指责，教师很不理解，感到委屈和挫折。倘若这些教师知道，职业道德与一般日常生活道德的不同，专业决策不能依赖自己的宗教信仰和公民道德价值观，他们就不会遇到这样的尴尬。富润屋，德润身，我们知道专业伦理作为专业工作者的思维方式和行为准则不仅具有规约专业行为的作用，也具有保护专业团体利益、名誉等作用，防止专业人员卷入不必要的法律麻烦、道德困境中。正如美国学者ＯＣ·费雷尔、约翰·弗雷德里克在《商业伦理》一书中所言"做一个好人，并且按你的观点，拥有高尚的个人道德品质并不足以处理商业组织中引起的伦理问题。认识到法律与伦理之间的关系很重要……学习商业伦理将帮助你开始辨别伦理问题且认清解决它们的有效办法"。由于我国师范教育和教师继续教育的缺陷，我国中小学教师专业伦理素质缺失是一个不争的事实。

2005年笔者开始有意识地关注职业道德和专业伦理，并把它作为自己学术旨趣。2009年上海三联出版社正式出版了笔者的博士学位论文《有效职业伦理教育模式研究》，激发了本人研究中小学教师专业伦理培训的动机和斗志。但是，由于工作的压力和家庭的变故，对专业伦理的学习和研究是时断时续的。

2018年1月中共中央、国务院颁发《关于全面深化新时代教师队伍建设改革的意见》，突出师德成为新时代教师队伍建设的基本原则。作为一个教育研习者，笔者感到了自己加快研究中小学教师专业伦理培训的责任和义务。从终身教育和道德哲学角度看，中小学教师专业伦理培训既是教师专业发展的需要，也是完善我国中小学教师培训的需要，更是实施素质教育，满足社会和家庭对公平而有质量的教育的需要，带着沟通教育伦理理论和中小学教育实践、普及教师专业伦理知识的愿望，笔者以《中小学教师专业伦理培训——案例与实践》申报了中陶会"十三五规划"课题并获得立项。于是开始系统地进行理论准备和资料收集。今年1月新冠病毒发作，为了响应政府防控新冠疫情的号召，我与全国人民一样，"不外出、不聚餐、不传谣、不给社会添麻烦"，宅在家里学习、办公。这就使自己有了大块可以自由支配的时间，我决定提前思考和撰写《中小学教师专业伦理培训研究》。

本书参考了师德建设的经验，借鉴了美国教师专业伦理教育的做法，在教师专业伦理培训内容、评价和培训方法方面提出了自己的见解；力图用自己的研究内容回答这一问题：让教师专业伦理走出象牙塔，走进教师培训机构、走进学校、走进教师的心灵、走进教师的生活。由于我国教师专业伦理研究起步较晚，专业伦理培训的文献极少，加之自己不是学伦理专业的，所以书中的一些提法、见解不一定到位。但此书是迄今为止，较早专门、系统地研究中小学教师专业伦理培训的著作，融合了教育学、伦理学、心理学和社会学等学科知识，系统地研究了中小学教师专业伦理培训。因此，希望本书对于推动教育伦理研究成果的应用，促进教师专业伦理的发展，提高中小学育人质量有一定的参考价值。不足之处，恳请批评指证。

作　者
2020年6月

目 录

第一章 教师专业伦理培训的性质与内涵 …………………………… 1

第二章 我国中小学教师专业伦理培训目标 ………………………… 26

第三章 我国中小学教师专业伦理培训内容 ………………………… 45

第四章 中小学教师专业伦理培训原则 ……………………………… 95

第五章 中小学教师专业伦理培训策略 ……………………………… 108

第六章 中小学教师专业伦理培训评价 ……………………………… 144

第七章 学校专业伦理取向的教师文化的建构与作用发挥 ………… 160

参考文献 ……………………………………………………………… 175

第一章 教师专业伦理培训的性质与内涵

爱因斯坦在给妹妹的信中指出:"道德是人类全部价值的基础"。伟大的哲学家黑格尔说过,"为了使大公无私、奉公守法和敦厚成为一种习惯,就需进行直接的伦理教育和思想教育。"詹姆斯·S. 鲍曼、乔纳森·P. 韦斯特等人在其合著的《职业优势》一书中,提出了公共服务的"技能三角"新理念,认为公共服务出现了新特点,价值观的转变、企业文化的渗透以及信息技术的发展要求公共服务专业人员提高专业水平、伦理道德素质和领导才能。

人类社会要走出困境,实现和谐、可持续发展离不开道德及其教育;而作为个体的人要生存、发展,生活幸福更是离不开道德和道德教育。正如上海师范大学哲学与法政学院教授、博士生导师王正平先生所言:"良善的社会"必须要有"良善的教育",而"良善的教育"必须要有"良善的教师",而"良善的教师"必须要有"良善的教育伦理精神"的指导和支撑。

教师职业是崇高与神圣的职业,作为一种专门育人的社会活动,以人格影响人格、以能力培养能力,其对伦理道德及其教育的诉求尤其显得更加迫切、深刻、持续。

一、教师专业伦理的意蕴

教师专业化或教师专业发展是目前学校教育中耳熟能详的概念。自从1966年10月国际劳工组织(ILO)和联合国教科文组织(UNESCO)联合发表的《关于教师地位的建议》提出"教师应该成为专业性职业"以来,教师专业化运动就如火如荼地在世界各国发展起来。1983年4月,美国国家教育优化委员会发表了《国家在危机中:教育改革势在必行》,而改革的重点是通过实现教师专业化来提高教育质量。我国1994年1月1日开始施行的《中华人民共和国教师法》明确规定:教师是履行教育教学职责的专业人员,承担教书育人,培养社会主义事业建设者和接班人、提高民族素质的使命。这实际上已对教师专业化予以肯定,并把它上升为国家意志。1996年,联合国教科文组织在第45届国际教育大会提出:在提高教师地位的整体政策中,推进教师专业化是"改善教师地位和工作条件"的最有前途的中长期策略。从各国政府和国际组织对教师专业化的重视态度中，我们不难得出教师职业是一种专业活动。

恩格斯曾经指出"在社会生活中，每一个阶级，甚至每一个行业，都各有各的道德"，教师职业作为一种专业当然也需要道德。学者 Clark 认为"教学是伦理性职业，就好比是井然有序的工艺过程"。

澳大利亚专业委员会界定，专业实践者有别于"更商业化的职位"，专业上"应时刻将社会福利、健康和安全的责任放在第一位"。社会学家利伯曼（M·Lieberman）指出专业工作具有以下特征：范围明确，垄断地从事于社会不可或缺的工作；运用高度的理性技术；需要长期的专业教育；从事者无论个人、集体，均具有广泛的自律性；在专业的自律性范围内，直接负有做出判断、采取行动的责任；非营利，以服务为动机；形成了综合性的自治组织；拥有具体化的伦理纲领。美国卡内基教学促进会主席、教育学家舒尔曼（Lee·Shulman）认为，当代专业工作者原则上至少有六个特征：服务的理念和职业操守；对学术与理论知识有充分的掌握；能在一定的专业范围内进行熟练操作和实践；运用理论对实际情况作出判断；从经验中学习；形成一个专业学习与人员管理的专业团体。香港曾荣光先生认为，一种职业要被认可为专业，应该具备三个方面的基本特征：具有不可或缺的社会功能；具有完善的专业理论和成熟的专业技能；具有高度的专业自主权和权威性的专业组织。

从有关职业或专业的阐述和规定中，我们可以感受到教师作为一种专门职业所具有蓬勃、盎然的伦理意蕴。我国文化经典《大学》开宗明义："大学之道，在明明德，在亲民，在止于至善"。教育离不开伦理，教育是一种伦理性事业，"教育的最高境界就是成人，培养德性完善的人格"。

二、教师专业伦理的性质与意义

德国教育家赫尔巴特说："道德，普遍地被认为是人类的最高目标，因此也是教育的最高目标。"为了更好地理解教师专业伦理，我们先了解一下伦理和道德。

1. 伦理与道德

要准确、全面地把握教师专业伦理的性质，我们首先要了解伦理和道德的异同。何宏伟教授在《伦理学是什么》一书中这样看待道德和伦理的区别："'道德'更多地或更有可能用于人，更含主观、主体、个人、个体的意味；而'伦理'更具客观、客体、社会、团体的意味。"他指出，"伦理"可以是低层次的、外在的、类似于法律的、"百姓日用而不知"的东西，但也可以是高层次的、综合了主客观的、类似于家园的、体现了人或民族精神本质的、可以在其中居留的东西。它连接内外，沟通上下，甚至在凡俗和神圣之间建立通道。美国学者菲利普·帕特森、李·威尔金斯在其合著的《媒介伦理学问题与案例（第四版）》中，把"伦理"界定为建立在某些得到普遍接受的准则上的理性过程，而"道德"是宗教领域的用语。当一个道德体系中的因素相互冲突时，伦理就开始起作用了。

德国哲学家黑格尔在其伦理学著作《法哲学原理》一书中，专门分篇目对"法""道德""伦理"进行了辨析。在黑格尔看来，法是客观外界的法，是人格的定在，是意志的普遍性；道德是主观内心的法，是内心信念的规定，自我的特殊规定，是意志的特殊性；伦理则是客观法与主观法的统一；它调整主观和客观、内在和外在、普遍和特殊之间的关系，并在伦理的关系中实现人格的定在。这三个阶段不是孤立的、并列的，而是有机联系的、由低级向高级不断丰富和充实的过程。

2. 教师专业伦理的概念与价值取向

早在20世纪30年代，美国就开始了对教师专业伦理系统、规范的研究。1929年全美教育协会（National Education Association，NEA）颁布《教学专业伦理规范》，提出"理想教师"的概念，从"教师对学生、对社区、对专业和对专业雇佣惯例"等4个领域规定了教师"应承担的专业职责"。1975年经4次修订，改名为《教育专业伦理规范》，2015年6月，美国教师教育与资格指导协会颁布了《美国教师专业伦理标准》，指导全美教师明确认识并忠实履行专业道德责任。我国对教师专业伦理研究起步于21世纪初，2005年檀传宝先生著文指出，伴随着教师职业的专业化发展，教师职业道德必然向专业道德的观念转移，"在教师专业化的运动之中，教师的职业道德向专业道德的转换始终是一个重要的线索。从最初的一般性的德行要求到具有道德法典意义的众多专业伦理规范教育，从重视知识、技能教育的技术性培养逐步过渡到专业精神与专业知识、技能水平提升的兼顾是教师专业化历史发展的一个重要侧面。"随后，"教师专业伦理"越来越受到我国教师界的重视，研究者也逐年增多。目前，在宏观层面上，研究者已着手研究教师专业伦理的核心价值观、内容结构与表达方式、编制程序、养成机制等；中观层面，对幼儿园教师专业伦理教育、中小学教师专业伦理教育、师范生专业伦理教育进行探讨；在微观层面上，教师专业伦理教育方法、课程建设等问题已成为关注焦点。另外，很多学者就教师专业伦理本身问题，如教师专业伦理的内涵、价值、困境及建设等做出相关研究。

但是，目前学界对"什么是教师专业伦理"还没有形成统一的认识，如，有的认为"教师专业伦理是指教师在教育教学活动中表现出来的行为事实和应然要求"；也有人提出，"教师专业伦理"即是指教师为维护职业声誉，在从事教育教学这一专业活动时所必须遵守的一套基本的制度化伦理规范和行为准则，是教师职业社会性功能及其专业伦理性的集中表现；还有人认为，教师专业伦理"是每个教育工作者必须遵守的职业道德规范和教师个体必须追求的职业德性的总和"。

本书中，笔者把教师专业伦理定义为教师在从事教育教学这一专业工作时应该遵守的基本专业价值理念、伦理规范和行为准则以及实践能力。教师专业伦理是教师专业素质的重要组成部分，是教师专业化的重要维度之一。我们可以从"专业性"和"伦理"两个方面来理解教师专业伦理：首先，教师的行为规范必须是在专业活动中应用的，并非所有的教师行为规范都称得上是专业的；其次，"伦理"有别于"道德"，教师专业伦理必须体现在以教师为核心的教师与同事、学生、家长及其相关主体的交往过程中。教育教学结果只能在教师与同事、学生、家长的交互作用下才能获得，所有教师的努力如果没有同事、学生、家长等利益相关者的支持与配合，都不会取得理想的成果，因此，教师需要尊重他们，理解他们，尽可能地保持与他们之间的合作关系才能取得他们的信任和支持。总之，教师与同事、学生、家长的良好互动关系对教师的教与学生的学都会产生积极的影响，这也是理解教师专业伦理内涵的关键。

教师专业伦理旨在教师良好德性的养成和对教师伦理规范的自觉遵循。对于教师个体来说，教师专业伦理的价值意义在于为教师事业发展、人生幸福"护驾保航"规约、引领教师走向卓越和良善。对教师群体来说，教师专业论理是教师职业得以成为专业的基础和条件，是区别于其他群体或专业的符号，也是获得社会支持的重要承诺。教育是"使人成人的事业"，公正、责任、仁爱、智慧等价值经由教师的内化、行为呈现，教育才能完成自己为社会育人的使命。

3. 教师专业伦理与教师道德的区别

教师专业伦理与教师职业道德既有区别又有联系。教师职业道德属于行业道德的一种，通常也简称为"师德"。教师职业道德是指教师在教师职业生活中，调节和处理与他人、与社会、与集体关系时所应遵守的基本道德行为规范或准则，以及从中内化而成的道德观念和行为品质。从专业伦理的角度看，由于专业与一般职业的不同，使得专业伦理与普通职业道德在作用范围和作用机制方面也存在差别：普通职业道德作用范围广泛，专业伦理仅在专业范围内起作用；专业伦理的践行主要依靠专业人员的道德自律与团体规范，相比之下普通职业道德规范更多地体现为他律的约束。除此而外，二者依赖的基础也不同，普通职业道德更多地依赖经验；"专业伦理必须有专业知识和技术作为支持。若无专业知识和技术，行为就会鲁莽，甚至伤害所要对待的生命或社会。"教师职业道德主要是作为一种外在的行为规范发挥作用，督促教师履行职责，约束教师的行为举止。以我国《中小学教师职业道德规范》（1997年8月7日修订）为例，其中包括了"依法执教""爱岗敬业""热爱学生""严谨治学""团结协作""尊重家长""廉洁从教""为人师表"等八项要求。但这八项要求都在强调作为从事教师职业的人员必须遵循的一系列行为规范，职业化色彩很浓，专业性特征不足。而且由于缺乏对教师专业内涵的深入理解，忽视了教育工作的特殊性，也没有从教师作为特殊的专业人员角度考虑，忽略了对教师作为个体的人的关注。应该看到，教师专业伦理既有追求崇高的理想，也有劝诫莫为的"底线伦理"，这不仅有助于督促教师有效完成教育教学工作，对于教师个人品性的自我完善、保持内心世界和谐以及追求教育的幸福也具有十分重要的意义。职业道德规范只是约束教师的行为，而没有从教师专业发展的意义上提出相应的要求，无法引发教师自身内在的自觉自律精神。"职业道德不等于专业伦理，教师职业道德只是一般意义上的行业道德规范在教育行业里的简单演绎和套用，无法体现教师'专业性''服务性''自主性'等特征，而教师专业伦理是从教师专业性角度出发制定的一套得到教师认可并自觉遵守的行业内部规范和准则，充分体现了教师'专业'特征，有助于推动教师实现完全专业化发展。"台湾中山医学院医学伦理教授、戴正德博士关于医德与医学伦理区别的论述也有助于我们理解职业道德与专业伦理的差异，他在《医学伦理教育及其教学法的研究探讨》中这样写道："台湾很多人以为医学伦理只是一种医德的强调，当然我们不否认这个事实，但医学伦理已不再只是一个心理学、社会学、法律学……或道德学。医学伦理已变成使医学富有人性的努力，因之我们也可以称之为人文（性）医学。它是一种决定过程，在道德原理与最新的科学资讯为判断的基础上确保善良、公义、善益的倡行，以造福个人与这个社会。"杜时忠教授在新近研究中指出，人们对教师伦理内涵的理解还比较模糊，主要在于没有明晰教师专业伦理的专业性何为，与一般的、传统的职业道德有何区别。研究认为，教师专业伦理的关注点一方面应是教师作为专业性职业的伦理问题而非一般的职业伦理、公共伦理问题，例如是否允许教师在工作时间之外进行有偿家教，是否允许教师与学生发生恋爱关系等问题，涉及的是专业伦理而非一般的职业伦理。另一方面，应是在专业关系中出现的伦理冲突而非教师个人道德问题。

但是，教师专业伦理与教师职业道德又有联系。正如前面所述，教师专业伦理是教师职业道德发展的新境界。教师专业伦理具有教师职业道德的一般性，但教师的专业伦理是教师职业发展到特定阶段，即成为一种专业之后才有的，是教师职业道德发展的高级阶段，所以又有其特殊性。教师专业伦理和教师职业道德都是用来规约教师教育行为，都致力于教育的善和善的人际关系。因此，它们两者具有很多共同的价值理念和价值规范，如底线道德与底线伦理在很多场合下是一致的。另外，也如美国学者费尼（Feeney）所说，作为专业伦理，"是指工作领域中判断行为对或错的标准，同时也能帮助个体解决在工业中遇到的道德困境"。也就是说，因为专业伦理的存在和介入，教师可以更有效地处理人际关系，从而摆脱因为传统教师职业道德给自己造成的道德困境。

关于教师职业道德与教师专业伦理的区别与联系，笔者这里摘录加拿大多伦多大学教授、《伦理型教师》一书的作者伊丽莎白·坎贝尔女士的一段话以说明："我提及专业伦理，而不提专业道德。因而，我认可这样一些人的观点，他们将道德看成个体和私人拥有的，而伦理则更是集体和公众。同样，对于个体教师而言，我认为他是一个道德主体，而不是伦理主体。这本书的名字是《伦理型教师》而不是《道德型教师》，这体现着我对伦理这一术语的偏爱，因为它意味着具有较强专业精神的集体意识，我希望这一些个体教师的道德实践来激发这种集体意识。"

三、教师专业伦理的内涵与结构

教师专业伦理告诉教师应该做什么，不应该做什么，极力维护和提升职业的荣誉和尊严，提高社会公众对教师职业的信任和信心。结构和内涵决定着事物的作用及其发挥，因此有必要对我国中小学教师专业伦理的内涵与结构进行研究。

1. **教师专业伦理的内涵与结构**

伦理的内涵和结构一直受到伦理学者的重视。马克思·韦伯在其《以政治为天职》一文中谈到，一个职业政治家必须具备三种伦理品质：热情、责任感及判断力。热情就是献身于一项事业，不成功，便成仁。……热情，如果不为"事业"服务，不把对这项事业的责任当作重要的行动指南，是造就不了政治家的。为此需要判断力，这是政治家十分重要的心理素质。判断力，就是沉静地面对现实的能力，也就是对人对事的距离。美国佛罗里达州立大学教授米切尔·贝里先生认为职业伦理是由社会价值观、职业观、职业道德规范组成的，其中职业道德规范又包括道德义务和职业许可等。我国学者王荣发在其主编的《现代职业伦理学》中把职业伦理分为职业伦理的道德原则和职业伦理的道德规范，其中，职业道德原则有服务、敬业、协作和效益等原则，而职业伦理的道德范畴则包含职业义务、职业良心、职业纪律、职业公正、职业信誉和职业荣誉等。拉尔夫·多戈夫、弗兰克·M. 洛温伯格等在其合著的《社会工作伦理实务工作指南》中，建构了一个由价值观、专业价值观、专业伦理原则、专业伦理决策组成的职业伦理体系。1975 年，美国全国教育协会正式颁布《教育专业伦理规范》，该规范从对学生和对教育专业两个方面规定了教师义务，明确了教师的各种伦理责任，指出"为人师者的责任就是以最高的标准恪守这些伦理原则"。

  我国研究教师专业伦理的学者也做了一些探索，但有价值的成果不多。徐廷福在其《论我国教师专业伦理的建构》中曾触及这个问题，但也仅仅谈到了教师专业伦理规范的内容与其可操作性。黎琼锋在其发表在 2007 年第一期《教育发展研究》上的"从规约到自律：教师专业道德的建构"文章中提到，教师的专业道德是指教师作为专业人员应具备的独特道德品质，包括教师的专业责任，教师个人道德品性，以自律为核心的专业精神。孙碧菡把教师专业伦理分为教师与教师之间的伦理、教师与学生之间的伦理以及教师与家长之间的伦理，并分别探讨他们之间专业伦理的特点，从而具体把握教师专业伦理的内涵。胡鹏飞在其发表于 2019 年 5 月的《教育观察》上的《论我国教师专业伦理的建构》中提出了教师专业伦理体系的三个维度即教师专业伦理标准、教师专业伦理规范、教师专业精神。教师专业伦理标准是地基，它是明确教师伦理的门槛是什么的部分；教师专业伦理规范则是建立在专业伦理标准之上的具体化，是可操作的部分；教师专业精神是整个教师专业伦理的塔尖部分，是教师伦理从外在规约内化成自我认同的关键环节。台湾中兴大学师资培育中心梁福镇教授认为，教师的伦理立场、行为与观念，除了受到专业领域的影响，也受到教师与同事和学生间互动、学校的日常生活、学校的传统、改革的发展和现代社会的要求等方面的影响。他指出，教师伦理内涵包括六个方面：教师的基本道德、教师的专业观念、教师的教育关系、教师的教学伦理、教师的辅导伦理、教师的校园伦理。在这些研究者中，笔者认为王淑宁的观点比较有启发性。现摘录如下："教师专业伦理素质应包含三方面的内涵：专业伦理基本素质、专业伦理情感素质和专业伦理判断、决策与行动素质。这三种素质综合构成了从教人员所应具备的专业伦理金字塔结构。

具体讲来，处在金字塔结构底层的是教师专业伦理基本素质。这一层主要指教师对专业伦理原理、规范及其价值的认知和掌握，主要包括专业伦理知识的掌握、专业伦理观念的形成和专业伦理信念的初步确立等内容。教师专业伦理基本素质是教师践行教育教学行为的思想基础；教师专业伦理情感素质处于金字塔中层，主要指教师根据专业伦理原则和规范，评价、反思自己或他人的专业伦理行为时所产生的内心体验和主观感受，包括教师对事业的追求、对学生的热爱以及激发的职业尊严和自豪感，是促进职业责任感形成、保障职业行为践行的重要推动力；金字塔的最高层是教师专业伦理判断、决策与行动素质，建立在专业伦理基本素质和专业伦理情感素质的基础上，是指教师依据专业伦理规范和要求在具体的专业伦理情境中做出的伦理判断、决策，是勇于克服困难履行伦理行为的决心、坚持和毅力，是教师专业伦理素质的最终体现。

综合以上学者的观点，笔者认为教师专业伦理是一个侧重专业伦理但又包含职业道德在内的一个价值系统，其主要成分是：

（1）专业理想和情感。《国家中长期教育改革与发展规划纲要（2010—2020年）》提出："加强教师职业理想和职业道德教育，增强广大教师教书育人的责任感和使命感。"专业理想是教师专业素质的核心和灵魂，它是教师对自己从事的专业的一种向往和追求，是教师建立在对专业价值、荣誉认识基础上而对教师工作的认同、信心和坚守，以及由此产生的专业精神、教师责任心、教师尊严等道德情感。

（2）专业核心价值观。价值观是指个人对客观事物（包括人、物、事）及对自己的行为结果的意义、作用、效果和重要性的总体评价，是对什么是好的、是应该的总看法，是推动并指引一个人采取决定和行动的原则、标准，是个性心理结构的核心因素之一。它使人的行为带有稳定的倾向性。专业价值观又名工作价值观，国外一般称为workvalues或occupationalvaulues。专业价值观是关于专业选择、专业生活、专业等级等与工作有关的事物（人、物、事）的意义、重要性的评价和看法。专业价值观简单来说就是一个人的职业价值取向，影响一个人的职业态度和行为。专业价值体现了专业的属性、功能及专业活动本身对主体需要的满足关系。专业核心价值观是专业价值观体系中最重要、最基本、起着支配其他价值作用的价值观。在我国，教师专业核心价值观就是"立德树人，为人师表"。

（3）专业伦理原则。指教师专业伦理规范的指导原则和依据，包含着关于教师师德的观点及理想等内容。如，教书育人、教育仁慈、专业主义、教育幸福等。

（4）专业伦理规则。是依据伦理原则制定出来，指导、约束教师教育教学、具体的、长期的、稳定的、基本的规范，制度，标准，纪律等。专业伦理规则是教师专业伦理的重要内容，主要有教育责任、教育公平、教育宽容、教育尊重、教育反思。

（5）教师专业伦理知识。是教师专业伦理学的有关知识，是教师为了实现自己的专业理想、保证自己的教育善行或者有效呈现自己的伦理修养而必须具备的教育伦理知识。如，什么是道德义务、教育公平的具体内容、功利主义等。在伦理知识中，专业伦理责任和义务是专业伦理的核心部分。在很多情况下，"责任"和"义务"是统一的。专业伦理责任和义务不仅指专业主体对其服务对象必须履行的由专业法律规章或伦理法典所确定的义务或客观责任；也包括专业主体对其面临的义务或客观责任所承担的主观责任。专业伦理责任本质上是角色责任，承担社会或组织中某种角色；或成为具有某种特定义务的专门组织、阶级或者群体的成员，在任何情况下个人都应当使自己想要的、期望的东西服从于自己所扮演的角色的需要。作为某一组织的职业人应恰当地分清自己的责任和组织的责任；分清自己的目标和组织的目标；而不应当不恰当地用一种责任替代另一种责任。组织制定规则规定由不同的人所完成的任务，勾勒出组织中每个人的职位及其任务。因此，教师作为学校或某个教育机构中的一员，正是通过遵守专业伦理完成与相应的任务来履行自己对学校和国家的道德义务。每一种专业伦理，对某一行业的从业人员来讲不外乎有这四种伦理责任，即对雇主或所在的组织的伦理责任、对自己所服务的对象的伦理责任、对一般社会公众的伦理责任、对国家的伦理责任。因此，从本质内涵上来讲，专业伦理实际上是对好的职业行为的规定，这种好的职业行为既能考虑个人的需要，又能关注别人、集体和社会的福利。教师专业伦理教给教师一种健康有尊严的生活方式，引导教师与学生、同事、家长、所在单位领导和谐相处。

（6）专业伦理决策技术。教师在日常工作中不可避免地会面对许多伦理问题、冲突或困境，这需要教师予以处理和解决。也就是说，教师在专业实践中需要做出诸多伦理决策。没有什么程序或算法供我们直接运用并能保证得出令人满意的解决方案。解决道德问题也需要一些实用的常识、一些见多识广的人判断以及我们掌握的进行道德分析的各种各样的技巧与证据的运用。伦理判断或道德推理是有一定的方法、手段和程序的，这就是伦理决策技术。影响个体职业伦理决策的因素很多，归纳起来主要有个人因素、他人、组织或企业文化、社会环境。关于道德决策的技术和方法是五花八门，这里介绍美国会计学会1993年提出的模式，如下：

①确定事实——是什么、是谁、在哪儿、什么时候以及情况如何。
②定义道德问题。
③确认主要原则、规则和价值观。
④详细说明备选对象。
⑤比较价值观和备选对象，看决策是否清晰。
⑥评价后果。
⑦做出决策。

（7）教师美德。教师美德是指具有正向道德价值的教师品德，是教师长期遵守教师专业伦理规范，践行教师职业道德而形成的品德。如"教师爱心""教育合作""教师勇敢""教育忍耐""教育智慧"等。在这里，笔者把教师良心、教师名誉也看成教师美德的一部分。

四、教师专业伦理作用

很多人从职业伦理的角度研究了专业伦理的作用或功能，如米切尔·贝里先生认为，专业伦理的主要功能有：第一，保障服务对象的人权，包括保护公众不受招摇撞骗者和不能胜任工作的从业人员危害；第二，促进专业内部和谐，提升服务的品质，保护本专业、行业的独立性和社会地位；第三，帮助从业人员自我省思及价值澄清；第四，减轻从业人员伦理抉择上的压力及两难困惑；第五，保护从业人员免于法律诉讼；从业人员遵循了职业伦理就能在遇到渎职诉讼等法律问题时得到一些保护。如1991年，美国参议院颁布的《联邦组织判决指南》中有一条重要条款给予公司在触犯法律时得以豁免处罚的机会，其前提是该公司有充分证据显示自身确实开发出"防止和察觉违法行为产生的有效机制并采取了必要的措施"，这些措施包括建立了员工必须遵循的行为标准和模式。

美国教育学者瑞奇（John Martin Rich）认为，专业伦理可发挥四种功能：①对专业人员确保一件事，即强制执行的专业伦理准则，可让专业服务的提供达到合理的标准，且符合道德行为的规范，同时也可让专业人员实施独立的判断；②对公众确保一件事，即专业人员为公众的利益服务，应持续地享有公众的信任、信心以及支持；③提供一个一致的准则与行为标准，即专业人员知道什么是可被接受的行为，以使其行为受到适当的规范，同时保护专业人员免于不利的批评、法律的起诉以及执照的撤回，并避免政府介入专业，使其丧失自主权；④专业伦理准则是一项职业拥有专业地位的标志之一，可以促使半专业或未达专业标准的职业向专业迈进。根据瑞奇的分析，专业伦理实质上属于一种自律，但这种自律中包括他律的成分，或者说是将专业人士之外其他持份者的利益以及社会道德规范纳入考虑范围。因此教师专业伦理也应属于一种自律，保障在教师团体内部达到他律所要求的规范，从而免于外在干涉和介入，以保障教师的专业自主权，正因如此，英、美等国家制订教师专业伦理规范的并非政府或者学生家长，而是教师专业团体。

那么教师的专业伦理又具有哪些作用呢？在笔者看来，具体有如下四大作用或意义：

（1）提升教师的专业品质，促进教师专业发展。专业伦理是现代社会中相对成熟的专业内在的构成要件，也是评判一个职业是否为专业的重要尺度或标准。卡尔（Carr D.）认为，任何一项可以称为专业的行业，需要满足5个标准：提供重要的社会服务；具有以理论和实践为基础的专业知识；满足一些独特的以实践标准形式得到表述的伦理标准；为招募新成员或训练，需要一定的组织与管理保证；为了在实践中做出独立的判断，专业实践者需要高度的自主性。他明确指出，伦理的考虑内含于专业的其他评价标准之中，是专业的首要特征。依此而论，对于教师职业，形成专业伦理，在形式上满足专业的基本标准，无疑是其专业建设中首先需要考虑的关键问题之一。洛瓦特（Lovat）曾说："对于教师来说，一种高度发展的专业伦理，可能有助于其专业的整体发展与提高……它可能标志着一种新的成熟，并且使它（教育行业）与其他高地位的专业保持平齐。"因此，教师专业伦理不仅是教师专业的必要品质，而且还是进一步提高教师的专业地位，使教师获得专业认同感的重要途径。

（2）保障学生的教育权益，促进学生的全面发展。依据联合国教科文组织21世纪报告《教育——财富蕴含其中》，现代教育的核心职能就是，让学生学会学习、学会做事、学会共处、学会做人。依据世界各国教师专业伦理规范的内容看，尊重学生、爱护学生、教育学生是其主要内容，如2015年美国教师教育与资格指导协会颁布的《美国教师专业伦理标准》规定教师对学生的责任："专业的教育者的一个基本职责就是以有尊严的方式对待学生。专业的教育者建立并保持适当的言语、生理、情感和社会界限，以促进学生的健康、安全和幸福"。在专业服务过程中，服务对象属于易受伤害者，特别是当他们与专业人员之间存在能力差距时，这种易受伤害性更为明显。其原因在于专业人员在从业实践中处于控制地位，他们决定提供何种服务，并掌握评价其质量的权利，外行很难直接干预并对其做出合理评判。而更为重要的是，专业人员在其服务过程中，会知晓有关服务对象的某些隐私信息，因而，为确保服务对象的权益得到有效保障，必须以一些伦理上的要求来规限专业人员。对于教师专业来说，伦理上的要求更为必要，这不仅仅是因为与其他专业人员相比，教师与学生之间的特殊专业关系，更因为学生在各方面的力量与教师相比其差距更为悬殊，因而更容易受到伤害。好的教师专业伦理，往往会以底线伦理的形式对教师行为做出基本规约或指导，或使教师在实践中保持起码的伦理警觉，对影响学生利益的行动有主动的选择与评判意识，并寻求可能的解决路径。因而，教师专业伦理对于保障学生受教育权、促进教师健康发展具有重要的意义与价值。另外，教师职业是一个人格影响人格的职业，教师的专业伦理不仅是保障教育教学顺利进行的因素，也是影响学生发展的重要教育内容。研究和实践都表明，教师的道德直接影响学生的学习态度、影响学生的学习方法，甚至影响学生的人生发展方向和职业理想。

(3) 建立良好的人际关系，促进学校和谐发展。教师专业伦理实质上就是教师的"关系伦理"和"过程伦理"，是在工作和生活过程中产生和发展起来的。教师专业伦理是基于教师与同事、学生以及家长之间人际关系实然状态中研究和推导出来的，是为了满足教师职业的道德性和教育性要求、引导和约束教师的专业行为而制定的。2015年美国教师教育与资格指导协会颁布的《美国教师专业伦理标准》指出，"专业教育者与学校共同体成员保持良好的关系和有效互动，同时遵守专业界限"，要求教师与学生的家长、同事、社区人员、企业等建立有效和适当的关系。教师交友和教师身心健康发展，提高自身学习知识和实际工作能力。从我国中小学教育实际来看，由于社会经济的迅速发展和教师专业伦理建设的滞后，一方面，教师的尊严和威信下降；另一方面，教师伦理失范，或同侪关系紧张，或与学生家长产生正面冲突，等等。因此，教师专业伦理的建设对建立和维持学校教育教学秩序，促进教师与同事、学生以及家长之间良好关系的形成具有重要意义。教师专业伦理的发展不但能促进教育教学工作，而且也使教师获得精神上的满足感和成就感，从而在整体上提高教育质量，实现学校和谐、可持续发展。

(4) 维护教师的专业自主权，助力个人获得幸福。教师所从事的工作对于社会成员个体以及社会整体都有着十分重要的意义，甚至对个体命运和整个社会有着决定性的影响。"社会应努力保障教师的社会地位，赋予教师自主权。正是在此共识的作用下，世界上以美国为代表的许多国家便开展起声势浩大的教师专业化运动，以确认和维护教师的专业地位，保障教师的专业自主，并不断推进教师的专业化"。正是在这种教师专业化发展过程中，替代教师职业道德的教师专业伦理赫然登场了。教师工作的专业性和复杂性，需要制订适当的专业伦理规范，使公众对教师及其行业的道德操守有基本的信任，从而赋予教师以专业自主权，以保证他们独立地、高效地开展教育专业工作成为可能。更重要的是，"整个伦理可以定义为这么一种艺术：它指导人们的行为，以产生利益相关者的最大可能量的幸福"。作为教育的专业伦理当然鼓励、指导和支持教师个人追求快乐和幸福。伦理置于教师专业化的背景下，可以得知教师专业伦理的实质就是在以教师为主导的教育环境中，凭借教师的专业伦理规范，形成并维持学校良好的秩序，使每个学生、教师以及家长受益并获得各自的幸福。同时，教师专业伦理还必须以教师为核心，营造教师与同事、学生、家长及其他相关主体之间在交往过程中，彼此之间相互影响、相互促进的积极氛围，通过共同努力，创造每个人的职业价值，实现每个人的幸福。

五、教师专业伦理培训的意义

"好心肠并不够，我们必须有良好的道德观念和原理基础"。2018年1月中共中央、国务院颁布的《关于全面深化新时代教师队伍建设改革的意见》把"突出师德"作为新时代教师队伍建设的基本原则，提出"把提高教师思想政治素质和职业道德水平摆在首要位置"，加强师德师风建设成为新时代我国中小学教师队伍建设的首要措施。实际上，早在21世纪之初，随着教师专业化运动的兴起，教师专业伦理培训也逐渐引起了人们的重视，很多人都提出了要加强教师专业伦理培训的建议。"教师伦理处境日益复杂，加强专业伦理教育是教师教育的重要内容"。也有人强调"中小学教师应从自己的实际能力和水平出发，通过专业素质的修养提升自己的专业伦理认知、专业伦理行为能力和专业伦理意识"。

1. 教师专业伦理培训的概念与性质

教师专业伦理既关系到教师自身的发展，也关系到学生的健康成长，间接影响家校的利益和社会的发展。"教师的伦理意识更多是在进入职场之后逐渐形成的，因此，要关注教师的职场经验，通过教师叙说，唤醒教师的伦理角色意识。"因此，朱水萍博士在2013年第五期《教育评论》杂志发表的文章《专业伦理与教师教育》中呼吁"教师伦理处境日益复杂，加强专业伦理教育是教师教育的重要内容。"

虽然专业伦理教育多有人提起和研究，但是专业伦理培训特别是教师专业伦理培训，目前笔者还没有看到相关材料。为了研究方便，我们在这里把教师专业伦理培训规定为，一种有意识、有计划地对在职教师进行的教师专业伦理培养和修炼的活动或过程，其目的就是优化教师知识结构，规约教师教育教学行为，促进教师专业发展，提高教师专业幸福指数。组织或实施培训的主体是多元的：可以是学校、上级教育行政主管部门、教师培训机构或学校；也可以是科研院所、大学或社会团体；可以是教师团队，也可以是教师本人。如一个教师为了提高自己，主动地阅读《论语》《大学》或者收听有关介绍心学的大师讲座。笔者也把这种活动看成是教师专业伦理培训或"自我培训"。人的任何素质都是教育、环境和个体自主选择的结果。终身教育概念提出之后，人们进一步认识到教育不仅仅是学校的责任，社会、家庭、个体都有义务和责任。这就拓展了教育主体的范围，也扩大了教育的内涵和方式。如果说，人们承认在知识教育中教师与学生都是教育的主体，那么也应该认同专业伦理培训需要多元主体，只是在不同的地方、不同的时间主体发挥作用的方式、程度不同而已。专业伦理培训是教师终身教育不可或缺的组成部分，政府、学校教师本人都是职业伦理培训的主体，任何一个主体的"缺位"都会对个体职业伦理养成构成灾难性的损害。教师专业伦理培训是教师专业发展的重要内容，是教师继续教育、教师教育与管理的重要组成部分。

教师专业伦理培训过程表现为一个引导、建构、转变、巩固、提升受训者的动态过程。由于教师是成人且具备了一定的知识、道德和生活经验，因此，专业伦理培训要完成的任务、要解决的矛盾相对于其他类的教育活动要复杂得多、艰难得多。从教师专业伦理培训的任务来看，它是要把一定的社会教师职业伦理内化为个体专业态度和专业品质，培养伦理型教师。它要克服的矛盾有：教师的专业伦理需要和社会教育伦理的要求之间的矛盾、优良的专业伦理与恶的教师道德之间的矛盾、教师已有的专业伦理和所在学校的伦理期望之间的矛盾。在这些矛盾转化过程中，培训的组织者和实施者是矛盾的主导方面，教师是矛盾的从属方面；但培训实施者的目标能否实现，培训内容能否为教师接受和内化，关键在于能否激发教师的主体作用，也即是培训的主体能否准确把握受训教师的专业伦理发展需要，能否激活、引导教师的伦理自觉。所谓伦理自觉，就是教师对教师专业和自己个人历史地位、作用的深刻认识，对专业伦理内涵准确体悟，对自己肩负的社会责任和使命的主动担当和对自己道德发展这状况的主动反思与追求。从另一个维度讲，个体德性养成是他律向自律转化的过程，是将外在的规范转化为自我约束的结果。在马克思主义德性养成观看来，这个转化的过程是不以人的意志为转移的，社会实践起着重要的甚至是决定性的作用。这也告诉我们教师专业伦理培训不是一个简单的线性活动，而是一个引导、建构、对话的过程。

教师专业伦理培训不是要把教师训练成忠诚的奴仆、沉默的羔羊，也不是要把教师打造成只讲奉献、不问回报的道德圣人，更不是要培养只会赚钱的机器或工作狂。而是要在教育"善"或"好"的教育的指导下，让教师掌握专业伦理知识和技能，学会从伦理的视角观察学校教育教学，正确处理与学生、同事、家长和学校领导的关系，养成教师良好的德性，做一个有情怀、有能力、有品位、有温度的人师，在教育教学的过程中获得自己的尊严和幸福，实现自己的个人价值。因此，教师专业伦理培训的基本目标是提升教师专业伦理品质，使教师获得解决职业伦理困境的能力，达至事业发达，人生幸福。

2. 教师身份认同与教师专业伦理培训

查尔斯·泰勒（Charles Taylor）指出"知道我们是谁，我们在哪里，我们将走向何处，对我们为何生活有着至关重要的意义，是身份主体命题要回答的最根本问题"。教师职业认同是教师个体从内心深处接受自己身为教师的概念，对自己所要扮演的教师角色所代表着的价值、行为与态度的总体认知，理解，接受与较为正面的评价。"教师师德养成是在身份认同的框架下进行自主建构的过程"。教师身份认同是教师专业伦理绕不过的概念，这不仅是因为中小学教师专业伦理养成的根基是教师的职业身份，而且是因为教师专业伦理建构的过程始终伴随着教师职业身份认同的建构。教师的存在是一种价值存在，教师的职业认同实际上就是教师工具价值和终极价值的统一与实现，即教师教书育人又自我实现。但在现实生活中，这两者是很难统一和实现的，很多时候教师既没有教书育人，又无法自我实现。于是教师的身份认同价值取向应"确立在工具本体性价值取向之上，即教师价值实现的本体价值就是其工具价值，教师的本体价值应当基于教师的工具价值来实现"。即促进学生发展才是教师专业发展的本体价值，教师正是通过促进学生发展来实现其自身人格完善和本体价值的。而在笔者看来，要做到这些，关键就是教师要成为"社会良知的代言人"。根据容中逵的研究，社会良知代言人具有两个基本特质：一是教育良心，即教师从教书育人的职责出发形成的对教师职业道德的理性认知和自律意识，表现为教师对学生的关爱和强烈的主体责任感；二是社会良心，即教师在任教过程中形成的对整个社会进步负责的理性认知和自律意识，表现为对当下社会和人类未来肩负的道德使命。前者需要教师成为文化知识的代表，要求教师在任何时候都要以教书育人为己任，为人类的世代延续培养"类"的存在；后者要求教师成为道德伦常的代表，要求教师在任何时候都要有非凡的道德勇气和人格力量，不向邪恶势力低头，勇敢地维护正义。由此，在某种程度上，我们可以说教师的职业身份认同，就是教师社会良知的构建，而这个构建过程也必然需要教师专业伦理培训。李青雁在其博士论文《教师是谁——身份认同与教师道德发展》中较为系统地研究了教师职场道德危机与教师身份认同，从理论上对教师道德发展的身份认同进行了阐释，提出教师是具有道德规定性的存在，教师道德发展要走由内向外的认同构建路线，身份是教师道德发展的逻辑起点，身份认同与教师道德发展是共生共存的。

3. 教师专业伦理培训的特征

教师专业伦理培训是一个帮助教师理解教育、了解社会、胜任教学、选择正确生活方式的复杂的社会活动，也是一个帮助教师完善自己、充实自己、实现自己人生理想的过程。与其他教育活动相比，它具有以下几个主要特征。

（1）人文性。

教师专业伦理培训实际上是一个充盈科学精神和人文精神的社会活动，以人为本，让教师体验到作为一个教师尊严、荣誉与坚守是其核心诉求。正如王恩华所说"专业伦理教育本质上是文化素质教育"教师专业伦理培训其目的无非也是让教师"正确地教"和"教得正确"，求真、求善是教师专业伦理培训的核心目标。日本著名管理学家大前研一在其著作《专业主义》中，提出了他心目中理想的专业人员的形象：专家要控制自己的情感，并靠理性而行动。他们不仅具备较强的专业知识和技能以及较强的伦理观念，而且无一例外地以顾客为第一位，具有永不厌倦的好奇心和进取心，严格遵守纪律。大师的专业人才观无疑是一个科学精神和人文精神结合的产物。人文性实际上就是一种对人的尊重、一种对人生智慧的关注、一种对历史和文化的敬重、对国家民生的牵挂。对于教师专业培训来说，人文性就是在价值追求上要以培养具有科学精神和人文精神的伦理型教师为目标；在实施方式上要充分利用各类文化资源，以人文教育方式进行。在这里人文方式也寓意着专业伦理培训方式是符合道德的，即专业伦理培训要有自我反省的功能，要体现对受教育者的爱与责任，要传输符合时代精神的伦理价值。根据孙彩平博士关于道德教育之道德性的内涵的研究，专业伦理培训活动要尽可能体现自由、公正、仁爱等伦理规范的要求。

（2）实践性。

"教师专业实践是教师专业伦理发展的条件，只有植根于教师的生命活动和真实的教育活动中，才能使教师专业伦理具有发展的土壤和现实的根基。"教师专业伦理培训的最大特点之一是它立足于教师的岗位，与教师的教育教学实践联系紧密。它与一般知识培训、技能培训的两个显著区别是：第一，专业伦理培训是一种全人性教育，它既以个体的知识、情感发展为基础，又促进个体知、情、意、行发展。只有经过长期的、扎扎实实的培养和训练，才可能使教师有先进合理的专业价值观、坚定的专业伦理信念，改变或养成某种职业道德习惯。第二，专业伦理培训是一种岗位性的教育。坎普贝尔指出，只有在伦理实践中，才能培养教师的伦理知识。"实践知识是对伦理知识的适当描述"。在伦理实践中，教师应当拥有一个共同的伦理愿景——"通过他们的实践来尊重伦理原则与美德"，从而将抽象原则与具体情境联系起来，最终增强教师解决伦理难题的能力。教师专业伦理培训既不满足伦理知识的传授，也不能驻足于伦理情感的体验，而是要激发教师专业伦理的需要，使之能听从自己职业良知的召唤，正确选择符合专业伦理标准的行动，并坚定不移地付诸实施，最终养成良好的行动习惯。王恩华在《论专业伦理教育》中，从"专业伦理的教育内容源于实践""专业伦理教育在实践中完成""专业伦理教育以实践为导向"等方面阐述了专业教育的实践性，事实上也启发我们在进行教师专业伦理培训时，要以问题和实践为导向。

（3）超越性

教育是面向未来的，任何教育都具有超越性，但这在专业伦理教育方面就显得"浓墨重彩"，并具有独特的意义。人面对着两个世界：现实世界和可能的世界。现实世界是人物质之躯深陷其中的关系世界，是现存的人力图改变的世界；而可能世界是人的精神和思想存在的世界，是人为之努力奋斗和争取的世界。专业伦理是人类对可能世界的一种把握，是人们用理想对现存世界的审视；指示人们做出职业行为善与恶、好与坏的判断，引领人们走向至善与崇高。教师专业伦理培训的要旨不在于使教师了解自己现今的教育教学行为，而在于使他们掌握：一个伦理型的教育教学行为可能是怎样的？应该是怎样的？专业伦理的理想师生关系是怎样的？教师何以达到这种理想境界？专业伦理培训如果离开了这一宗旨，它就不能称其为专业伦理培训，而只可能成为物理学、经济学等学科知识的培训。诚然,教师专业伦理培训也受到社会现实条件的制约,也要"适应社会",但教师专业伦理培训作为一种精神活动,其适应的目的是为了对现实的超越,这种适应或现实化绝不是摹写、复制现实,而是以现实为出发点,按照某种伦理理想去塑造教师,促使其去追求一种理想的精神境界与行为方式,以此否定当下已然的教育。教师专业伦理培训的超越性,要求教师专业伦理培训具有未来的、长远的眼光,要把专业理想、专业精神和职业伦理原则、规范教育结合起来,注重教师职业伦理动机的培养和激发。

(4) 专业性。

教师伦理培训的专业性有两方面的内涵,一是培训的内容、方法具有学术性、科学性、专门性、系统性,不能用时事政治、道德教条或传统教师职业道德规范的灌输去取代、挤兑专业伦理;二是从事教师专业伦理培训的教师或人员必须是专业的,或者讲具有专业精神,具有深厚伦理培训知识和丰富的经验。由于教师专业伦理是在一般伦理、教师职业道德基础上生长起来的,其内容和教育方法不能简单照搬一般道德教育方法,而必须有自己的特点。教师专业伦理培训的专业性,要求专业伦理培训享有适当的地位,重视教师队伍专业化建设,注重课程与资源的开发。专业伦理课程的教师必须是复合型人才,即具备健康的职业伦理教育人格,有精深的专业知识和技能、扎实的伦理理论基础、良好的伦理教育能力。

(5) 自修性。

"一定意义上讲,每个人都是道德的立法者,也都通过个人的道德判断进行行为的决策,但个人的道德行为最终必须接受社会道德标准的衡量"。自修性,一是强调教师专业伦理培训要以培养教师独立、自律为目的,通过发挥教师的自律意识和能力,保障教师专业伦理培训有效进行。自修性的第二层意思是,强调教师专业伦理培训秉承了道德教育的特性,注重发挥受训教师的主体性,注重受训教师自我教育及自我训练。自律的伦理培训活动是受训教师在自己善良意志的激励下,为自我完善、全面发展而主动参与的一种修养活动。从培训师的角度看,自律性要求培训师要以对他人实施有效伦理教育为天职,用自己的伦理人格感召受训者,对受训者动之以情,晓之以理,约之以法;从受训教师这方讲,要以提升自己的伦理素养为最高目的,充分认识专业伦理对人生幸福的意义,为伦理而伦理,主动、积极参与到培训活动中,自我教育、自我约束,将优秀的、社会倡导的优秀伦理内化为自己的信念,并践行于自己的行动。

（6）开放性。

教师专业伦理培训是一个开放、动态的系统，教师专业伦理培训没有固定的模式，没有放之四海而皆准的办法。教师专业伦理培训模式产生于一定的社会环境中，并受制于一定的社会环境，而社会环境是变动不居的，教师专业伦理培训只有与时代发展保持平衡才能体现自己的价值，获得生存和发展的空间。专业伦理是一种社会意识形态，属于上层建筑部分，具有一定的阶级性、社会性和历史性，而不同的社会、阶层和团体对专业伦理价值的理解和诉求都是不同的，这必然影响到教师专业伦理培训的实施；教师专业伦理培训的目标、内容和方法必须反映一定的阶级性、社会性和历史性，同时又要保持优秀伦理价值的人类共同性、普适性。教师专业伦理培训只有以开放的态度、主动的姿态应对因为技术和利益而带来的各种伦理差异、冲突和变化才能坚守自己引领个人和社会发展方向的责任。由于教师专业伦理培训的对象主要是具备了一定的道德价值的成人，而成人学习的最大特点是主体性、情境性和实用性，这就要求教师专业伦理培训不能采用说教、命令、控制等封闭、呆板的教育教学方式，而必须采取灵活、多样的方法。教师专业伦理培训的开放性就是它的发展性和自我适应性，实质上就是要它在保持一定稳定的基础上，处理好与历史、现实和未来的关系，处理好继承、发展和创新的关系，不断从哲学、伦理学、教育学、心理学和职业社会学等学科与领域中吸收营养，不断完善自身，从而完成促进教师专业发展和教育可持续发展的使命。

（7）渗透性。

渗透，汉语词义为"比喻一种事物或势力逐渐进入到其他方面"。教师专业伦理培训的渗透性是指教师专业伦理培训必须以社会道德教育为基础，结合教师的专业发展实际，寓于具体的教师专业训练中、融入教师的日常生活。教师专业伦理培训必须以社会道德教育为基础，可以从两个方面来理解：一方面专业伦理品质的养成不是从零开始，而是以一般社会道德教育为基础的；教师专业伦理培训不能脱离社会道德的影响，而必须以一般社会道德为指导；教师专业伦理培训是一般伦理在教师教育领域中的具体化和深化。另一方面，根据道德思维发展的理论，人的道德思维能力也是梯次发展的，后一水平的发展是以前一阶段的发展为基础的。专业伦理的选择和判断能力作为一种高级道德思维能力，也是一般道德思维能力的发展。"结合教师的专业发展实际"是指教师专业伦理培训渗透要根据教师专业水平和需要选择适当的渗透内容和形式。例如，对于入职初期的教师，我们用他们喜欢的"文艺演出"的形式，渗入"教育耐心"的内容，达到专业伦理培训的功效；而对于已获高级职称的教师，则可以采用休闲的方式，传递"教育创新"的理念。"寓于具体的教师培训活动中"是指教师各级各类培训都要渗透专业伦理内容，以取"桃李不言，下自成蹊"之功。在我国古代，一些著名的医生在自己的徒弟出师时，赠其灯笼和雨伞，意在鼓励和启迪徒弟发扬优良医德，不分昼夜，风雨无阻地行医治病救人。教师专业伦理培训要与教师知识学习结合在一起，与法纪教育、规章制度教育、思想政治教育结合在一起。今天，我们进行教师专业伦理培训仍可借助一些仪式、活动，以提高教师专业伦理培训的效益。从文化学角度看，教师的生活可分为日常生活与非日常生活。日常生活是教师每天重复的、规律性的、直接满足生存需要的生活，如每天上班、吃饭、睡眠、体育锻炼等。而非日常生活是指教师以追求精神享受为主要目标的非一般意义上的生活，如，教师政治集会、艺术活动、学术沙龙活动等。东欧新马克思主义代表人物赫勒认为日常生活为"自在的类本质对象化"，特点是"重复性、保守性、经验性和实用性"，赫勒在其代表作《日常生活》中指出，日常生活革命或批判的任务不在于一般地抛弃迄今为止的日常生活结构和一般图式，而在于使之人道化，即扬弃日常生活的自在化特征。教师专业伦理培训就是要把伦理、精神注入教师日常生活，并使之朝"非日常生活"发展；同时，教师专业伦理又以更高级的形式，融进教师的"非日常生活"使之更专业、更道德。

4. 教师专业伦理培训的价值

联合国教科文组织的重要报告《教育——财富蕴藏其中》中强调："今天，世界整体上的演变如此迅速，以致教师和大部分其他职业的成员从此不得不接受这一事实，即他们的入门培训对他们的余生来说是不够用的，他们必须在整个生存期间更新和改进自己的知识和技术。"同样，教师专业伦理培训也是每个职场教师整个生存期间必不可少的修为。

（1）教师专业伦理培训能完善教师知识与能力结构。

"目前西方尤其是美国，专业伦理教育方兴未艾，有关专业伦理教育与研究如火如荼，相形之下，国内理论界迄今对专业领域的一些问题认识模糊，对专业伦理教育的迫切性缺乏应有的警觉；在实践上，针对高等教育的特殊性，把专业伦理教育列入德育的高校，更是凤毛麟角。"说中了我国高等教育的一些弊端。培养目标宽泛、课程设置残缺、伦理教育缺失也是我国师范教育的弊端。这些弊端导致的后果之一就是我国教师知识与能力结构的天然不合理，急需在入职后加以补充、完善。"对于专业人员而言，接受专业伦理教育与接受专业知识教育同等重要，两者构成专业教育的内涵。"教师专业伦理是教师专业知识和能力的必要组成部分。加拿大多伦多大学教授伊丽莎白·坎普贝尔在《伦理型教师》一书中针对当今西方教师伦理危机，提出了教师"伦理知识"的概念，阐述了教师的伦理责任，展现了教师伦理研究的图景，并从教学一线捕捉种种教师的伦理冲突，勾勒出教学情境中教师的伦理知识与决策行动。在教师职业生涯中，接受专业伦理培训是教师知识与能力弥补缺陷、再次"充电"的过程。同时，由于专业伦理是对一般道德、职业道德的扬弃和升华，因此，教师专业伦理培训也有利于更新教师原有的道德知识和能力。

（2）教师专业伦理培训能提升教师专业伦理水平。

我国传统师德主要包括三个部分：作为合格公民的道德、与教师职业有关的一些伦理规范、古今名师的优秀品德，是外在的、个体经验性的身份道德，存在着四方面的不足：一是对教师职业道德的制定缺乏深入的研究，条文表述宽泛、模糊；二是规范体系不完整，行业特点不明显；三是职业特征把握不具体，可操作性不强；四是没有处理好教师权利和义务的关系。早在2005年，檀传宝教授就呼吁，我国教师职业道德建设，要从"职业道德"向"专业道德"。徐廷福先生也专门撰文指出，"顺应专业化的要求，引导传统的师德规范向教师专业化时代的专业伦理过渡，成为当前我国教师队伍建设不可忽视的一个问题，应引起我们的关注。"正如前文所述，我国师范教育专业伦理教育是缺失的。因此，教师专业伦理培训成为提高教师专业伦理水平的现实选择。从理想的角度讲，中小学教师专业伦理教育应是"一体化教育"，即教师职前、入职、职后专业伦理教育的一体化和专业伦理规范、修养和实践教育的一体化以及专业伦理各阶段教育的一体化。一般来说，教师职前的专业伦理教育有解决准教师伦理认知的优势；入职时的专业伦理教育有强化教师专业伦理意识的作用；职后的专业伦理教育能够很好地统合教师的伦理认知、情感体验、意志努力和行为习惯等因素，提高其伦理敏感性，加快其"凝道成德"的过程。同时，专业伦理规范教育能够强化教师的伦理认知，修养教育能够使教师掌握专业伦理内化的方法，实践教育能够增进教师对伦理的情感体验、锻炼其道德意志，从而有利于教师专业伦理行为的生成。但鉴于我国师范教育的缺失，我们只能寄希望教师职业伦理培训肩负起一体化专业伦理教育的职责，促进教师专业伦理的养成和提高。

（3）教师专业伦理培训能提高教育教学效能。

"科学的伦理道德就其功能来说，它不仅要求人们不断地自省，而且要求人们珍惜和完善相互之间的生存关系，以理性生存样式不断创造和完善人类的生存条件和环境，推动社会的不断进步。这种功能应用到生产领域，必然会因人的素质尤其是道德水平的提高而形成一种不断进取精神和人际间和谐协作的合力，并因此促使有形资产最大限度地发挥作用和产生效益，促进劳动生产率的提高"。通过伦理培训，提高教师专业伦理素质也是能提高教育教学效能的。杜威认为，只有学校、课程目标、教学都建立在伦理的基础上，学校的道德目的才有可能实现。伦理学家麦金泰尔从"实践"的概念出发，认为教育（或教学）作为一种特殊的社会协作活动，是一种具有自身"内在利益"或"卓越标准"的实践，而这种"内在利益"或"卓越标准"就是满足或促进他人的学习。而要实现这种"内在利益"就需要教师拥有某种德性。教育教学需要实践智慧去实现道德上的善，提升教与学的品质。教育教学的这一特性规定了教师道德人格之于其职业的优先性。"一个业务水平不高的教师培养的学生会是'次品、废品'，而一个道德素质不高的教师培养的学生就可能是'危险品'，对社会不但无益甚至还会有害。"只有及时纠正教师专业伦理的失范现象，提升教师的专业素养，才能培养出高素质的有用人才。

（4）教师专业伦理培训能促进教师专业发展。

教师的专业发展是世界教师教育发展的趋势，也是我国教师教育改革的方向。教师专业发展包括专业知识、专业技能和专业伦理。因此有效地推进教师专业发展不仅需要提高教师自身的专业知识和专业能力，还要加强教师专业伦理建设。"在教师专业化的进程中，教师专业伦理应该是教师专业化的首要和基础性的要求。"有些国家已经注意到这一点的重要性，如"为促进教师的专业化发展，澳大利亚政府自20世纪90年代就提出将教师是否具备事业心作为衡量教师专业的一项标准。"加强教师专业伦理建设，提高教师的专业伦理素质，最终推进教师专业发展的进程。正如拉韦特（Lovat）认为的那样，教师专业伦理的建设绝对能增进教师职业的"专业性"。如果把教师专业伦理从教师专业发展中抽离出来，将导致"教师的工作就成了匠人的工作,教育就会成为没有灵魂的技术就不可能成为真正唤醒、生成学生美好精神世界的活动。"教师专业伦理培训有利于彰显教师作为专业团体的特征,规范相关从业人员的行为,体现其专业工作的规范化与标准性,从而保持专业团体的社会威望和名誉,并为发展新成员提供筛选标准。

(5) 教师专业伦理培训能改进教师培训。

重知识技能,轻态度情感;重灌输,轻启发;是我国教师培训的通病。"在职后教师教育的课程体系中,专门针对教师专业伦理开设的课程很少。考察当前我国对中小学教师进行的大面积培训工作得知:通常的培训内容由专业知识、公共知识和一般的教育心理学知识组成;培训多强调知识的传授与接受。因此,有关教师专业伦理的培训内容,需在教师教育课程设置中占据一席之地。""当前教育中,科学理论、学科知识对教师人文知识缄默知识的贬抑使教师专业化陷入知识困境;科层制对教师专业自主权的约束使教师专业化陷入权力困境;工具理性、规范伦理对德性伦理的边缘化使教师专业化陷入伦理困境""目前,我国指导教师专业伦理修养的方法与途径不外乎致知(学习)、内省、践履、慎独等方面,但由于没有很好地与教师专业发展的实际有机地联系起来,教师的专业伦理修养好像是在完成某种外在的"规定"而游离于教师主体的德性需求之外。"现实中的教师专业伦理教育在很大程度上是居高临下行政命令式的,大多只从"教育者"需要的角度去考虑问题而不从"接受者"需要的角度去考虑,其致命的弱点是把教师当成纯粹受动的对象,忽视了教师主体的主观感受和精神体验,没有将师德根植于教师的幸福感与充实感中。"在当前教育背景下,引导教师职业道德向专业伦理过渡是教师专业发展的一种客观要求。然而,从教师教育的现状来看,大多数培训采取的是讲座或学科教学的方式。这种方式由于其承载的内容远离了教师的真实工作环境,因此对教师的工作实践缺乏有效的指导价值。"教师专业伦理培训的"加盟",一方面会弥补、充实我国教师培训的目标和内容;另一面,由于专业伦理培训汲取了商业伦理、医学伦理培训的经验,也会改变我国教师培训的方法和手段。因此,教师专业伦理培训能改进我国教师培训。

(6) 教师专业伦理培训能完美教师人生。

教师专业发展是为了实现教师职业的内在尊严与幸福,使教师树立突出"专业"和"服务"的职业理念,使教师在面临错综复杂的教育实践考验时能做出符合专业伦理要求的行为。教师专业伦理教育对每一个教师来说,除具有发展的功能以外,还具有一种享用的功能。所谓教师专业伦理教育的享用功能,是指教师专业伦理教育可以使教师通过实现其某种需要、愿望(主要指德性的养成等精神方面的)而体验到满足、快乐和幸福,获得精神上的享受。教师专业伦理教育不仅要使教师感受到掌握与遵循某种道德规范、承担教育责任对自身来说是一种职责、一种要求、一种约束、一种限制、一种牺牲、一种奉献,而且更应当使他们体验到可以从中得到自己内心的满足、愉快和幸福,得到自我的充分发展与自由,得到唯独人才会有的一种高级享受。这种道德的个体享用价值要在教师专业伦理教育过程中不断得到深化与提高,就需要使教师能因其良好的教师专业伦理而得到肯定、表扬,从中产生快乐的、积极的情绪体验;使教师从能使他人得到快乐和满足的道德行为中体验到自我满足与幸福;还要使教师从有利于集体的行为中获得荣誉和尊重,产生自我肯定的成功体验,满足其归属感与安全感;还要进一步使教师从自身道德的发展、道德人格的完善中获得人生境界的自我提升进而在人生发展的最高层次上,使教师从其道德理想、道德信念的实现中获得一种崇高感,体验到一种最大的幸福,感受到一种最高的享受。只有这样,才能使教师不是把各种道德规范看作是外在的对自己的约束和限制,而是当作自我发展的需要;不是把教师专业伦理、教师专业伦理教育看作一种异己的力量,而是当作一种自身不断得到完善、发展的主动追求。事实上教师专业伦理教育的社会需要完全可以和教师的人生追求、求善向上的需要结合在一起,引导教师个体通过自觉履行教师义务、承担教师责任、践行道德行为、优化教师形象、提高教师精神境界等来保持其内心世界平衡、安宁、和谐、满足、幸福。

"道德教育促使人得到发展与完善,这一过程对受教育者来说,是一种精神的解放和自由与意志的弘扬,它们理应从中得到自我超越的快乐。"教师专业伦理培训让受教育者感受到职业伦理是人生不可或缺的精神粮食,履行职业伦理责任和义务是一种生命的快乐。正是在教师专业伦理培训过程中,张扬正义、公正等善念,泯灭欺诈、侵害等恶欲,历练职业素质,求得自己人生的圆满和幸福。

(7)教师专业伦理培训有助于改变社会风气,提高社会文明程度。

专业活动是现代社会最主要的实践活动之一,专业人员的专业伦理水平是社会风气的晴雨表、社会文明程度的标志。在社会生活中，每一种社会职业都以特定的方式与整个社会发生联系，每个行业都对社会道德风尚和习俗产生这样或那样的影响，特别是一些窗口行业，如行政、医疗卫生、司法等，其专业伦理状况，更是左右着社会民众的价值取向，制约着民心向背。如果每个人都能按照职业伦理要求，处理职场关系，那么就能建立良好的人际关系，形成优良的社会道德风尚。专业伦理育人的社会作用也主要体现在这里，即：一方面通过培养人才，提高社会主要成员的道德伦理素质，达到纯化社会风气，提高全社会的道德水平，推动社会文明前进的脚步。另一方面，教师专业伦理培训又通过研究、传播先进的专业伦理，引导社会成员提高自己的伦理修养，追求有尊严、有品位的专业生活。爱因斯坦说过，"要是没有'伦理'教育，人类就不会得救"；戴正德先生说："专业伦理，不论是医技健康或管理的，都以关系间相互的敬重为行为举止的前提，目的在于人性化的促进，使关系更加和谐、生命更美好、生活更美好、生活更加和乐。"当前，世界各国纷纷加强教师专业伦理培训，希望借助科学的专人的教师专业伦理培训，提高教师专业素质，发展公平而有质量的教育，促进人类社会可持续发展。

1975年美国教育协会（NEA）颁发的《教育专业伦理规范》在导言中写道："因为相信每个人享有其价值和尊严，所以教师的第一天职即为求索真理，达至卓越，孕育民主。要达成这些目标，核心是确保学与教的自由，让每个人都享有平等的受教育权。为人师者的责任就是以最高的标准恪守这些伦理原则。""教师无不认为其责任蕴涵在教学过程之中。教师之所以要追求并维持高标准的道德行为，动机便是出于对同事、家长和社区的尊重和信赖。《教育专业伦理规范》既是全体教师的抱负，也为其行为提供了评判依据。"这些话语清楚地告诉我们教师工作的专业伦理的意义，让我们积极与有效地研究、实践中小学教师专业伦理培训吧！

第二章 我国中小学教师专业伦理培训目标

常玉不琢，不成文章；君子不学，不成其德。早在1997年，我国伦理学泰斗罗国杰就在其主编的《道德建设论》中专门论述了教师专业伦理培训的问题，他指出"一个人的职业道德必须经过严格的培养和训练才能逐渐形成。职业道德建设要从培养职业劳动者的职业道德意识入手，让他们形成与本职工作相适应的职业道德教育观念，养成良好的职业道德习惯，具备较高的职业道德素质，做一名文明的职业劳动者。"目标，一般指射击、攻击或寻求的对象，也指想要达到的境地或标准。我们这里所说的目标，是对活动预期结果的主观设想，是在头脑中形成的一种主观意识形态，也是活动的预期目的，为活动指明方向。人是意义的动物，目标是人的活动的依据和动力。所以一切培训活动都是有目标的、有对培训结果的预设和要求的。这是培训活动得以顺利进行、取得成效的必要条件和保障。正如有位哲人所说的"不知道往哪个方向行驶的小船，到哪里都是逆风"。我们在进行教师专业伦理培训时，首要考虑的就是教师专业伦理培训目标。"我们可以将教育唯一的任务和全部的任务概括为这样一个概念：'道德'，'道德'普遍地被认为是人类的最高目标，因此也是教育的最高目标。"

一、教师专业伦理培训目标的内涵和意义

教师专业伦理培训目标，是指教师专业伦理培训结果的设想与期望，是培训活动结束时教师专业伦理所达到的状态和标准，是培训者对被培训的中小学教师施加专业伦理影响，从而使受训的中小学教师的专业伦理品质得到发展，进而提高教师的专业发展水平，达到事业成功。

教师专业伦理培训活动在前，目标在后，培训者的整个伦理培训过程要以伦理培训目标为指南，规划自己的整个专业伦理培训工作和过程。专业伦理培训的方方面面、细枝末节，诸如课程内容的选择、教学手段的使用等，都要以专业伦理培训目标为参照标准，并紧密地为之服务。专业伦理培训是一个不断取得反馈又不断进行调整矫正的过程，过程的总指向就是圆满地完成伦理培训目标。

教师专业伦理培训满足社会、学校、学生和家长的对教师专业伦理的要求是以专业伦理培训目标为中介和纽带的，也即社会、学校、学生和家

长的对教师专业伦理素质的要求要先转化成专业伦理培训的目标，再以专业伦理培训的目标去指挥和引导整个教师专业伦理培训工作，以造就符合基础教育需要的高素质教师。

专业伦理培训目标集中反映了一定社会对中小学教师在"师道""师德"方面的要求，告诉人们何为"好老师"，正如李玢在《论高尚师德的当代诉求》一文中所说"好老师的道德情操最终要体现到对所从事职业的忠诚和热爱上来。好老师应该执着于教书育人。"从另一个方面来看，教师专业伦理培训目标也折射、警示着人们关于教育、师德建设的经验和教训。如，杜时忠教授在研究我国师德规范时就指出"目前对教师专业化的理解，强调教师的专业知识、专业能力，比较忽视教师的专业伦理"，强调要依教师专业伦理精神"重构师德规范，从而克服'08'版师德规范之不足。"启发人们在选择教师专业伦理培训目标要注意的标准。

科学地设计、确定教师专业伦理培训目标，是有效开展伦理培训的前提和重要环节。

二、我国中小学教师专业伦理培训目标设计的依据和原则

要保证中小学教师专业伦理培训目标的科学性、可行性，设计和确定时就必须坚持以下依据和原则。

1. 党和国家教育方针、法律、法规和条例

我国中小学教师专业伦理培训目标应该体现我国社会主义初级阶段国情的性质和特点，以党和国家制定的具有不同效力的相关教育方针、法律、法规和条例为法理依据。邓小平同志曾经指出："我们一定要经常教育我们的人民，尤其是我们的青年，要有理想。为什么我们过去能在非常困难的情况下奋斗出来，战胜千难万险使革命胜利呢？就是我们因为有理想，有马克思主义信念和共产主义信念。"虽然人类有共同的道德，也有一些普世伦理，但这不能成为否认道德和伦理的阶级性、民族性和时代性的借口，我们的教育是社会主义的教育，我们中小学教师专业伦理也是中国特色的社会主义教师专业伦理。正因为如此，曾建平、熊来开两位教授提出，"广大教师要始终同党和人民站在一起，自觉做中国特色社会主义的坚定信仰者和忠实实践者。"所以，在设计中小学教师专业伦理培训目标时，一定要认真学习和研究党和国家教育方针、法律、法规和条例。

例如，《中华人民共和国教育法》《中华人民共和国教师法》《教师资格条例》《公民道德建设实施纲要》等法律性文件规定了中小学教师的权利和义务，并对教师的职业道德素质提出了明确要求。如 2008 年，教育

部、中国教科文卫体工会全国委员会颁发的《中小学教师职业道德规范》（2008年修订）规定的教师职业道德主要是"爱国守法""爱岗敬业""关爱学生""教书育人""为人师表""终身学习"。2018年1月发布的《中共中央国务院关于全面深化新时代教师队伍建设改革的意见》指出"加强教师职业理想和职业道德教育，把'四有好老师''四个引路人''四个相统一'和'四个服务'等要求，细化落实到师德教育的全过程。"这些都是设计教师专业伦理培训目标时必须参考的依据，依次可保证教师伦理培训目标的时代性、先进性和生活性。2014年9月，习近平总书记在同北京师范大学师生代表座谈时指出，做好老师就要"有理想信念，有道德情操，有扎实知识、有仁爱之心"，这其实是高度精辟地阐述了我国中小学教师专业伦理主要内容和发展目标。曾建平、熊未来从"信者""善者""学者""思者"四个维度论述了总书记的"四有"好老师的伦理意蕴，启发人们在选择教师专业伦理培训目标时要注意的标准。

2. 专业伦理教育的规律和性质

专业伦理教育是指在专业人员的培养过程中，高等教育机构和专业界有目的、有计划、有组织地对其施加的有关专业伦理规范的教育。其目的是形成学生（准专业人才）或社会专业人员良好的专业素养与专业品性。其本质上是文化素质教育，即通过真、善、美的教育，让受教育者"正确地做事""做正确的事"。王恩华、朱慧娟两位学者指出，"专业伦理教育内容上侧重伦理规范和伦理价值观，方法上侧重个体内化专业伦理准则，目标上侧重培养实用型专业人才。可见专业伦理教育建构高度上效果优于思想品德教育，实施专业伦理教育会让文化素质教育变得更高效。""衡量专业伦理教育的标准，不是学生在多大程度上认知专业伦理问题而是学生在多大程度上妥善处理伦理问题，也就是说专业伦理教育在多大程度上转化为切实有效的行动。因此，专业伦理教育以实践结果为导向，使他们在未来的专业实践中引领专业伦理发展。"

另一个方面，专业伦理教育也是道德教育、价值教育。从内容上看，道德是由道德知识、道德情感与道德行为组成，这就规定伦理培训目标应涉及教师专业伦理知识、专业伦理情感与专业伦理行为的陶冶与塑造；而"道德情感是道德认知情绪化体验，主要表现为义务感、责任感、荣誉感和幸福感"。这就提示我们在设计和选择教师专业伦理培养目标时，要关注义务感、责任感、荣誉感和幸福感的培养和提高。只有提升了教师的幸福感才能印证夸美纽斯"太阳底下没有教师这个职业再高尚的了"，从道德的养成角度看，任何道德素质的养成都是在一定的环境中，道德主体自我建构的过程也是受教育者从道德他律走向道德自律的过程。在这个过程中，环境的作用、教育者与被教育的双主体的作用发挥、道德教育内容和方法的适切性都很重要。所以在设计和选择教师专业伦理目标时应考虑教师所处的环境及其主体特征。如，在我国贫困山区教师的最大道德应该是关爱学生、敬业爱岗，而教育科研能力与态度就不能像东南沿海发达地区一样列为教师专业伦理的重要内容。

更为重要的是，无论是伦理价值还是师德规范，都要经过教师个体内化才变成教师的素质、能力和品性，才能产生教育效应。"只有外在的职业道德规范转化为教师内在的师德，才是完整意义上的师德。对某种道德系统而言，在其被主体内化以前，它不具备强大的力量；对一个教师而言，当他没有具备内化的师德时，他对教育的理解是肤浅的，此时他是一个教书匠，其工作仅限于教书而非育人。只有某种师德规范内化成教师个体的师德以后，该教师的高尚品格才具备榜样性和发展性，他才算得上一个完整意义上的教师，此时，在其内心是拥有崇高的教育理想，在其身上充满着睿智活力和高尚人格魅力的。"因此，在设计教师专业伦理培训目标时，要关注教师伦理道德内化过程，把"师德内化"作为专业伦理品质养成与提高的关键点和落脚点。

我们也可以从埃里克·埃里克森的人格发展理论获得优化教师专业伦理培训目标的灵感。埃里克森是20世纪卓越的心理分析的发展主义者，他创造了"认同危机"这一术语来描述成长（trying）时期的心理社会（psychosocial）斗争。他的发展阶段理论阐述了人从出生到老年等八个阶段（即信任与不信任、自治与羞愧和怀疑、主动与内疚、勤奋与自卑、自我认同与身份混乱、亲密与孤独、生育与停滞、自我完善与绝望）发展的关键任务。根据埃里克森（Erikson，1963）的研究，每一个人都会遇到这些阶段和主要的生活挑战。他把每个阶段的任务描述成截然相反的两极，个体必须面对极点间的张力，以比较积极的态度解决这些张力。面对和解决这些张力的效率，会给个体身份认同的发展、未来阶段主题的适应和一般的生活挑战的应对渲染上不同的人生色彩。埃里克森的人格发展理论告诉人们，人格教育可以被看作身份认同教育。而身份认同就是在个体与其他人和社会的互动关系中建立起来的，正是这种不断相互作用形成了"我们是谁"的观念。如果把人格教育理解成更为完满的、更为协调的道德存在（being）的努力，那么显然，理想的道德自我认同就是人生目标。当代人格教育倡导者常常倡导合作学习，埃里克森的阶段理论可以启发我们如何恰当地选择教师专业伦理培训目标与内容，如何创建合作小组和通过合作小组开展教学。

3. 中小学教育的性质和规律

中小学教育是基础教育、普通教育，也是公民教育，其主要教育对象大部分是未成年人，这就要求教师必须关心、爱护他们，教书育人。同时教师还要了解青少年身心发展规律，了解他们的学习特点和发展需要。更要强调的是，小学、初中的教育还是义务教育，优质均衡发展是社会的要求。中小学教育这些特点，要求中小学教师要有立德树人的意识，要关心、热爱学生，要正确地传授学生知识，培养学生的动手能力、培养学生的健康人格。这也就是说，教师专业伦理培训的目标必须定位在：中小学教师敬业、仁爱、责任、公平、专业等伦理素质的培养与提高上。青少年在学期间，心态和行为的可塑性很强，随时都需要教师的引导和指点。这时，教师的爱心和责任心就很重要，要教育好学生，必须悉心了解学生、研究学生。在市场经济发达、互联网、人工智能深刻改变人类社会生活的今天，中小学生生活条件改善、自我意识增强、获取知识信息手段多样便捷、交往能力与需要增强，这也对教师专业能力与伦理素质提出了更高的要求。良好的道德伦理不仅是中小学教师完成教育教学任务的条件和手段，也是其教育教学内容的一部分，因为中小学教育实质上也是以人格影响人格、以道德影响道德的事业，所以，在制定教师专业伦理培训目标的过程中必须把教师健康人格因素考虑进去，引导中小学教师主动修身养性。

目前，我国中小学正在实施素质教育，进行课程改革，培养德智体美劳全面发展的人才。这就要求中小学教师提升教育理念，具备与素质教育实施要求相匹配的能力。例如，素质教育需要培养中小学生的家国情怀、科学精神、创新能力；那么，教师也必须有与之相适应的意识与能力，否则，就是纸上谈兵了。因此，素质教育的理念、素质教育的内容也应该成为中小学教师专业伦理培训目标的设计和选择的基点。"素质教育的目标不仅是对教育对象的实施目标，而且也是师德建设目标的重要依据和主要内容"。在这里笔者要强调的是，如果教师还是抱着传统的应试教育观念，不尊重学生学习的主体地位，在教育教学中，只知道灌输、传播知识，而不知道培养学生道德品质和学习能力，那就是道德犯罪、伦理缺失。

4. 成人教育的特点

中小学教师均为成年人，专业伦理培训的目标和内容应该与其需要及学习特点适配。波士顿大学教育学教授马科姆·诺尔斯把成人教育学规定为"帮助成人学习的艺术和科学"。他对成人学生的特点提出了5个基本假设，认为成人学生应该具有如下特征：①具有独立的自我概念，能够指导自己的学习；②积累了丰富的生活经验，这些经验是其后继学习的资源；③具有学习需要，这些需要与改变自我的社会角色密切相关；④以问题为中心，希望能立即运用自己所学的知识；⑤学习为内在动机所驱动，而非外在因素。申敏在《基于成人学习特点的员工培训之浅谈》一文中明确指出："成人学习与青少年学习相比有着非常突出的特点。而成人培训及其培训的效果则是在很大程度上依赖于或者是取决于成人学习的特点。"成人的学习是一种特殊的学习过程，它既是在教师指导下，有计划、有组织、系统地掌握科学知识技能的过程，又是自我教育、自我提高、自我实践的过程。美国著名的成人教育理论家诺尔斯指出，成人的学习具有个人的经验性、学习意愿和社会责任相连、自我指导型与应用性学习的特点，这个研究成果揭示了成人学习的根本特点。之后关于成人学习的众多理论研究说明了成人学习的实用性、经验性、交流性、问题化等基本特质，为教师培训的组织和教学实施提供了基本的操作依据。

黄璨、霍玉文在研究成人学习者自我导向的特殊人格、丰富多样的人生经验、较强的整合能力、低估自己能力的倾向的特殊性之后，归纳出成人学习六大客观性特点和五大主观性特点。客观性特点是以问题为中心、即用性、形式灵活多样、非连续性、终身性、速成性。主观性学习特点包括自动自发性、动机强烈性、学习能力和自学能力的突出性、学习情绪不稳定性、常用类推思考与尝试错误策略等特点。中小学教师作为成年人，在培训过程中也必然表现出这些学习特点，这些特点影响培训目标的选择与确定。以成人学习的即用性特点为例，我们在设计教师专业伦理培训目标时，应把重点放在教师专业伦理决策能力上，通过案例学习来进行；同时也要考虑培训对象所在的学校、教授学科等。

成人学习特点论通过分析诺尔斯的成人教育理论思想，总结出诺尔斯关于成人教育的原则为尊重成人学习的自主性，重视经验并将经验作为成人学习的源泉；强调成人课程的选择要与人生发展阶段相适应；主张学习是内在过程，是学习者满足和力求达到目的的过程；注重教育过程的设计，其中包括师生共同创造良好的学习气氛、共同计划教学、共同阐明学习目标、共同设计教学方案、帮助学生完成学习计划、共同评价学习效果。

从中小学教师既是一个专业人，也是个普通人，更是一个多角色的社会人的成人特点出发，我们在设计教师专业伦理培训目标时，一定要摒弃传统的师德观,专业伦理培养不是培养不食人间烟火的"圣人",也不是养成只知道牺牲、奉献的"英雄",而是具有现代公民意识的教师,所以我们要提倡教师养成高尚的道德情操,但也要培养教师的底线伦理;要培养教师的道德判断能力,也要培养教师快乐生活的技能。一句话,中小学教师专业伦理培训要帮助教师实现自己的人生价值,享受职业生活的快乐。"作为一个现代教师,在师德实践中不仅要强调付出和奉献,也要注重自己的快乐和享受。教师不应成为'苦行僧'式的职业。在这一点上,教师应向年轻一代学习,在休闲中养精蓄锐,修心养性,以更饱满和充沛的精神投入到工作与学习中。"

5. 教师成长规律

教师的专业发展具有阶段性,国内有学者将教师的专业发展划分为"生存关注""任务关注"和"自我更新"三个不同阶段。处于"生存关注"阶段的教师,大多入职不久,他们中有许多还没有做好足够的知识准备,他们的学科教学知识只有学科基础知识,缺乏结构性知识及方法性知识。他们最关注的是课程教材内容,考虑的主要问题是如何从"教师教"的视角出发,把一堂课的知识讲明白、讲清楚,即"教会"学生。处于"任务关注"时期的教师,他们的教学行为也从教师"教会"向学生"学会"转变,他们更加关注学生行为的特点,开始从"学生学"的视角考虑教学的方式与方法。他们的学科知识从关注基础知识转为关注学科知识结构体系,开始关注整个学科知识体系结构,关注不同章节在学科知识体系中的位置与作用。处于"自我更新阶段"的教师,他们认识到学生是学习的主体,在教学观上,不再把教学看成是教给学生如何去理解的过程,而是教师帮助学生去理解、构建意义的过程。教学不再仅限于帮助学生学习知识,而且要在师生互动过程中使学生获得多方面的发展。与前一段相比,这一阶段的教师有着较强的业务能力,长时间的教学实践使得他们对于学科知识能够驾轻就熟。不同阶段的教师,他们的培训需要不仅不同,而且培训的方式也存在差异。即使处于同一发展阶段的教师,他们的专业发展同样存在不均衡性。这就提示我们在设计教师专业伦理培训目标时,应考虑教师的成长阶段,尊重他们已处于伦理发展水平,分层分类,按需培训。例如,对于新手教师或刚入职的教师,要对他们进行职业理想、专业精神教育的"补课"或"回炉",更要注重责任、关爱等品质的培养。一位处于"自我更新"阶段的艺术教师曾这样说:"开始教学的时候我是一个学科本位的教师,那时总是把学科放在首位。……随着时间的推移,我感到我是教艺术的,我首先应当是个老师而不是艺术家……"处在"自我更新"阶段的教师，或者是专家教师或者是学校骨干教师，他们专业知识丰富，反思习惯基本形成，他们开始追求卓越和专业名誉，因此对他们进行的专业伦理培训，应该是帮助提炼教育信念、教学风格和教育公平等方面。

有研究发现，教师专业道德的发展阶段及其特征是：第一个阶段（从教时间0～4年）为入职期。这一阶段教师对即将要从事的职业、对于恪守"专业道德"一般都持非常积极的态度。但是多数教师尚处于依从性的道德学习状态，容易产生懈怠的情绪，对于专业道德的认同有下降的趋势。第二个阶段（5～16年）为发展期。教师个体对于专业道德的认同随着自身教学实践经验的积累而有更深层次的理解，对专业道德的认同也逐渐向"认同性道德学习"状态过渡。第三个阶段（17～21年）为停滞期或重新评估期。教师多数处于一个停滞发展的时期，教师的"认同性道德学习状态"可能正在完成一个内部的整合，正积攒力量以完成从"他律"到"自律"的质变。或者可以说教师正重新评估自己对专业道德的认同、理解。第四个阶段（22～27年）为稳定期。教师一般多处于一个比较稳定的高水平的认同阶段，一些教师专业道德的学习状态向"信奉性道德学习状态"转化，教师个体对于专业道德的认同逐渐提升为价值的内化。第五个阶段（从教28年以上）为保守期。在这一阶段，许多教师的职业心态下滑，开始为退休、离职做心理上的准备。但多数教师的专业道德基本上还是处于一个稳定的"信奉性道德学习状态"。专业道德发展阶段及其特征的研究结论对于我们的启示是：不同生涯阶段或专业发展水平的教师，师德水平与需求并不相同，师德教育应当有不同的建设重点，需要不同的策略。

另外，依据马克思和恩格斯对不同社会状态下人的自由程度的不同而经历生存、享受和发展3个层次的划分，将教师的职业存在状态也分为3种，即以此谋生和养家糊口的生存状态、体验人生和品味幸福的享受状态、服务社会和发展自我的发展状态。依据叶澜、白益民等多名学者的研究，"生存型"教师把教师看成是知识的搬运工，教师工作是自己无可奈何的选择，总是想着离开教师职业；"享受型"教师，视学生成长为教师最大的快乐，热爱教育工作，在付出和给予中获得内心的满足；"发展型"教师，把教师看成是教育活动的反思者，以终身自我教育作为教师生涯的推动力，认为教师职业是不仅有给予也有收获的有意义活动。"发展型"教师不仅是"经师"也是"人师"。"从'功利'到'非功利'再到'超功利'，体现了教师职业状态的升华。所谓'超功利'是针对'非功利''功利'而言的,其要义有3个:一是指教师职业已从外在转向内在,即不是以外部世俗的功利事物而是以内在的情感体验为媒介;二是指教师职业从现实转向理想,即不是以当下的现实活动而是以超越的理想追求为目标;三是教师职业从被动转向主动,即不是以强制的约束而是以自觉的发展为动力"。当然这三种状态也不是相互拒绝和排斥的,但这三种状态的存在,确实给我们进行教师专业伦理培训指明了方向。

6. 优秀传统文化

中华优秀传统文化源远流长、博大精深。尽管目前对中国优秀传统文化是什么、包括哪些内容,人们还是见仁见智、众说纷纭,但是人们基本上都同意把优秀精神文化看成是中国优秀传统文化的精髓。这正如李宗桂先生所言:"思想文化是中国文化的核心,反映着中国文化最为本质的特征是中国文化的气象所在、精神所在。"而中国文化精神的积极方面主要体现在:爱国主义的民族情怀、团结统一的价值取向、贵和尚中的思维模式、勤劳勇敢的优良品质、自强不息的进取意识、厚德载物的博大胸襟、崇德重义的高尚情怀、科学民主的现代精神。同时,学界对其标准和特征也有基本统一的看法,即凡属中华优秀传统文化的,必须"反映中国文化健康的精神方向;能够鼓舞人们前进,无论在历史上还是在当代中国文化的建设中,都具有激发民族自信心和自豪感的作用;具有民族文化认同功能;具有历史继承性和稳定性;是中华文化的活精神,在今天仍然具有强大的生命力"。从中国优秀传统文化的性质、内容和特征,不难看出,其与我国教师专业伦理的关系,即优秀传统文化是我国教师专业伦理生长的肥沃土壤,为我国教师专业伦理发展提供着丰厚的滋养;我国教师专业伦理的发展、完善会促进优秀传统文化的发扬光大,有利于优秀传统文化转化成推动社会发展的精神动力。优秀传统文化无论是从其价值取向、具体内涵,还是其内在的思考问题的方式方法,都是我们当代人制订、培养教师专业伦理的必要资源和指南。师道尊严是我国优秀传统文化的基本要素和重要内容,据《礼记·学记》云:"凡学之道,严师为难。师严然后道尊,道尊然后民知敬学。"因此,"师道尊严"的原始含义是通过提倡"尊师",以使民众"重道"和"敬学"。何谓师道?在张自慧先生看来,师道就是"教师在职业生涯中应当信奉的理念、遵循的规则和坚守的规范",韩跃红、李浙昆两位学者则把"师道尊严"解读为"教师职业道德、职业操守的尊贵和尊严",建议重建"师道尊严",钱穆先生也曾大声疾呼:"复兴文化,必当复兴师道。"优秀传统文化给我们的启示就是在设计和确定教师专业伦理培训目标时,要重视教师美德、弘道精神、献身教育等崇高精神的培养；同时鉴于我国教师道德传统文化过于重视抽象美德、述而不作等弊端，在设计教师专业伦理目标时也要重视底线伦理思维，确保培训目标的可操作性、可行性。

7. 国外专业伦理教育与培训的启示

第二次世界大战后，西方资本主义经济迅速恢复和发展，但是也出现了环境污染、政府腐败、道德沦丧等社会问题。这种情况下，专业伦理教育受到重视，美、英、法等发达国家的大学、企业纷纷开设专业伦理课程，培养、提高大学生及从业人员的伦理素质。与此相连，专业伦理教育研究获得了进步。在专业伦理和专业伦理教育研究方面，美国发挥了引领作用。

（1）黑斯廷特研究中心的观点。

黑斯廷特研究中心（Hastings Center）是美国著名的伦理研究中心。1980年，教育者云集此中心探讨伦理教育的目标，经过协商达成了伦理教育目标的5点共识：提高受教育者的道德想象力；识别出伦理问题；分析关键概念和原则；引导出受教育者的责任感；建设性的处理分歧和模糊的伦理问题。迈克尔·戴维斯（Michael Davis）把以上5点共识转化为工程伦理教育目标的4个方面：提高学生对于涉及职业标准问题的敏感性；提高学生掌握更多与伦理问题的知识和概念，学会解释职业标准；提高学生伦理推理能力；提高学生对于职业的责任感。

（2）哈里斯整理的工程伦理教育目标。

哈里斯（Harris）通过收集美国许多高校工程伦理课程关于教学目标的描述，整理了一份工程伦理教育目标列表：激发受教育者的伦理想象力；帮助受教育者识别伦理问题；帮助受教育者分析关键的伦理概念和原则；帮助受教育者处理模棱两可的道德情境；鼓励受教育者严肃地看待伦理问题；增进受教育者对伦理问题的敏感性；促进受教育者掌握相关的伦理标准；提高伦理判断能力；提高伦理意志力。拜伦·纽伯里（Byron Newberry）在参照哈里斯目标列表的基础上，把哈里斯的9个目标归为3大类：情感、理智和知识。他认为情感目标是三者中最重要的，它是指学生在情感层次愿意去解决伦理问题。理智则涉及提高学生对于伦理问题的理解，并能够运用所掌握的伦理原则去解决复杂的、相互冲突的甚至是模糊的伦理问题。知识是指学生应该熟悉相关伦理规范以及以前出现的工程伦理典型案例。简单地说，工程伦理教育这3个方面的目标就是使学生愿意做伦理的决策、知道怎么做伦理的决策、熟悉目前关于工程实践的伦理指导纲领和规范。

依据上述观点和美国著名教育心理学家布鲁姆教学目标分类学，笔者将我国教师专业伦理培训目标划分为3大领域：知识领域、技能领域和情感领域。知识目标是为了让教师掌握相关专业伦理规范，熟悉处理学校教育伦理问题的标准，了解典型教育伦理案例的处理程序和方法。技能目标是为了让受教育者提高对伦理问题的敏感性，掌握判断、分析伦理问题的推理能力以及创造性处理复杂问题的智慧，这是提高个体伦理水平的关键环节。情感目标是教师专业伦理培训的最高目标，旨在培养出受教育者的伦理信念、职业荣誉感、伦理责任感等，把掌握的伦理知识和伦理技能内化到受教育者价值观体系之中。

8. 中小学教师专业伦理现状

中小学教师专业伦理现状是中小学教师专业伦理培训目标确定的重要依据。正如教师备课要研究"学情"一样，了解、研究中小学教师专业伦理现状是设计伦理培训目标的重要参考。

中小学教师专业伦理现状可以从两个方面来考查，一是中小学教师专业伦理的价值规范与制度现状，二是中小学教师专业伦理素质的现实状态。关于中小学教师专业伦理的价值规范与制度现状，有很多学者做了比较深入的研究，结论大同小异：核心价值观不清晰明确，优良专业伦理规范不够全面系统，已有道德伦理规范专业性不足且比较抽象、笼统，不利于操作执行。曾建平教授、邹平林博士在发表于《教育伦理研究》第二辑的《道德思维与伦理思维：论教师职业规范的构建》中明确指出："当前我国教师职业道德规范的建设状况不容乐观，不仅教育从业者自身较为普遍地存在着退守失据、言行失范的现象，而且人们对教育从业者言行的道德认知和道德判断也表现出相当的暧昧与混乱。"他们认为造成这一状况的最为重要的原因之一就是缺乏一个系统、明确的《中小学教师专业伦理规范》，他们两位在考查、研究了1984年、1991年、1997年、2008年的《中小学教师职业道德规范》以及2011年的《高等学校教师职业道德规范》后，认为我国中小学教师专业伦理存在4个问题：第一，缺乏明确的核心价值观引导；第二，缺乏系统性和层次感；第三，缺乏具体而明确的底线伦理规范；第四，规范制订的主体不恰当、过程不民主、程序不完善。杨晓平、刘义兵两位学者也认为，我国教师专业伦理建设存在着"重制度和规范发布，轻信念和心灵培育""重政治化，轻专业化""重约束，轻激励"等问题。由于优良伦理价值与规范的缺失，加之教师专业伦理培养意识的不强和方法落后等多种原因，我国中小学教师专业伦理素质也是很不理想的。

早在2001年，檀传宝教授就从罪恶论的视角出发，把我国中小学教师专业伦理问题归结为4种罪恶类型：①物欲型罪恶。具体表现在一些学校和教师一切以经济利益为准，乱收费、变相向学生和家长索要财物，还有的学校和教师非法侵吞公私财物，挥霍无度，导致犯罪。②权欲型罪恶。具体表现在一些教师不正当地行使自己的教育权力，诸如对学生行使不恰当的体罚和心理惩罚等；还有教师之间、教育工作者上下级之间存在与社会上类似的弄权现象。③名欲型罪恶。具体表现在一些学校和教师为了获得不该获得的名誉而弄虚作假、欺世盗名、诋毁同行等。④情欲型罪恶。具体表现在一些教师和学生产生不正当的师生之恋，主要指对学生偏爱、溺爱、同行之间的嫉妒、教育过程中的情绪失控（拿学生出气）等。徐廷福教授撰文认为，当前我国中小学教师伦理道德不良主要表现为："部分教师敬业精神缺乏""存在有损师表形象的言行""不尊重学生人格现象时有发生"。有学者曾经对我国中小学教师专业伦理素质做过问卷调查，结论是：①为学生服务的质量尚需提高；②与同事的团结有待加强；③与家长合作欠深入、平等；④不善于坚持专业判断；⑤对社会（社区）没有尽专业之职责；⑥对专业集体的责任履行不够充分。根据笔者的了解，我国中小学教师专业伦理素质缺失主要表现为：第一，专业理想缺失、缺少基本的伦理知识和技能；第二，不知道用专业伦理来维护自己的利益；第三，有些教师伦理素质很低，与学生的关系淡漠，与同事之间出现不正当竞争，与家长的关系趋于物质化。

三、中小学教师专业伦理培训目标设计的具体要求

道德是社会制定或认可的关于人们具有社会效用的行为应该而非必须如何的非权力规范。教师专业伦理就是教师教育教学行为的规则，用以说明哪些教育教学行为是正确的和合乎道德的。伦理道德既是主观的又是客观的；既是绝对的，又是相对的；静态地看，道德是价值规则、优良品德等；动态地看，主要是道德判断、品性发展等。因此，教师专业伦理培训就是帮助教师了解教师专业伦理的主要内涵和特征，树立有专业伦理理想、掌握道德推理和判断能力，继而养成符合专业伦理需要的性格特征。鉴于教师个性与专业发展水平的差异，专业伦理培训目标设计除了科学性外，还要强调激励性和具体性。而要保证激励性和可行性，就必须注意培训目标的层次性、个性化。

1. 激励性

激励性是指所制订的专业伦理培训目标能满足被培训的中小学教师的心理需要，能够激发教师提高自己专业伦理素质的动机，促使他们克服困难，完成学习任务，实现培训目标。"满足人的正当需要是激励的出发点；调动人的积极性是激励的主要任务；自我实现是激励的终极目标。"那么如何让专业伦理培训目标具有激励性？这里，我们可以采用最近发展区的理论，找到中小学教师专业伦理的最近发展区，设置的目标不能太容易，也不能太难，应是教师付出了一定努力后能达成的目标，即"跳一跳，能摘到的果子"。例如，让一个老师在短时间培训内，就养成"教育威信"是不可能的，而让教师了解教育公平的本质和行为表现是完全可能的。"如果目标的可接受性这些因素保持不变，我们还可以说目标越困难，绩效水平越高。虽然目标越容易越可能被接受，这种假定是合乎逻辑的，不过，一旦员工接受了一项艰巨任务，他就会投入更多的努力，直到获得一定的结果。为什么人们更容易被充满困难的目标激励呢？第一，困难的目标让我们的注意力保持在眼前的任务上，远离那些不相关的容易分心的事情。充满挑战的目标帮助我们集中注意力。第二，困难的目标让我们精力充沛，因为我们必须更加努力地工作来实现目标。让我们来想一下你的学习习惯，在一次容易的考试和一次困难的考试中，你会同样努力学习吗？或许不会。第三，当目标充满困难时，人们会坚持努力去实现它们。第四，困难的目标让我们对执行工作或任务有更有效的策略。如果我们要努力找出解决困难问题的方法，通常我们都会想出一个更好的办法。"

2. 具体性

"行动意向——即对于具体而困难目标的清晰阐述——是一种强有力的动机力量。"好的目标有激励性，还要有可操作性或具体性。具体的目标是条件清楚规定的、语言描述明确的、尽量用行为动词表达的、便于观察和测量的目标，而不是没有规定条件、模糊笼统、模棱两可，多为概括性语言所表达的。如有甲老师这样设计：通过培训，提高中小学教师掌握伦理判断的能力；而乙老师是这样设计：通过学习，教师能运用功利主义理论，判断一种教育行为是否公平。很明显，乙老师设计和表达的伦理培训目标是优于甲老师的，是具体的，可行的。

3. 层次性

人的道德发展是分层次、有阶段的。美国当代著名的心理学家和教育家科尔伯格（1927—1987）将个人道德发展水平明确划分为3个层次、6

个阶段。

第一个层次是前习俗水平（0～9岁），也称前传统层次：阶段一，惩罚与服从的定向阶段，个体修正自身行为的动机是对惩罚的反应；阶段二，朴素的自我主义定向，行为动机是获得奖励。第二个层次是习俗水平（9～15岁），也称传统层次：阶段三，好孩子定向，个人行为内驱力主要来自父母或同伴的期待；阶段四，维持权威或社会兴趣定向，行为动力来自做一个好公民或完成角色任务。第三个层次是后习俗水平（16岁～），也称后传统或自主性层次：阶段五，契约的立法定向，在个人权利和共同协议的基础上谈论和理解道德；阶段六，良心和原则定向，对指导自身行为的道德进行理性分析与阐释，充分认同、理解自己遵守的道德原则与规范。科尔伯格认为，每一个阶段都是个体的认知在逐渐发展的过程，道德发展的实质是个体从他律走向自律的过程。科尔伯格关于道德发展三层次理论告诉我们，绝大多数人都处于第二层次水平，第三层次水平才是我们专业伦理培训主要追求的目标。

美国学者理查德·T. 德·乔治在其《经济伦理学》（第五版）著作中，依据道德素质高低，把人分成3种：第一种人叫道德素质高的人，这种人习惯性地以个人良知指导自身行为；坚持以自身的善恶标准约束自己，不断朝着自己认为正确的方向努力；第二种人称为具有很高素质的人士，他的行为举止循规蹈矩，事实遵从道德要求，从来不做违誓之人。第三种人是为理想道德人士，他吸取了前面两种人的优良品质，不仅遵从道德规范，而且深刻理解知道自己行为的道德规范，并能以道德标准正确判断行为的对与错。理查德·T. 德·乔治认为："我们的行为必须遵循个人的道德标准，同时力求个人标准的客观完善。"这个观点对我们设计教师专业伦理培训目标也是有教益的。

4. 个性化

根据国际个性化教育协会的界定，个性化教育就是指，首先对受教育者即学生进行系统的研究，在了解受教育者的特征潜质后，根据社会和时代的发展趋势，为其制定适合自身的培养计划或目标，并组织专业人员整合有效的教育相关资源，使受教育者发挥出优势潜能，从而达到自我实现和超越。这个概念提示我们在教师专业伦理培训时，我们要以受训教师为本，充分尊重受训教师的个性和主体性，挖掘每一个受训教师的亮点，提供适切的教育。从专业伦理培训目标设计与来看，就是培训目标个性化，即目标应是具体到个体的培训目标，是培训目标在个体身上的内化和具体化。教师专业伦理培训的核心价值是帮助教师德性的养成，促进教师专业的发展。而"教师德性养成是在身份认同框架下进行自主建构的过程"。教师专业伦理培训目标的个性化,要求伦理培训要研究教师的需要和学习实际,以提升教师的职业认同感、教师的爱心、教师的宽容、教师的公正为重点,以协商的方式确定教学目标,选择适合的培训方式、安排适当的时间,采用适当的评价,培训、提高教师的专业伦理素质。在这个过程中,最重要的是尊重受训教师。佛洛姆在《爱的艺术》这本书中曾说过,尊重就是要正确看待人的本质,认识到人的独特性,意味着使人按照其个性特征自由而全面的发展。

四、我国中小学教师专业伦理培训目标

基于以上分析和论述,可以建构我国中小学专业伦理培训目标的主要内涵了,当然这是一个宽泛的、一般意义上的目标内容,是基于在中小学教师专业伦理作为一门学科或一门课程意义上的目标:教师认识并理解中小学教师专业伦理知识,了解中小学教育教学活动存在的伦理危机与困境,掌握了基本的教育专业伦理技术,能够有效进行道德推理和伦理决策,体验到教师专业伦理的尊严,从而提升自己的教师和生命境界,进而促进教师实现自我价值,享受幸福人生。具体如下:

(1)通过培训活动,教师了解伦理学基本知识,知晓教师专业伦理的基本原则与规范,如教育公正、教育人道主义或教育勇敢等。我们希望通过培训,让教师认识到:专业伦理也如其他道德一样,伦理相对主义或虚无主义是站不住脚的,教师专业伦理是客观的,也是主观的;教师专业伦理是历史的,也是现实的;教师专业伦理是一般的,也是特别的;教师专业伦理是抽象的,也是具体的。当我们谈到教师专业伦理时,主要是对正确与错误、好与坏所做出的评判,而这种评判包含3个主要特征:第一,关于某种教育行为正确或错误所做的评判具有广泛适用性。如果某种行为对甲老师来讲是正确的,那么在同样条件下该行为对其他任何中小学教师都是正确的;如果某种行为对张老师来讲是错误的,那么它在相似情况下对其他任何教师也是错误的。例如,"对学生和自己持有高期望",对任何中小学教师来讲都是正确的,而歧视学生都是错误的,其普遍性就体现在它对任何中小学教师都是适用的。第二,伦理评判非常重要,甚至凌驾于其他任何标准之上。教师有时会在教师专业伦理的约束下,被迫做出一些行动。举例来说,"索取学生家长的钱财"是错误的行为,即使教师有这种愿望也必须克制。当人们说教师有道义去采取某一行动,这意味着教师肩负着必须如此的责任。个人得失好恶,甚至法律规定都无法与教师专业伦理上的责任相提并论。第三，符合教师专业伦理的教育行为会受到社会赞扬，不道德的行为会受到社会指责。如果教师的教育教学违背了教师专业伦理，这就意味着从道德角度来讲，我们完全有理由对其加以指责和鄙视。比如说，"性侵学生"是严重的专业伦理失范，犯有这种行为教师理应受到各方指责和道义上的惩戒。

（2）通过培训活动，教师知道中小学教育活动存在的伦理风险、危机与困境，从而树立专业伦理精神，了解到如不具备基本的伦理知识和技能就有遇到投诉、陷入教育纠纷甚至受到伤害的危险。"使自己在诉讼中免于成为被告的一个最简单的方法是在任何时候，你的行为都要符合道德和职业标准""需要再次确知的是大多数违背道德的事情都是教师在无知的情况下做出的，然而，不管这些行为是有意还是无意的，对于一个老师来说，糟糕的判断可以带来可怕的后果。"例如，2015年发生的"小学生为教师打伞事件"，如果那位受到舆论批评的"小学教师"具备了良好的专业伦理素养就不至于陷自己于"被动"。因为在"良好师生关系"与"关爱学生"两个伦理标准之间，"关爱学生是更重要的价值。"

（3）通过培训活动，教师熟悉教育伦理决策的程序，在面对专业伦理问题或矛盾时能用自己掌握的伦理知识和技术进行合理的伦理决策，从而规避风险，遵守、执行教育专业伦理，保证自己的教育行为是善的。我们都知道，在许多情况下面对如何区分"什么是错误的"和"什么是正确的"是很难的，教师被迫重新评价自己的原则和信念，教师陷入两难选择的焦虑中。如，2018年，教育部颁发的《新时代中小学教师职业行为十项准则》规定："严慈相济，诲人不倦，真心关爱学生，严格要求学生，做学生良师益友；不得要求学生从事与教学、科研、社会服务无关的事宜。"基于此，或许有人指出："下午3点钟后，班主任教师不让差生去运动，而是把他留下来，自己亲自义务给他补课这种行为是不道德的吗？你正在为下午的课做PPT，但电脑突然出故障了，学校唯一能修电脑的教师已外出，最后你还是把高二（3）班的电脑高手李同学叫来帮你修好了。"在学校里，中小学教师会遇到很多这样不是"黑白"分明的伦理两难问题。如果教师不接受专门的伦理培训是很难解决这些伦理困境的。

（4）通过培训活动，提高教师伦理敏感性。伦理敏感性是教育的本然特征之一。但是，教师常常意识不到教育行为的伦理维度，伦理敏感性不高。20世纪80年代，美国道德心理学家詹姆斯·雷斯特在其伦理决策四成分模型理论中强调了伦理敏感性在伦理心理活动中的初始启动作用，并将其理解为对情境的领悟和解释能力，表现为对情境的伦理内容的觉察

中小学教师专业伦理培训研究

和对行为如何影响别人的意识,即敏锐地意识到"这是个伦理问题","他人的幸福与安全在这个情境中危如累卵。"在现实中,我们看到很多教师分不清事实行为与道德行为、伦理问题与心理问题,在教育学生、处理教学矛盾时,缺少伦理意识,不能自觉地从专业伦理的角度思考问题。朱水萍在其博士学位论文《教师伦理:现实状态与未来重构》说到这样一个事例:某小学教室的饮水机常常要换水,因为水桶比较重,平时老师让学生每四人一组换水。有一次,该换水了,但只有两个学生在场,他们就试着两个人抬水桶。但是水桶太重了,砸下来,水流了一地。老师来了,看到水没有了,于是责令两个学生每人罚款5元。在这个案例中,教师没有去考虑:罚款究竟是在赔偿一桶水,还是在惩罚学生的过失行为。进一步引导教师思考就会发现,这两种情况都有可能存在,但是教师却没有在意。一桶水的损失可以用罚款来赔偿,但是如何考量学生好的行为动机与坏的行为后果?要不要对无意犯错付出代价?教育学生该"如何是好"?这是一个普通的教育伦理环境,教师看到了什么,教育中什么问题最重要?类似的,在许多奖励或惩罚的背后,教师能不能厘清教育的意图或后果,或者说,教育的背后究竟发生了什么,对学生产生了何种影响,是至关重要的。这里,教师处理不当,严格意义上说并不属于明显地违反职业道德。因为对学生"罚款"本身是一个典型的不合法的问题,如果是"赔偿公物"也可另当别论。培养教师的伦理意识需要一种转向,在教育常识的背后将伦理看作重要的专业维度,唤起教师的伦理意识,促进教师反思自身教育教学行为的适当与否。研究发现,教师个人的美德往往并不能确保教育道德目的的必然实现,因而研究者更为关注的是促进教师理解教学行为的道德后果,而非固着于教师个人德性的提升。具体来说,他们认为应当落脚于提醒教师对弥散在教学和师生互动中的道德影响保持清醒的意识,并且鼓励教师反思那些指导自己工作的根本观念,从而在教学工作中能将两者更好地结合起来。可以说,他们关心的恰恰是种种教育行为究竟对学生产生了怎样的影响。相对而言,我国对于师德的研究则较少结合教师对教育目的的深层理解,而多聚焦于呼吁教师个人对教育工作的全身心投入和奉献,而且也少有研究能指明要达到这一目标要求教师所应具备的相关能力,忽略了相关的观念和能力。

(5)通过培训活动,包括教师的自我修炼,教师基本拥有了自己的教育信念和良心,养成了敬业、爱生、反思、合作、智慧、勇敢、节制等美德。尽管在道德教育的历史上,西方一直为"美德可教吗"这个苏格拉底问题所困,但对于中国人来说,道德教化则是一种文化优势,而且千百年来的实践已经证明，人们通过积极的学习、反思和实践，美德也可是知识，美德可以教会和养成。张济洲、黄书光在 2013 年第 4 期《教育研究》上发表文章《美德是否可教——论苏格拉底的德性教化》提到："苏格拉底的哲学使命是追求美德的普遍定义，美德的知识即是对人的理念的知识，就是人的自我认识，就是'认识你自己'，通过追求知识、实践德性、确立坚实的道德价值而臻于善，这就是人生的真实意义和价值。""在苏格拉底看来，美德教育即是提醒和引导灵魂的自我教化，把灵魂的自身发展引向善。其教化方式是通过'助产术'使灵魂自身进行'回忆'，并且认为问答的开始就是德性教化的开始。精神助产术已不是一种达到某种目标的工具性手段和方法，而是人的最为基本、最为原始的存在方式，成为真理及人本身生存和显现的境域。"

（6）通过培训活动，开阔了教师的胸襟，进入到更高的人生境界，教书育人，创造性地工作，享受完整而又尊严的教育生活，体验到教师职业给自己带来的幸福。

2017 年 10 月 21 日在全国第五届教育伦理学学术研讨会上，公布了由上海师范大学教授、博士生导师，中国伦理学会教育伦理专业委员会主任王正平先生起草的《新师德宣言》。内容如下：

我们深信，教师应是全民族和全人类优秀道德的继承者、体现者和传播者。

我们深信，教育伦理和教师道德是全部教育教学工作的价值基础。

我们深信，新的社会环境，需要建构与时俱进又面向实践的新师德，重铸时代新师魂。

我们深信，面向实践，皈依真理，才能重建合理的、人人应做、人人能行的师德规范和师德标准。

我们深信，合理的师德规范，应能恪守底线，追求高尚，自他两利，提升自我，促专业发展。

我们深信，良善的新师德师风形成，需要公正的社会分配和科学的教育管理机支撑、正确的舆论导向和教师作为道德主体的积极努力。

我们深信，教师应享有道德和法律赋予自己的全部人格尊严和正当利益，通过诚实的教育劳动创造人生的幸福。

我们深信，应有责任之心，教书育人立人是教师天职。我们深信，教师应有仁爱之心，关爱学生，为学生一辈子的幸福生活着想。

我们深信，教师应有敬业之心，严谨治学，搞好教学是教师的专业责任。我们深信，教师应有乐群之心，关心集体，尊重同事，自重重人。

我们深信,教师应有爱国之心,家国情怀,在平凡的教育和教学岗位上,为社会文明进步,民族的伟大复兴,尽智竭力。

《新师德宣言》得到了与会者的高度肯定,一经公布即引起全国主流媒体的高度关注和广大中小学教师的积极回应。《新师德宣言》为什么会受到全国广大教师的积极认可和由衷欢迎?宣言起草者王正平教授的回答是:

——由处在教育工作第一线的教师自己凝练和倡导新型师德价值理念和师德行为规范,是我国师德建设的一种创新之举,体现了新时代教师加强师德师风建设的主体责任心和道德自觉性。

——《新师德宣言》的发布和推广,是受到党的十九大报告要"大力加强师德师风建设""把立德树人作为教育工作的根本"精神的启示。新时代倡导新师德显得尤为重要。

——《新师德宣言》的"新",首先在于它体现了时代精神,体现了全面的个人发展的道德追求,也体现了社会对教师的立德树人的责任的要求,从社会和教师两个方面来反映如何当一个有道德的好老师。另外,《新师德宣言》还强调教师作为个体的自主性,在新时代倡导新师德,必须充分考虑保护教师的正当个人权益。教师应当是美好生活的创造者,也是美好生活的享受者。

正因为《新师德宣言》的优越性,所以笔者建议,可以把体认、内化它作为新任中小学教师准予伦理培训的目标。

第三章 我国中小学教师专业伦理培训内容

中小学教师专业伦理培训内容和培训目标是紧密关联的,目标决定内容,内容承载、体现目标。一方面,中小学教师专业伦理培训目标决定和制约着中小学教师专业伦理培训内容;另一方面,只有明确中小学教师专业伦理培训内容并付诸行动,才能最终实现中小学教师专业伦理培训目标。中小学教师专业伦理培训本质上是提升教师伦理道德的过程,是提升教师专业素质和生命境界的过程。"没有高尚专业伦理的教师就会缺少专业发展所需要的使命感、缺乏工作的热情而很快进入职业倦怠;缺少对学生的关心,也就不会有心思进行教学行为的反思,更不用期望这种教师能有奉献教育的专业精神。由此可见,社会应挖掘具有高尚专业伦理的优秀教师,把他们作为典型在全国中小学推广,成为众多青年教师的学习楷模。"我们不仅要重视优秀教师的宣传,发挥道德模范的榜样示范作用,更要科学地设计、选择教师专业伦理培训的内容,以此对教师进行有效的培训,提高教师的专业发展水平和质量。我国教师专业伦理研究和应用起步较晚,目前学界对教师专业伦理的内容和结构鲜有成熟的看法、资料和经验。为此,笔者基于自己的调查和研究,认为中小学教师专业伦理培训的内容主要包括教师专业伦理学的一般常识、教师专业态度和情感、主要专业伦理原理和规范、专业伦理知识和决策技能、教师美德等。

一、专业态度和情感

中小学教师专业态度和情感是教师对自己从事的专业所持有的一贯看法和立场以及在专业活动中产生并获得的心理体验。它们是教师专业活动和行为的动力系统,直接关系到教师的工作投入以及是否留在教育岗位上。"一辈子做教师,一辈子学做教师",人民教育家于漪告诉我们,要成为一个受学生欢迎和信赖的教师,就必须有坚定的职业理想和追求。

教师的专业态度和情感涉及教师的专业理想、教师工作的价值理解与认同、教育信念、对教师专业的热爱程度等。

1. 职业理想(专业理想)

人是一切社会关系的总和,社会允许每一个人自由选择自己的职业,每个人都有自己从事的职业;一个人不仅要有自己的职业,而且更要有自己的职业理想。列夫·托尔斯泰说:"理想是指路明灯。没有理想,就没有坚定的方向；没有方向，就没有生活。"高尔基也曾说过："一个人追求的目标越高，他的才能就发展得越快，对社会就越有益。"由于经济文化原因，也由于中小学职业教育的缺失，很多中小学老师当初考入师范院校并非出自自己的职业理想，接受师范教育时也未受到有效的职业理想的教育，因此走上教师工作岗位后，仍有重塑专业理想、加固职业理想的必要。《国家中长期教育改革和发展规划纲要（2010—2020年）》明确指出："加强教师职业理想和职业道德教育，增强广大教师教书育人的责任感和使命感。"职业理想是人们依据社会要求和个人条件确立的对通过努力能够实现的职业目标的向往和追求，影响人的未来发展，决定着人的工作投入，对职业活动的整个过程有调节和推进作用。教育部中国教师基金会秘书长杨春茂先生认为，霍懋征、刘让贤等人之所以能成为全国特级教师、先进教育工作者就在于"他们始终有着坚定的职业信念，有着远大的职业理想和抱负"，他还指出，"当一个人具备了坚定的职业理想之后，这种理想就会对他的教育生涯产生深远而稳定的影响，激励他全身心投入，持之以恒；反之，如果一名教师不能形成坚定的教师职业信念，他就难以具备热爱教育事业之心，也难以在教师劳动中产生主动性、积极性和创造性，也不会从职业生涯中获得快乐。"教师树立了专业理想，就能够把教师职业提升为教育事业，就会把教书育人当为自己的志业，就不会把教师工作等同于普通劳动者的"劳作"；就能够敬业勤业、忠于职守，使"大学教师往外跑，高中教师忙高考，初中教师都说家教好，小学教师只把饭碗保"的现象成为过去，而不会让自己的工作堕落到仅仅教授知识的地步；就能够从浅薄的物质主义转向丰富的精神生活，真正做到"捧着一颗心来，不带半根草去"，而不会成为物欲的奴隶。

教师专业理想是发展着的，会因时、因地、因事而发展变化。这就给专业伦理培训提供了机会，提出了要求。教师专业伦理培训要针对教师的年龄、教学经验和社会阅历提供适当的干预、影响，使教师的职业理想由朦胧变清晰、由幻想变理智、由波动变稳定；让每个教师都能知业、敬业和乐业，逐步树立坚定的专业理想。"优秀教师具有正确的职业价值观，他们对教师职业的育人价值、社会文化经济价值以及社会发展价值等有深刻且独到的认识；优秀教师具有高远的职业理想，包括通过职业活动实现自己与学生发展的理想；优秀教师具有积极的职业动机。正是优秀教师在以上几方面表现出良好的特点，他们才在教育教学工作中取得许多优秀成果，在促使学生得到发展的同时也实现了自己的发展。"

2. 教育信念

教育信念在《教育大辞典》中解释为："教育者坚定信奉的教育观念或主张。"教育信念是教师专业素质中的重要组成部分，是教师对教育、教学、学习、学生等方面的理解与观念，并且他在教育教学活动中的决策与行动都是以这些理解为基础的。雨果说"信仰，是人们所必需的"，柏拉图说"我们若凭信仰战斗，就有双重的武装"，教育是需要信仰的事业，它需要有教育信仰的教师。叶澜等在《教师角色与教师发展新探》一书中明确地把"教育信念"作为教师专业素质的重要因子，并指出"教师的教育信念是教师自己选择、认可并确信的教育观念或教育理念"，他们认为"由经验式、无意识的朦胧教育信念向以知识、系统理论为基础的教育信念不断演进，以至有意识地构建清晰的、理想的教育理念，并随着时代的发展随时予以更新是教师逐渐走向专业成熟的一个重要维度。"马克思认为"我们在选择职业时所应遵循的主要方针是人类的幸福和自我完善"。教师选择教育这一职业并具有教育信仰是与人类的幸福和自我完善亦即个人的幸福密切相关的。信仰教育并选择教育而且把它作为一种事业来追求，将使人在这一追求的过程中体验到生命的意义和价值。在这里笔者把教育信念看成是教师对教师工作的价值理解和认同的高级阶段、上位部分，是教师对教育促进个体和社会发展的信服和尊崇，是一种极其强烈而深沉的情感状态，它能把教育观念或理念转化到自己的教育行为中并贯彻始终，矢志不渝。教育信念引导教师走向人生幸福，教育信仰也是教师进行有效教育的有力手段，因为"教育是在人与人之间展开的一种精神历程和心灵对话。在这个过程中，教育信仰本身就是一种巨大的教育力量，是伟大教育精神的源泉和具体教育价值实现的条件。"教育信仰使教师坚定地认同教师职业及与这一职业相关联的生活方式，更为重要的是它为教师提供强大的信仰力量，支持教师在万花筒般的世界中拒绝各种诱惑，引导教师把自己生命所有的力量集中在人生理想和教育理想的追求之中，不断走向职业的高处和深处。对职业信仰才有职业的乐趣，对人生信仰才有人生的幸福。

有信念的行动总是具有正确方向感的，信念是行动的指南，信念是支配行动的意志。没有信念，人的行为方式往往是漂移的、随意的、不确定的、没有方向感的。卢梭说："没有信仰，就没有真正的美德。"正因为如此，历史上，大凡有成就的教育家都有自己的教育理想和信仰。美国教育家杜威从1896年创办他的芝加哥实验学校开始，就一直坚守着他的五大教育信念：教育即生活、教育即生长、教育即经验的不断改造或改组；

学校即社会；从做中学。于漪说过，"'树中华教师魂，立民族教育根'是自己的终身奋斗目标，也是始终不变的精神追求"。"我一个肩膀挑着学生的现在，一个肩膀挑着学生的未来，我的理想是做一名合格的教师。所谓合格，就是不负祖国的期望、人民的嘱托。崇高的信仰，推动着于漪一步一步登上教育的'珠穆朗玛'"。正是有着对教育的信仰，特级教师霍懋征才会以一个大学本科毕业生的身份在小学教师的岗位上一干就是60年，而她一生从教的体会就是那六个字："光荣、艰巨、幸福"；正是有着对教育的信仰，邹有云、盘振玉这样的教师才会在偏僻的教学点大瑶山使自己与教书育人融为一体，使自己与学生的成长融为一体。因此主张教师专业伦理培训要在帮助教师理解基础教育的性质、使命的基础上，建构自己符合我国国情的、科学的、先进的教育信念。教育信念包括教育观、学生观和教学活动观等，对教师的教育教学和教师自己的学习与成长都有重要的影响。

"作为教育者一定要理解什么是马克思主义的'人的自由全面发展'终极关怀……其次，教育者要确立起做人的信仰，这是中国传统文化的基本精神，儒释道文化都围绕这一命题而展开，倘若我们自己不能做到'仰不愧于天，俯不怍于人'，我们如何引导学生成为这样的人呢？有了这两方面的信仰，对共同理想的理解和践履就不会有什么难处。""就我国当代教育而言，如何将社会所倡导的职业道德标准内化为个体的坚定信念，是完善教师伦理的核心使命。"当下，教师专业伦理培训应该把马克思关于人的全面发展的思想、素质教育和终身教育作为重要的培训内容，使教师建构、树立素质教育、终身教育理念，成为一个合格的教师。

3. 教师责任感、荣誉感、幸福感

人要有理想，也才会有目标，也才会有奋斗，也才会有美好的未来。"教师的职业理想反映了教师高尚的师德追求、精神境界和高度的社会责任感，会促使教师以饱满的激情投入工作，把教书育人作为不可推卸的责任，在平凡的岗位上敬业爱岗、无私奉献、钻研业务、勇于创新，在促进教育事业和学生发展的同时，实现自我价值与自我提升。"伴随着教师专业理想的确立、加固，作为专业理想的要素——教师责任感、荣誉感、幸福感也会随之生成与发展。

责任感是教师在履行教师责任而产生的满足道德需要的情感体验，教师责任感源于教师对自己角色的认同，产生、发展于教师的专业行为。李清雁认为，负责任是教师作为专业人员首要伦理要求，"负责任需要教师具备责任感，是专业人员区别于一般工作人员的首要标志，在教师专业伦理中，教师的责任心是首位的。"树立教育责任感，培养个人发展和履行职责的教师教育的责任意识，具有极其深远的意义。郭学东在其硕士论文《中小学教师责任感、教学效能感和关系研究》中提出：第一，教育信念形成的前提，首当其冲的就是要加强教育责任感；第二，加强在教育实践中的教师教育责任感，有利于教师在教育教学过程中形成更为强烈的成就动机，从而促使教师进行适合的负责任的教育实践活动；第三，增强责任感，有利于提高教师教育水平，使教师人格不断完善。教育工作中的自我实现，教师最终的精神需求是自己人格的不断完善，这也是教师为之奋斗的崇高目标。

所谓荣誉，是个人社会持存与社会价值导向的集中反映，是个人自我价值与社会价值相统一的表现。荣誉是个体的才能、业绩、贡献、德性等价值关系隶属于所在集体的价值系统时，受到集体积极的和肯定性的评价而获得物质性或精神性的褒扬和赞誉，是个体内在品行的外在表现。原清华大学校长（民国时期）罗家伦先生在《荣誉与爱荣誉》一文中说："荣誉是人格光辉的表现……漆黑黯淡地过一世，这种生存有何意义？"歌德也有一句名言："你若失去了财产——你只失去了一点儿，你若失去了荣誉——你就丢掉了许多。"可见荣誉感对人生多么重要。所谓荣誉感，通常是指个体在获得荣誉后产生的自我意识与内心满足。有社会学家认为："一个人的荣誉感是他最真实、最基本的自我。它直接影响他的行为。"教师的职业荣誉感是教师教书育人的社会责任感及履行职责、尽到义务后在社会上获得的尊敬、自尊及感到光荣的内心感觉。在我国，教师历来享有崇高的社会地位，所谓天地君亲师。日本著名教育家小原国芳认为，教师的工作是非常"神圣"的，仅次于侍奉神的"圣职"。马克思在其《青年在选择职业时的考虑》一文中深刻指出："如果我们的生活条件容许我们选择任何一种职业，那么我们就可以选择一种使我们获得最高尊严的职业……尊严是最能使人高尚、使他的活动和他的一切努力具有更加崇高品质的东西，是使他无可非议、受到众人钦佩并高出于众人之上的东西。但是，能给人以尊严的只有这样的职业，在从事这种职业时我们不是作为奴隶般的工具，而是在自己的领域内独立地进行创造；这种职业不需要有不体面的行动（哪怕只是表面上不体面的行动），甚至最优秀的人物也会怀着崇高的自豪感去从事它。"在叶澜教授看来，马克思所说的最有尊严的职业就是教师，"我们深信在教师职业生涯中，'只有用创造的态度去对待工作的人，才能在完整意义上懂得工作的意义和享受工作的欢乐'才能使教师职业真正成为令人羡慕和富有内在尊严的职业，成为充满人类智慧和人性光辉的职业。"应该这样讲,无论是从社会传统,还是从理论思想研究来讲,教师是一份光荣、崇高的职业。但毋庸讳言,当下由于种种主客观因素的影响,尤其是庸俗化泛滥、拜金主义盛行的社会不良环境的侵蚀,教师的职业荣誉感在经济社会转型中面临着种种挑战,甚至存在着一定程度的消减,教师队伍中出现了对自己岗位的认同感淡化的现象。"教师是人类灵魂的工程师""教师是太阳底下最光辉的职业"等美丽的词汇在渐渐地失去令人向往的光彩。我们要知道"教师职业荣誉感的淡化,其实就是社会责任感和职业操守的淡化,职业情感的崇高性渐渐被世俗追求所取代,必将导致功利思想和个人主义的滋长蔓延,降低教师职业的感染力和吸引力。"不难想象,当一名教师不再为自己从事的职业感到光荣和自豪时,那么他对社会的责任、义务和对工作的热情也会随之淡漠。所以,采取包括教师专业伦理培训的多种措施重建教师荣誉感是刻不容缓的。

赵冰倩在《论教师幸福》一文中表达了3个核心观点:第一,教师应该在职业中主动追求幸福;第二,幸福是最高的善,幸福是合德性的实践活动;第三,教师幸福需要外在的条件保障。人们对于幸福的认识、理解以及判断标准不同,但"幸福必须是生活的,生活必须是幸福的。生活和幸福原本就是一个东西。一切的追求,至少一切健全的追求都是对于幸福的追求。"对教师而言,教师职业幸福存在于教师职业理想的实现或正在实现的过程中、教师职业幸福不是物质欲望得到满足的自然性、实时性的快感,而是教师实现其职业理想的精神性愉悦,是教师的自我发展与超越。首先,教师在为实现职业理想奋斗的过程中创造幸福。教师是太阳底下最崇高的职业,教师用崇高感动自己,就能够把职业理想内化于生活方式中,把学校、学生、课堂当作人生价值的载体而创造幸福。正如苏格拉底所说:"世界上最快乐的事,莫过于为理想而奋斗。"加里宁说过:"只有向自己提出伟大理想,并以自己全部的力量为之奋斗的人,才是最幸福的。"其次,教师在教育教学创新的探索道路上体验幸福。教师职业是一种艰辛的创造性劳动,具有创新精神的教师会把教育教学创新作为最高的追求和最大的满足。对他们来说,困难就不是困难,而是磨炼,挫折也不是挫折而是动力。教师在创新探索的道路上获得"学生的爱戴、教学的胜任感、探究的新鲜感、成功的愉悦",即获得了自我的专业发展。再次,教师在培养出值得自己崇拜的学生时享受幸福。"青出于蓝而胜于蓝",历来是教师的幸福追求,教师的幸福感蕴含于学生成才后的精神愉悦。"教师的成功是创造出值得自己崇拜的人。先生之最大的快乐,是创造出值得自己崇拜的学生。"陶行知先生在《创造宣言》中如是说,"你们选择了教师,就是选择了奉献、选择了高尚,就是人生中最大的幸福。"我们期望,借助于教师专业伦理培训,使教师树立崇高的专业理想,体会职业尊严,获得职业荣誉与幸福,把教师职业当成事业和志业,进而"志于道,据于德,依于仁,游于艺。"

二、专业伦理理想、原则和规则

对知识的理解多种多样。笔者赞同布鲁姆(B. S. Bloom)的看法,即把知识看成是对具体事务和普遍原理的回忆,对方法和过程的回忆,或者是对一种模式、结构或框架的回忆。他强调知识是人类在头脑中对客观事物及人类认知结果的原理、方法、模式、框架的记忆与再现,是贮存在头脑中可随时提取的一种认识结果。从知识分类来看,专业伦理知识属于社会规范性知识,包括陈述性知识和操作性知识。加拿大多伦多大学教授伊丽莎白坎普贝尔在《伦理型教师》一书中针对当今西方教师伦理危机,提出了教师"伦理知识"的概念。在她看来,伦理知识是一种个人的专业性的能力。它使得教师能够敏捷地意识到道德价值如何在日常实践的细微之处得以表达。它驱动教师考察教师自身的行为,质疑自己的意图与行动。它要求教师运用专业美德的透镜,包括诸如公正、正直、道德、勇气、同情、忠诚和耐心等一般性伦理原则,去审视课程和他们从事的教学与评价工作,也包括他们与学生或他人之间的人际交往。我国中小学教师专业伦理研究起步较晚,目前学界对中小学教师专业伦理内容进行研究的人不多,所取得研究成果也不多。笔者综合檀传宝、徐廷福等人的研究,认为中小学教师专业伦理知识应该包括伦理理想、伦理原则、伦理规则。

(一)伦理理想

理想是人们的一种期待,一种对未来的美好设计和期许。理查德说过,"尽善尽美的道德理想是我们为之奋斗的目标""尽管不是每个人都能成为圣人,但是绝大多数人仍然可以对自己提出更高的要求,甚至超越最基本的道德义务是完全可能的。"爱因斯坦说过:"每个人都要有一定的理想,这种理想决定着他的努力和判断的方向。"伦理理想,也称为师德理想,包含着对好师德和具有好师德教师的期望与追求等。好师德是指符合教育规律和教师专业发展的师德,这种好的师德是人性的、现实的、可行的,正如上海师范大学王正平教授所说,"教师道德是一种高尚的职业道德,又是一种'人人应做、人人能行'的群众道德"。曾建平、邹平林两位学者在《道德思维与伦理思维：论教师职业规范的构建》一文中，提出教师职业的核心价值是"教书育人，为人师表"，并据此把"诚信、公正、宽容、尊重、专业、尽责"规定为教师的核心价值观。结合中小学教师职业道德规范和我国中小学育人的实际，笔者认为这6大核心价值观可以构成我国中小学教师好的师德与规范，而具有这些师德的教师是理想的教师。这里我们着重说说什么是理想的教师。理想的教师就是我们平常所理解的"优秀教师"或"好教师"吗？在笔者看来，理想的教师是"优秀教师"或"好教师"的交集，自然具有他们共同的品质。历史上一些伟大教育家、思想家、政治家都对理想的教师有过论述，如孔子，一方面，作为教师他在《论语·述而》表示"德之不修，学之不讲，闻义不能徒，不善不能改，是吾忧也"；另一方面，他又认为教师应该是"温故知新""有教无类""学而不厌，诲人不倦"。陶行知则提出理想的教师应该是"捧一颗心来，不带半根草去""新教员不重在教而重在引导学生怎样去学。对于教育要有信仰心，要有责任心，要有共和的精神（同甘共苦），要有开辟精神、试验精神。"笔者认为，中小学教师伦理理想包含3个维度的意义，即理想的教师是伦理型教师、研究型教师、生活型教师。

（1）伦理型教师。孔子式教师、陶行知式的教师，有家国情怀、人生理想；热爱教育、尊重学生，教书育人；具有教育公正、责任性、宽容、教育平等、合作等伦理品质，能妥善处理与学生、同事、学校领导和家长的关系，教育效能高，促进学生发展。

（2）研究型教师。熟悉教育规律，终身学习；具有自己的教育信念或教育理念，能开展教育教学研究，逐步建构自己的教育风格和特色，创造性地教育教学，有效培养学生的核心素养和关键能力。

（3）生活型教师。热爱生活，追求健康、有尊严的生活品质；有情趣、有生活能力，体验到教师生活的价值和快乐。

这3个维度并不是并列关系，而是融合、叠加的关系，是一种以生活为基础、研究为钢骨，伦理为主体的合金式宫殿型结构，其本质特征或核心价值就是：教书育人，为人师表。

1. 教书育人

所谓教书育人，指学校教师在教学过程中（不限于课堂）向学生传授科学文化知识的同时，自觉地对学生进行思想、品德教育，既培养学生的能力，更注重培养学生的人文精神、审美情趣和健康体质，自觉地培养学生良好个性和健全人格。自古以来，中外思想家、教育家都认识到教师的职责不仅是教书，还有育人的使命。唐代思想家、文学家韩愈明确提出

"师者,所以传道、授业、解惑也",19世纪德国教育家赫尔巴特认为:"教书如果没有道德教育,只是一种没有目的的手段;道德教育如果没有教学,就是一种失去手段的目的。"他们都强调教书和育人的结合,强调教师的职责是教书育人。苏联著名教育家苏霍姆林斯基也提出:"智育教育过程和教学过程中,不能满足于教师教一定的知识及要求学生去接受、记忆一定的知识,重要的是使教学深入教育领域,在教知识过程中塑造、培植学生的个性、信念、感情和意志。"他在《给老师一百条建议》中写道:"你们不仅是教课的老师,也是培养人的教育者,是生活的导师和道德的教员。"2014年5月4日,习近平在北京大学师生座谈会上的讲话中强调:"教师要时刻铭记教书育人的使命,甘当人梯,甘当铺路石,以人格魅力引导学生心灵,以学术造诣开启学生的智慧之门。"2017年10月在全国第五届教育伦理学会上发表的《新师德宣言》提出"我们深信,教师应有责任之心,教书育人、立德树人是教师的天职"。

2. 为人师表

"师表"一词,出自《史记·太史公自序》,意思与"师范"相同,是指学习的榜样。教师是太阳底下最光辉的职业,肩负着教书育人的崇高使命,为了能够完成教书育人的神圣职责,教师不仅要有渊博的学识,还应有模范的师表行为,既注重言教又注重身教。应该可以讲,教师为人师表是我们中华民族教育的一个优良传统。汉代扬雄说过"师者,人之模范也",唐代韩愈提出"道之所存,师之所存"。著名教育家叶圣陶先生曾说过:"教育工作者的全部工作就是为人师表"。江泽民同志也强调指出"教师是学生增长知识和思想进步的导师,他的一言一行都会对学生产生影响,一定要在思想政治上、道德品质上、学识学风上,全面以身作则、自觉率先垂范,这样才能真正为人师表"。《新师德宣言》第一个信条就是"我们深信,教师应是全民族和全人类优秀道德的继承者、体现者和传播者"。苏联教育家苏霍姆林斯基则从另一个角度指出:一个教师必须好好地检点自己,他应感到他的一举一动都处于最严格的监督之下,世界上任何人没有受着这样严格的监督。

胡相峰先生曾专门撰文研究"为人师表论"的内涵、意义和方法。他指出,今天我们重新强调教师为人师表的目的和意义在于:大力弘扬教师为人师表的优良传统,批评和克服当今教坛存在的种种不能为人师表的、有损教师形象和教育声誉的行为,张扬教师为人师表的新风尚,为适应教育现代化的需要,做好教师素质与作风上的准备。在他看来,"以教书育人和建设一个高度文明的道德社会和知识社会为己任,既做学生的表率又做社会的表率，是教师为人师表的题中应有之义"。他提出，教师为人师表的基本内涵是，教师在生活、教学和社会实践中所表现出来的素质与行为都可以成为他人的表率。在实践中表现为师表内容的先进性与师表形态的大众性的统一：诲人不倦的奉献精神、平易宽厚的博爱胸怀、教学相长的谦虚品格、熟练精湛的从教技能。著名伦理学家罗国杰先生在其主编的《伦理学百科全书》中进一步把教师为人师表的内涵具体化为五个方面：言行一致、文明礼貌、语言美、仪表端庄、作风正派。

"人的整体使命在于实现实践理性的理念"。在康德看来，这个实践性理念，既包括道德要求和责任，也包括人生幸福的追求。伦理理想就是这样一种实践性理念，指向教育专业至善至美的道德境界，包括无私奉献、主动助人、自我约束，具有教育、引领和激励功能。一个人只有树立了崇高的理想，才会坚信自己追求的目标一定能实现，才会激发起为实现理想而奋斗的勇气和毅力，才会在困难面前不低头、在逆境之中不灰心，才会百折不挠地调节自身的实践活动以达到实现理想的最终目的。巴金说过："理想不抛弃苦心追求的人，只要不停止追求，就终有实现理想的那一天。"

（二）伦理原则

伦理原则是指导教师专业行为的准则和依据，指导、制约着具体教师专业道德规范，具有指导功能。关于教师专业伦理原则有哪几条？具体内容有哪些？王正平先生认为，教育公正是教育伦理学的根本原则，学界鲜有提及。在这里，笔者认为有如下 4 个：

1. 教育责任

责任，在现代汉语中，有三层意蕴：一是指分内应做的事；二是特定的人对特定事项的发生、发展、变化及其成果负有积极的助长义务；三是因没有做好分内的事情或没有履行助长义务而应承担不利后果或强制性义务。责任的要旨是职责的履行和后果的承担。责任是一种使命、一种态度，是社会对某种角色的要求和期望。责任心是指个人对自己和他人，对家庭和集体，对国家和社会所负责任的认识、情感和信念，以及与之相应的遵守规范、承担责任和履行义务的自觉态度。它是一个人应该具备的基本素养，是健全人格的基础，是家庭和睦、社会安定的保障。教育责任是指教师作为一个专门从事教育工作的人员对学校应尽的义务，涉及教学研究及社会服务各方面。当今教师逐渐树立起专业人的形象，责任作为专业人员首要的道德品行已成为无可争议的共识，责任伦理应成为教师伦理的基本范型。当前学界对教师应该承担的具体教育责任各有看法，如有人认为教师教育责任主要指教书育人的责任。笔者认为教师的教育责任主要包括对学生的责任、对学校的责任、对家长的责任、对同事的责任。

（1）对学生的责任：传授学生知识、发展学生智力，培养学生能力，锻炼学生品性，养成学生健全人格。如，2015年6月美国教师教育与资格指导协会颁布的《美国教师专业伦理标准》（NASDTEC）指出，专业教育者的一个基本职责就是以有尊严的方式对待学生，具体责任集中在3个方面：第一，尊重学生的权利和尊严；第二，关心学生；第三，在适宜的范围内以发展性适宜的方式与学生互动，获得学生的信任，为学生保守相应的秘密。

（2）对学校的责任：遵守学校规章制度、完成学校布置和安排的教育任务、维护学校名誉、参加学校教育教学改革活动。

（3）对家长的责任：为家长客观地提供其孩子在学校生活的信息、耐心解答家长为孩子健康发展所提出的问题、接受家长为孩子发展所提的合理建议。

（4）对同事的责任：配合同事完成教育教学任务、与同事分享自己所取得的教育教学经验。

"责任是一种与生俱来的使命。切实履行责任，尽职尽责地对待自己的工作，才能完美展现自身能力与价值。"这是《三分能力，七分责任》一书中的一句话。美国著名心理学家弗洛姆说过："责任并不是一种由外部强加在人身上的义务，而是我需要对我所关心的事件做出的反应。"总之，教育工作是一份伦理性的工作，"教师不仅要做模范公民还要担当培养下一代的任务，责任就成为教师之所以成为教师的本质规定，责任是道德自我的自由、自主，是道德主体的自觉，是教师道德能力的来源和道德本能的释放，表现为教师的道德良知。"

2. 教育仁善

北大伦理学教授王海明认为"人道"是"社会治理的最完美的道德原则"。所谓人道，也即人道主义，是认为人本身的发展、完善、自我实现价值最高，从而把人本身的发展、完善、自我实现奉为道德原则的体系，其基本要义是：将人当人看、给人自由、使人成为人。教育仁善包含教育仁慈、教育良善的意思，它是人道主义的本土表达，更是人道在教师专业伦理中的转化和发展。檀传宝在《教师伦理学专题》专门研究了"教育仁慈"，其不足之处有两点：一是忽略了学生发展；二是把教师仁慈看成是教师单方面的要求和义务。所以笔者在吸收檀传宝先生思想的基础上，提出教育仁善的原则，强调一个中心，增加了四层含义。一个中心就是学生发展中心，即以学生发展为本，开发学生潜能，促进学生全面发展。四层含义是：

（1）善待每个学生和同事。不以学生和同事作为谋求自己个人利益的工具，尊重每个人的人格，真诚待人。特别是要关爱学生。我国新修订的《中小学教师职业道德规范》对于"关爱"学生的具体内容要求是：关心爱护全体学生，尊重学生人格，平等公正对待学生。

（2）为每个学生创造、提供自由发展的条件和机会。帮助学生进步，促进学生发展是教师的主要工作职能和目标。要求教师行教育之善，施"善"的教育，为每个学生创造、提供自由发展的条件和机会。

（3）为学生建构"法纪、安全、平等、民主、舒适"的教育教学环境。心理学研究与教育实践都表明，孩子的自信心、创造能力与合作意识都是在安全、有序、舒适的环境里养成的，而且与紧张、有威胁的环境相比，学生学习的效率更高。因此，教师要做学生的良师益友，维护学生权益，为学生建构"法纪、安全、平等、民主、舒适"的教育教学环境。

（4）照顾学生生活，在危险时给予其保护。教师要首先为学生的幸福着想，帮助学生发展其包括工作能力在内的完整人格。对于未成年人来说，尤其是年幼儿童，他们的认知能力有限，面对危险时的判断力、独立解决问题的能力还很弱。当然，这并不是说学生在日常生活都需要教师无微不至的关注，更大意义上是指他们在面临安全、生病或其他意外危险时特别需要成年人的照料。汶川大地震时，"范跑跑"之现象，已成为我国教师的反面案例。教师在学生遇到危险时，要审慎地承担起保护他们的责任。

3. 教育公平

这里教育公平不是政治学、社会学意义上的教育公正，而是指教师的公正。在亚里士多德看来，公正是一切美德的基础。一般来说，公正是同等利害相交换的善的行为；是具有对等性、可互换性、有利于社会发展和个人幸福的行为。教师公正，是指教师在自己的教育活动中对待不同利益关系所表现出来的公平和正义。它表现在教师与自身、同侪、学生等人际关系之中。有学者指出："所谓教育公正，就是在教育活动中，教师要公平合理地对待和评价全体合作者。其中，公平合理地对待和评价每个学生，是教育公正最基本的要求"。施修华、严缘华在其主编的《教育伦理学》一书中认为："教师的公正，是指教师根据既定的教师道德原则和规范，在处理人与人的关系和各种事情时能做到坚持原则，公平正直，合乎道理，没有私心杂念。"因此，我们完全可以把教师公正的主要内涵概括为对学生的公正、对自己的公正、对家长的公正、对同事和领导的公正。其中对学生的公正是教师公正的核心和重点，是在教育活动中对学生持民主与尊重的态度；对不同性别、年龄、出身、智力、个性、相貌以及关系密切程度不同的学生能够做到一视同仁、同等对待，不以个人的私利和好恶作为标准。概括地说，教师对学生的对象性公正最主要的是要做到：第一，平等地对待学生；第二，爱无差等，一视同仁；第三，实事求是，赏罚分明；第四，长善救失、因材施教；第五，面向全体，点面结合。教师应当对得起自己，所以必须有一种对自己的公正。它包括对教师自尊、荣誉以及合理的经济利益等合法权益的要求和维护。教师对自己的公正不仅是"我—我"关系，也涉及教师与社会的关系。檀传宝在《教师伦理学专题》一书中，对"教师公正"做专题介绍，他认为教师公正或教育公正是一条至关重要的职业道德范畴。它有利于良好的教育环境的形成、有利于教师威信的提高、有利于学生学习积极性的发挥、有利于学生的道德成长。他还指出，教师要实践教育公正，必须自觉进行人生修养、提高教育素养。王正平教授还认为，作为教育者的教师在教育教学工作中公正地对待每个学生，是实现教育公正的一个关键。教师公正、平等、合理地对待和评价学生，是教育公正原则对教师职业道德的最基本的要求，是衡量教师职业道德素养水平的一般标尺。

总之，对于教育者个人而言，教育公正确实是一种需要修炼的美德。笔者认为，公正不仅是一种内在的价值观念和教育人格，而且这种优良品质还必须体现在外在的教育行为中，显现为教育者对受教育者的仁爱和关心。这样，实现教育公正当然就要求教师公平地对待每一个学生，而不能因为学生在成绩、性格、家庭、长相等方面存在差别就施以不同的态度、情感和行为。比如，在教学中，课堂提问就不能有偏见，把课堂发言的机会总是给某些学习成绩好的学生，或自己喜欢和欣赏的学生。在这一点上，教师个人的情感应该服从于理性，教育公正正如法律一样，它不是基于情感和偏爱，而是基于理性和平等。

4. 专业主义

专业主义是指以专业胜任能力为基础，以所服务对象的利益为目标，控制和发展自己知识的权利和责任的专业伦理规范。构成专业主义的基本要素是专业能力和专业精神。专业能力指的是从业人员具有进入某一专业所需要的特定资质，即保持适当水平的专业知识，并遵守相关法律、法规和技术标准履行职责。朱水萍在其《教师伦理：现实样态与未来重构》

一书中，把教师专业能力确定为排列第二重要的教师专业伦理素质，说明好教师的专业能力非常重要，在她看来教师专业能力包括"丰富的知识面""扎实的教学基本功""处理师生关系""专业技能""学识水平""多才多艺""课堂驾驭能力""课堂效率""教学方式生动活泼""教育技艺高超""条理清晰"等等。在谈到教师的专业能力时，有必要把终身学习能力考虑进去。学习是人类自我超越的一种手段。自从1972年联合国教科文组织国际教育发展委员会发布的报告《学会生存——教育世界的今天和明天》正式提出终身教育以来，终身学习也就日益成为人类社会的基本学习方式和生活方式。而教师作为人类灵魂工程师，更是需要终身学习。"教师本身应是终身学习理念的身体力行者，是学习者的伙伴，教师要在完备终身学习的个人内部条件和社会外部条件的过程中发挥重要的作用。"我国把终身学习作为最基本的教师职业道德规范。教师要成为终身学习者，首要条件是养成、树立主动学习的态度，其次要培养自己主动学习的能力，再次要掌握学习的方法和技术。专业精神是在专业胜任能力的基础上发展起来的一种对所从事的职业极其热爱和投入的品质，是一种孜孜不倦、精益求精的精神，是一种不断创新、追求卓越的精神。"师者，所以传道授业解惑也。"

教师专业主义，是指教师作为一个专业人员所具备知识与能力、权利与职责、理想与精神、地位与功能的荟萃，指向教师工作的高质量、高标准、高效率以及社会对教师的高度认可与尊重。教师专业主义要求教师以知能为基础、以组织为依托、以学生为中心、以伦理为内核、以问责为导向，通过最佳方式融合他们的知识、技能、道德与义务，发展与利益相关者之间合议的、契约的以及伦理的关系。同时要求教师必须具备一些优秀品质：利他、尽责、正直、热情，善于合作、乐于学习、勇于创新、敢于担当。

德国教育家雅思贝尔斯说："最好的演技者才是最优秀的教师。"教师的教育教学研究能力直接影响着教师专业能力的发挥。"专业能力不足的直接后果是教学活动失范、教师自我满意度降低、师生关系不和谐等，间接后果就是师德的失范。"因此，基于专业主义的视角，研究能力和积极开展教育教学研究也是教师应有的伦理品质。

5. 教育幸福

幸福是人生的奋斗目标。人人都想拥有幸福，人人都想一生拥有幸福。"每个人都至少会在表面上同意，我们所毕生追求的根本是幸福，是一种轻松欢欣的生活。我们投身于自己的工作中，那是因为我们坚信那样能使我们更接近幸福的目标。幸福本身就是我们的追求，其他任何事物只有与幸福相关时才有意义。"古往今来，尽管人们对幸福的理解千差万别，但谁也不否认幸福包括这4个要素：身体健康、心灵安宁、衣食无忧、精神快乐。在这里，教育幸福，也即教师幸福，有两个含义：一是教育作为教师的一种工作和生活样式，要给教师带来幸福，教师要体验到教育幸福；二是教育作为一种培养人的活动和学生的生活状态，要培养、促进学生幸福生活的能力，感受到学习的快乐。王海明先生在其著作《伦理学原理》一书中，提出了达到人生幸福的四大原则：第一，意识正确，即对幸福的主观意识与幸福的客观规律、客观本性必须相符；第二，选择适当，即对幸福的欲望、选择与自己的才、力、命、德必须一致；第三，努力奋斗；第四，修养品德。这对教育幸福伦理培训内容建构的启发就是，要引导教师深刻认识、理解幸福的本质和教师幸福的特点，认识到幸福来源于自己不断改进和创新的教育教学，来源于自己对学生的尊重、爱护和帮助，来源于自己不断完善的职业道德，来源于自己对自己生命的尊重和爱护。

（三）伦理规则

伦理规则是伦理原则的下位概念，是相对于伦理原则更具体、个别的道德规范，是对教师职业行为的基本要求，具有约束功能。但是人们对于教师专业伦理规则的理解各异，教师专业伦理规则包含哪些内容或范畴，人们也是各持己见。我国现行《中小学教师职业道德规范》涵盖了爱国守法、爱岗敬业、关爱学生、教书育人、为人师表、终身学习等6个方面的要求。这6个方面既能看到教师处理不同社会关系的维度，也能体现最基本的教师伦理范畴，如"关心爱护全体学生，尊重学生人格，平等公正对待学生"（公正）；"对工作高度负责，认真备课上课，认真批改作业，认真辅导学生"（义务）。综合现有的研究成果，笔者提出以下伦理规则：

1. 教育关爱

教育活动中最宝贵、最纯洁的情感，莫过于教师对学生的爱，教育关爱，也即是日常所说的"师爱"，即教师在教育实践中形成、发展并体现出来的乐于与学生交往、真诚关心学生、主动为学生发展投入的积极情感特征。苏霍姆林斯基将教师对学生的爱视为"教育的奥秘"，认为教师如果不爱学生，那么教育从一开始就已经失败了。爱是教育的出发点，是教育的灵魂、是教育的生命所在。失去了爱的教育，就失去了教育的生命，就会堕落为一种机械的训练和控制,并最终导致"无人"的教育。教育的过程就是爱的过程,真正有效的教育只能是爱的教育。正因为如此,古今中外,都把关爱学生看成是教师最基本的素质之一,"应将师爱素质纳入教师专业素质结构之中,而且应该将师爱素质视为奠基性的教师专业素质。"

弗洛姆(E. Fromm)在《爱的艺术》一书中解释了爱的3个构成要素:给予、责任和尊重。人与人之间的交往是一种社会性的交往,如果你希望别人可以对你友好与信任,你就必须先给予对方友好与信任。只有这样,当你给予给别人爱时,他才会给予你爱的回报;责任意味着你必须对他人的需求给以一定的回应;尊重就是对别人的独特个性与需要进行一定的了解。通过爱,既发现了自己,也能了解别人。钱焕琦教授在《教师职业道德》中指出教师对学生的关爱,是教育爱,是"教师对学生主动的、无私的亲和""是一种社会爱、理智爱",其主要作用有:第一,教育爱促进儿童身心健康发展的重要力量;第二,教育爱是学生接受教育的心理前提;第三,教育爱是一种积极的教育手段。在笔者看来,首先,关爱学生是教育工作取得良好效果的基础,是培养学生积极情感、健康人格的重要力量。

教师关爱学生,意味着关心学生,了解学生;

教师关爱学生,意味着尊重学生,信任学生;

教师关爱学生,意味着公正对待每一个学生;

教师关爱学生,意味着维护学生的权益;

教师关爱学生,意味着严格要求学生,不迁就和放纵学生。

俗话说,"严是爱,松是害,不管不问要变坏",严格教育学生的出发点是爱护学生,最终目的是学生全面发展。所以,要求教师做到"严而有理""严而有度""严而有方""严而有恒""严而有别""严而有情"。

爱,不仅是一种素质,更是一种能力。魏书生认为,仅仅强调教师要爱学生是不全面的,还应具体研究怎样去爱学生。他说:"相爱还要会爱,如果不会爱,原来相爱,后来也会变得不爱。"他强调教师要走进学生的心理世界,尊重和发展学生人性和个性。作为教师,应该无条件地相信每一个学生,爱每一个学生,既爱优等生也爱学困生,既爱学习中等水平的学生也爱道德高尚的学生和曾经有过失的学生。爱所有的学生,爱学生的所有方面,没有学生可以放弃。有人说爱自己的孩子是本能,爱别人的孩子是神圣。霍懋征老师从教60年,从没有对学生发过一次火,从没有惩罚过一个学生,从没有向一个学生家长告过状,从没有让一个学生掉队。这就是对爱的信仰，有爱的信仰才能始终平等地面对每个学生，并热情地关注他们的成长。信仰爱就是无私地、孜孜不倦地为学生创造和给予，使自我与学生成长为一个"人"。

国外的教师伦理规范中，也将关爱学生摆在首位。如新西兰教师委员会颁布的《新西兰注册教师伦理规范》，对学生的义务中第六条规定"促进学生的身体、情感、社会、理智和精神的健康"；日本教师伦理纲领中提及"教师要肩负起日本社会的使命，同青少年一道生活"。保护学生安全，关心学生健康；不讽刺、挖苦、歧视学生，不体罚或变相体罚学生是当代世界对中小学教师的基本要求。

"爱"是当代教育家于漪教育人生的主题词。于漪对爱的理解与认识从最初"有选择之爱"到"超越亲子之爱"，再到仁爱，经历了漫长的过程。她的教育生涯说明，教师的爱是可以发展的，正如弗洛姆所论，爱是可以通过积极的训练、专心致志的投入和坚韧的耐心而可以掌握的艺术。

在笔者看来，教师要真爱学生，首先得尊重学生。著名教育家马卡连柯说："我们的基本原则永远是尽量多地要求一个人，也尽可能地尊重一个人。"爱默森也曾说过："教育成功的秘密在于尊重学生。"尊重学生，是尊重学生身心发展的规律，尊重学生成长的需要、兴趣，尊重他们的个性潜能，尤其要尊重学生的人格尊严。其次，要建立、保持与学生亲密关系。教师要学会做学生的朋友，走出世俗、利益关系的泥沼，保持与学生亦师亦友、如母如父，让学生在心理上产生情感依赖。再次，教师要鼓励学生。鼓励饱含着对学生的肯定与期望，教师鼓励的方式是多种多样，如一句话、一个眼神、一个微笑、一个抚摸都是鼓励。孩子的成长过程需要成年人的陪伴、帮助与鼓励，包括引导与鼓励。多少当初看起来"不咋的"学生，就是因为教师的肯定、表扬、奖励而找回了自信，获得了学习的兴趣和动力，从而走上了成才之路。最有说服力的就是"皮格马利翁效应"。最后，就是不讽刺、挖苦学生，不歧视学生，保护学生的自尊心，不泄露学生的隐私，维护学生身心健康。

师爱源于教育者的责任和义务，是一种充满责任的、理性的、普遍的、持久而高尚的爱。教师不但要懂得爱，还要有计划地修炼爱。爱是人类生存的不竭动力，没有爱，人类便难以真正存在。教育作为一项圣洁的业，作为活生生的生命与生命之间的对话与交流，是最讲究真爱的。因此，教师要有炽热的爱心，这种爱不仅仅是一种情感，也是一种理智、一种能力、一种艺术、一种境界，爱是一种积极的社会性情感，与教师的理智、道德密切相关，更是教育人道主义的体现。教育是培养生命的事业，爱就是一种教育的"圣心",这颗心引导教育向善,这颗心力图使每个孩子都拥有幸福的人生。

2. 教育合作

合作是人类社会赖以存在和发展的基石。人本主义心理学先驱阿德勒在《洞察人性》一书中指出:"共同生活的诸多法则,其实与气候规律使我们不得不采取某些措施来御寒、来修建房屋等一样,都是不言自明的。"合作不仅是现代人必须具备的一种态度,更是一种能力。自从联合国教科文组织的《教育——财富蕴藏其中》报告中提出"学会共同生活"以来,合作就成为学校教育的核心目标之一。同样,合作也被看成教师专业发展的动力。

那么我们如何理解合作这一概念?朱智贤先生主编的《心理学大辞典》把"合作"规定为:"合作是为了共同的目标而由两个以上的个体共同完成某一行为,是个体间协调作用的最高水平的行为。"在《辞海》中,合作被解释为:"所谓合作,它是社会互动的一种方式。指个人或群体之间为达到某一确定目标,彼此通过协调作用而形成的联合行动。参与者必须具有共同的目标、相近的认识、协调的活动、一定的信用才能使合作达到预期效果。"美国学者弗里恩德和库克(Friend & Cook)这样解释"合作":"人际间的合作是至少两个相互平等的当事方之间的直接互动方式,他们因为有一个共同的工作目标而自愿地参与共同决策。"他们认为真正的合作应该具有以下几个特征:

(1) 合作是出于自愿的(voluntary)。理想的合作必须在合作者主观选择的基础上产生,而无法通过行政命令或管理措施来达成,尽管这些外界力量可以迫使合作者聚集到一起来工作。

(2) 合作是建立在平等(parity)基础上的。在合作过程中,尽管不同的个体对于集体的贡献在数量和质量上可能存在差异,但它们都应当被平等地视为合作成果的有机组成部分。

(3) 合作者之间有一个共同的目标(a shared goal),这是合作赖以发生的条件。

(4) 合作者共同参与重大问题的决策(shared responsibility for key decisions)。在合作过程中,每一个合作者的劳动分工可能不同,但他们都有平等参与合作组织的重大问题决策权利,这种权利进一步强化了合作的平等性特征。

(5) 合作者共同为决策后果承担责任(shared accountability for outcomes)。根据权责对称原则,每一个合作者在平等享受决策权的同时,也必须对自己的决策后果负责,无论这种后果是积极的还是消极的。

(6) 合作者共享资源 (shared resources)。在合作过程中,每一个合作者都必须向合作组织贡献自己的独特资源,以供大家共享。共享资源包括时间、专业技术、空间、设备等。

(7) 有突出的特性 (emergent properties)。即合作者之间必须相互信任与尊重,这个特性使得合作区别于一般的集体活动或工作,它对合作的发生、发展和结果都有直接影响。

加拿大学者哈格里夫斯认为合作是教师文化的一个组成部分,是在日常生活中自然生成的一种相互开放信赖支援性的同事关系。我们这里的合作是指教师的合作,包括教师之间的合作、师生间的合作、教师与学校领导、教师与家长之间的合作,是教师为了实现学校或教师个体的工作目标在自愿平等的基础上彼此相互配合、互动,在教育实践中共同提升专业水准的过程。其主要特点是:教师合作作为一种特殊场景的社会群体互动,就其实质而言,教师是在与同伴、名师、领导或者校外专家的互动合作中,遵循互惠互利原则,诠释、运用各种"符号"进行"有意味"的互动,并在扮演和调整自我角色的基础上,在合作和冲突的递进循环进展中实现自我专业发展和社会化的过程。

教育从本质上说是一种合作性的事业,而教师工作从本质上说也是一种合作性的职业,教师的劳动特点和现代教育的发展,都要求教师必须具备这种合作的品质和能力。

"应然的教师合作是以专业发展为导向,以平等协商为前提,以资源互惠为原则,以专业学习共同体为载体,在包容竞争和冲突基础上,通过对话中的协商、交流中的视界融合和讨论中的意义创生达到共同发展之目的。"教师合作能有效地促进教师的专业发展:教师合作能激发教师专业发展的自觉意识、教师合作能不断更新教师的知识、教师合作能有效地促进教师反思能力的提高。

教师的合作是一种人际间合作,这也要求教师具备合作的意识和愿望,树立共同目标、确定共同利益;学校要采用民主管理、目标管理等现代管理手段,让教师分享学校管理的权利、责任和资源,从而培养提高教师的合作精神。

在当下,中小学教育中,教育合作具有更加现实的意义:第一,小组合作或合作教学越来越成为一种教学趋势或教学样态,需要教师具有指导学生合作、沟通的意思和能力;第二,家庭教育的推广,家校合作需要教师履行合作,具备与家长沟通与合作的能力;第三,校本培训、校本研修的实施与推行，需要教师能够共享资源、分享经验；第四，学校治理体系改革与集团化办学的推进，教师不但要与本校教师合作，还需要跨校合作。

"友谊、社会感和协作，就是解决这个问题（职业）的最佳办法。"合作是中小学教师重要的伦理规则，合作是教师需要养成的品质，合作也是教师应具备的能力。

4. 教育反思

反思，意即思考过去的事情，从中总结经验教训。人们之所以能够修正和改变，很大原因在于人具有与自我互动的能力——反思能力，能检验自己的行动过程，评估利益得失，做出行为抉择。曾子说："吾日三省吾身：为人谋而不忠乎？与朋友交而不信乎？传不习乎？"可见反思的价值。我们这里所指的反思，是教师的反思，是教育学与伦理学视域中理解的反思，其内涵主要是指教师主动地以自己所持的教育观点、自己教育经验与习惯，对已经发生的教育教学行为对象进行回顾、批判、提炼、总结等思维活动，或给予肯定、支持与强化，或给予否定、思索与修正，从而不断提高自己专业伦理素质与教学效能的过程，是教师对自己教育实践合理性、有效性进行自觉内省、考量、审查的过程。

教育反思对于教学效益的提高、教师专业发展都具有重要意义。"现代教师专业发展研究证明，反思是教师专业发展的必然要求与根本前提，没有反思就不可能有教师的专业发展，也不可能有深入持久的教育变革。所以，反思意识与反思能力的培养被看作是教师专业发展的保障"，波斯纳提出"教师成长＝经验＋反思"；宋明钧指出"反思对教师的专业成长起着举足轻重的作用，是教师专业发展的应有之举。

目前，学者们在研究教育反思时都比较重视反思对教师教育教学能力与水平提高的作用，如吴振利在《论教师反思的魅力》一文中，认为反思的作用为，深化教育理解、消解教育偏执、催生教育智慧、融通教育实践与理论、开辟个人发展生长点、激活想象力与创造力。笔者认为这些研究是窄化、降低了反思对教师专业发展的意义。其实正如瓦茨所说："反躬自省是通向美德和上帝的途径。"苏克拉底说过，不经反思的生活不值得过。笔者在此比较强调反思对教师专业伦理养成的价值和意义。在孔子那里，反思也是一种重要的道德伦理品质。孔子说过，"十室之邑，必有忠信如丘者焉，不如丘之好学也"，孔子认为好学是重要的德性，而"好学"自然包括"反思"，《论语》记载孔子弟子子夏说："日知其所亡，月无亡其所能，可谓好学也已矣（《子张》）。""子曰：'莫我知也夫！'

子贡曰：'何为其莫知子也？'子曰：'不怨天，不尤人。下学而上达，知我者其天乎'（《宪问》）。"从以上两段文字中不难看出，孔子讲的学是有着反思意义的学，他的学不止于知识的摄取，也包含着在哲学上的抽象与思维上的提升。正因为如此，在孔子看来，好学是一种特别的品质和活动，他提出"六言六蔽"来解释他的看法，子曰："由也！女闻六言六蔽矣乎？"对曰："'未也''居！我语女。好仁不好学，其蔽也愚；好知不好学，其蔽也荡；好信不好学，其蔽也贼；好直不好学，其蔽也绞；好勇不好学，其蔽也乱；好刚不好学，其蔽也狂'（《阳货》）。"孔子的思想给我们的启示是，反思不仅仅是教师专业伦理的要素，也是其他专业伦理养成的催化剂。所以裴跃进先生在《教师品质修养》中提出，"在教育生活中，反思意味着教师对自己的教育设计、教育内容、教育目标、教育策略以及教育效果如期开展一种内在自觉、富有深度的检视与反省。它既是一种工作态度，也是一个良好习惯。持有这种态度与习惯的教师，能够促使自己对工作方向、质量、效率始终保持警戒、选择与修正的正常状态"，Lynda Fielstein & Patricia, Phelps 在《教师新概念——教师教育理论与实践》一书中，把教师"反思"看成是教师重要的专业素质，认为"对自己的教学技能进行反思和自评"是"促进职业发展的活动"，并提出教师要勇于自我批评，"反思无疑是促成有效教学的重要因素，你必须对自己、厌恶、情绪和价值观念保持高度的敏感，而且时常思考一下这些因素如何影响你对事情的处理"。

4. 教育自由

自由与必然不可分，但必然不等于自由，必然性是不依人们意志为转移的，而自由则与人的意志不可分。所谓自由，是指能按照自己的意志进行的活动，表现为主体的一种正确判断和行动的能力。孔子云"随心所欲不逾矩"即为这种境界。自由是最深刻的人性需要，是每个人自我实现、发挥创造潜能的根本条件，同时也是社会繁荣进步的根本条件。教育自由，是指教师在自己对教育教学规律、学生成长规律和所处社会环境认识、把握的基础上自觉遵守教师专业伦理并在专业伦理指导下创造性地开展教育教学工作，从而使教育教学和自己的生命本身活动变成"意志和意识的对象"。王燕在《自由：教育的伦理之维》中宣称"自由是全部精神存在的类本质，一切教育的核心或关键在于使人成为自由的存在者，教育价值合理性的依据应当指向人的解放与自由"。教育目的的确立、教育内容的选择、教育方法的设计等教育实践活动中一系列具体的环节都必须珍视、捍卫并努力增进人的自由作为根本的价值诉求。

自由作为一种伦理要求和品质，既是教师专业伦理的重要内容，也是教师专业发展的必要条件。从这个角度来看，我们希望教师能够认识和掌握教育教学规律、青少年身心发展规律和现代教育技术与方法，理解"人只有通过教育才能成为人"，教育的核心是自由人的培养和塑造，从而自觉地开展教育教学，完成以下三项使命：

（1）培养学生自由能力。无知是自由的天敌，自由并不是一种原始的和天然的观念"，而是"要靠知识和意志无穷的训练，才可以找出和获得一种能力"。教师要有效开展教学，传授学生的文化科学知识；同时指导学生动手动脑，培养学生实践与创新能力。

（2）塑造自由精神。相对于自由能力的培养而言，精神自由是个体自由的"内向度"，唯有精神自由才使人类真正成为自己的主人。教师要有立德树人的意识，尊重学生主体地位，用适合学生发展的方式，帮助学生建构自己的精神世界，使自己的教育教学过程成为学生的精神成长过程。

（3）养成自由人格。自由人格是人类在应然的意义上对理想人格的追求，既是对"依附人格"的否定，又是对"独立人格"的扬弃。这种自由人格的本质内涵"是成为一个人，并尊敬他人为人"，作为教育者，中小学教师充分肯定、信赖并尊重学生的个体存在，鼓励其发现自己，成就自己；同时又要帮助学生避免由于个人价值和独立性的片面张扬导致以自我为中心的主体性，帮助学生从精致利己主义中走出来，成为卓越的共同体成员。

自由不是人固有的。人不是实现自由，而是不断获得自由。这个自由获取的过程，就是人的文化进步的过程。教育自由亦然，我们希望通过教育和培训，中小学教师拥有教育自由的素质，期望通过社会发展和教育改革，给教师发展创造自由的外部环境，使教师在教育教学中享有专业自主权；另一方面，则要求教师具有民主意识、自由精神，能倾听孩子的意见，能给学生选择的机会，能为孩子创设安全、有序的学习环境，开发学生的潜能。同时，教师要养成自由精神，就必须具有主体意识、心灵独立、有好奇心。当代著名人道主义思想家保罗·库尔茨强调"人道主义的基本原则是保卫个人自由"，这也意味着，要实现教育人道，就必须有教育自由。从教师教育教学角度看，教师要给学生自由，就必须在与学生协商的基础上，制定完备的课堂纪律、制度，实施民主管理。

5. **教师理解**

人们认识世界的基本方式是感受和"理解"（understanding），理解是人类具有的普遍的认知方式和重要的思维活动，"理解"最为典型的对象应当是与心灵活动有关的行为，包括对言语和行动的理解。"意向"与"意义"构成了行为理解的两个关键要素。此外，这一理解过程表现为一个心理活动的过程，即理解者想要"把握"（理解）被理解者的过程。这一过程的结果主要有两种可能，一种是理解正确，另一种是不正确理解。假如是前者，我们可以说理解者达到了与被理解者在心灵上的"融通"，也就是前者把握了后者的"心理因"，包括目的、动机等因素，尤其是意向性这一因素，从而理解了行动的意义；反之则是没有会通。据此，我们可以把理解看成是一个心理活动的过程、是一个从"个别"到"个别"的过程，是透明的，而认识不必是透明的。"透明性"作为一个知识论的概念，包含两个方面的意思。首先，它指的是人对自身在认识上的心灵状态是可以自我认识的。其次，它指的是认识（或知识）本身的明晰性。理解是内在的，而认识不必是内在的。理解具有"历史性""情境性""主体性"等特点。理解发生的外在表现为看到"前理解"（尤其是"成见"）并且知道它如何被传统和习惯所塑造，即看见理解的过程，知道理解是如何被塑造的。

了解了"理解"的意义和性质后，我们来谈作为一种专业伦理素质或行为的教师的理解（或教育理解）。教师的理解主要包括对学生的理解、对课程的理解、对同事的理解、对学校领导的理解和对家长的理解。斯蒂芬·格林（Stephen Grimm）提出，理解是一个理智德性。他写道："似乎存在这样一个共识，即，如果我们按照扎格泽博斯基所说的方式将理智德性（intellectual virtue）视为一种'心灵的卓越品质'（excellence of the mind），那么仅仅关注诸如'知识'这样的卓越品质（excellence）就有些片面了。相反，认识论的范围应该足够广阔，以涵盖心灵的所有卓越品质，包括理解和智慧。"由此我们把教育理解看成是教师拥有一种心灵的卓越品质、一种理智德性。对于教师来讲，理解并非对事物结构、关系或整体性关系等的认知与把握，而是基于教师专业素质、实践智慧所拥有的特殊心智能力，是教师为了实现教育之善而对教育现象的准确洞见和明了。

从善的教育来看教师理解主要涉及课程理解、学生理解和对自己的理解。

教师的课程理解研究源于20世纪70年代中期美国课程研究领域的"概念重建主义"活动，随着"课程开发"范式转向"课程理解"范式，教师课程理解受到人们的重视。课程理解的核心问题是课程与教师的关系问题,即教师如何在课程中存在、课程如何在教师的实践中存在。"教师的课程理解就是教师以课程主体身份对其既有课程教学经验的价值和缺陷进行客观审视,对外来教育改革理论和要求理性分析基础上根据自己的教学实际做出的符合学生发展的教学决断。"

课程理解的内在诉求就是教师的课程实施。理解问题始终和教师的课程与教学及其相关现实问题密切地联系在一起。在教学的各个环节上,包括课堂讲授、辅导作业、考试,特别是面试等,都应当把着眼点放在帮助、了解和提升学生的理解上。传授知识的目的并非仅仅在于让学生得到某些"知识",而更重要的是要让他们理解这些知识。只有理解了知识,懂得了它们的根据或理由,才称得上是真正掌握了这些知识,也才能够加以运用、加以创新,否则培养出来的只会是一些"书呆子"而已。因此,课程理解能协助教师找到自己的定位、丰富教师的实践知识,让教师更自主、更能负责,更能从容运用课程,使自己的教学更适应学生课程,理解也能帮助教师不断自我更新、自我完善。

理解是认识学生、懂得学生。教育从理解开始。理解是教师对学生的认识、了解、懂得与体察,理解是尊重学生的成长过程。朱水萍博士描述过这样一件发生在小学三年级时的事:音乐课刚刚开始,老师准备教五线谱,问小朋友有没有谁知道五线谱。有个孩子自豪地举起手,却没想到老师很不高兴,反而问她:我还没教,你就会啦?坐下!全班哄笑。孩子放下手,默默地坐下。教师为什么认定"没教就不会"呢?为了自己的所谓尊严而讥讽学生、不信任学生。她说,"我好委屈,其实我是不认识简谱的,很多同学简谱认得比我好。但是,因为我从小学习小提琴,五线谱我很早就会了。真难过。"是啊,老师为什么会这样呢?教育中这种带有轻视、讽刺性的评论对学生的伤害极大,不仅对学生的学业毫无帮助,还会压制学生思维、打击学生自信、降低学习热情,妨碍良好的师生关系。身为教师,如果愿意设身处地站在学生的角度,愿意体验学生当时的积极回答与自豪之情,就不至于武断地给予学生这样的评价。所以,教师应该站在学生的角度去更好地认识学生,懂得学生心理,从而帮助学生,指导学生进步。

教师理解要求教师理解学生成长过程中的问题,尤其是对学困生、后进生的理解。如,"贫困生的处境""离异家庭孩子的心理问题""戒不掉的网瘾""学习自信心不足"等问题。这些都需要教师理解,需要教师设身处地站在学生的角度,换位思考,理解学生的成长烦恼。心理学家戈登根据人本主义心理学原理,设计了一个改进师生关系的训练计划,名为教师有效性训练（该计划要求教师能够区分三类问题：教师自身的问题、学生自身的问题和师生共有的问题）。这个计划的目的是改进师生关系，会区分三类问题也就是帮助教师理解师生关系的问题所在。有时，学生自身的问题是显而易见的，如学生的学业焦虑或不良的自尊心。但是，也有看似是学生的问题，而根源可能在于教师或在于师生关系。戈登建议，如果是学生自身的问题，教师需要耐心倾听，并积极关心学生的问题。如果是教师问题，或师生双方的问题，就需要教师除了积极倾听之外，还要尽可能真诚和坦率地说出自己的感情，增进理解。即便有冲突，教师也应力求使得问题的解决使各方都能满意。反过来，如果教师不适当地使用自己的权利，他们将失去与学生建立真诚、有效的关系的机会。所以说，教师对学生的理解有助于建立并巩固良好的师生关系。

日本教育家大桥正夫曾把教师的理解分为评价性理解和移情性理解，这两种理解反映了教师的两种不同立场。评价性理解是指教师在考查学生时，预先用自己的框框给以相对评价（例如优点或缺点）借以了解学生的一种方法。从某种意义上说，它是以揭发和斥备学生的行为表现出来。移情性理解是指教师在考查学生时，并不是用主观臆测的框框看待对方，而是以同情的态度体验学生本身的所感所想来达到理解的方法。教师在这种移情性的理解中设身处地地了解学生的内心世界、学生的感情和想法。这样，学生便体会到，可以信任教师而能全面地把握他自己的优缺点，从而发展起教师与学生间"忧乐与共"的行为来。显然，移情性理解有助于引发师生共鸣。移情性理解需要教师能从学生的角度出发去观察世界，敏于理解学生的心灵世界，设身处地地为学生着想。理解学生，是站在学生的角度，真正走近学生；理解学生，是摒弃教师与学生的对立，取而代之"与学生在一起"的关系。

6. 尊重

尊重，包括对教师的尊重和对学生的尊重。王正平教师曾撰文指出，尊重教师是教育伦理的一项重要原则。但这里主要论述的是，尊重学生是教师基本伦理道德素质，是教师在教育教学中必须坚守的基本原则。这也是"尊重人"这一普遍的社会原则在教育活动领域中的重要体现和要求。尊重人是一种显见的德性和义务。古今中外都有尊重自己和他人的思想传统，如孔子说"己所不欲，勿施于人""夫仁者，己欲立而立人，己欲达而达人"。西方社会的"黄金律"是"你希望别人怎样对待你，那你就怎么对待别人"。康德把"尊重人"看作是最重要的道德义务，他认为，对人的尊重包括始终把人作为目的本身对待的承认性尊重，给一个人应得赞许的评价性尊重,以及作为道德准则和义务的尊重。1993年通过的《走向全球伦理宣言》也明确指出:"我们承诺尊重生命与尊严,敬重独特性与多样性,以使每一个人都得到符合人性的对待,毫无例外。"教师的职业是良心职业,尊重学生是教师教书育人的根本要求,它意味着教师在教育教学过程中,要尊重学生的主体性、尊重学生的道德人格、尊重学生受教育的权益、尊重学生生命与财物安全。

7. 教育宽容

1996年联合国教科文组织通过了一份意义深远的报告《教育——财富蕴藏其中》,报告中提出"宽容教育和尊重他人的教育作为民主的必要条件,应被视为一项综合性的持久事业"。"宽容"在《现代汉语词典》中,其意义为"宽大有气量,不计较、不追究"。《辞海》则将"宽容"界定为"宽恕,能容忍人"。从伦理学角度讲,"宽容"是一种主体在交往过程中体现出的伦理德性。《布莱克维尔政治学百科全书》把"宽容"界定为:宽容虽然是指一个人有必要的权利和知识,但是对自己不赞成的行为也不进行阻止、妨碍或干涉的审慎选择。其主要内涵包括差异存在、干涉意愿、理性克制和积极面对这4个要素,可见宽容是一种不同于怯弱、冷漠、恐惧、仁慈与默许的道德品质。那么教育宽容是指教师在理解宽容要义后养成对学生宽容的品质,进而对学生实施宽容教育。张家军在《论教育宽容》一文中将教育宽容解释为"是对教育及教育过程中的人与事给予一定限度的包容。它既包括对教育的宽容,也包括对教师的宽容和对学生的宽容"。教育宽容包括"宽容地教"和"教宽容",它要求教师在教学过程中要尊重学生的差异性,尊重学生个性成长的特点以及未完成性的现实,在学生犯错误的时候能够做到冷静处理,能够宽容学生,给学生创造一种和谐的学习环境,鼓励学生个性的展示。正如有学者所说,教育宽容就是教师在养成宽容品质的基础上,对学生的宽容行为,即宽容差异、宽容质疑、宽容过错、宽容冒犯(或挑战权威、宽容人性弱点)。

宽容能够给予学生成长的空间教育是有预期目的的,教师被赋予了种种责任与角色,但有时学生在发展过程中会出现一些预料不到的事情。教师对学生的宽容是给予学生一个自由发展的空间,在情感上予以宽容,允许他们在一定的范围内表达自我。教师的宽容是对学生主动的尊重,是师生关系良好的粘合剂。在宽容的环境下,学生能够感到心理安全,也愿意主动走近老师。

宽容是教师正确对待学生犯错的态度,学生是发展中的人,难免犯错,教师不能以成人或完人的要求对待他。学生犯错也有多种可能,如学习的内容暂时没有理解，良好的习惯还没有建立起来。教师的价值就在于当学生犯下错误时，并不是因为错误要去惩罚他，即便惩罚也只是一种谨慎的手段，关键是在于及时地帮助学生改正错误，引导他们朝健康的方向发展。宽容也是一种力量，苏霍姆林斯基曾说，有时宽容引起的道德震动比惩罚更强烈。

8. 教育耐心

"蹲下身子，静待花开"是近几年来一些优秀的中小学教师的口头禅。是的，教育是一种等待的艺术，需要教师对学生付出爱心的同时，还得有耐心，学会尊重学生的年龄特征与成长的规律，知晓学生学习速度有快慢之分。现代社会快餐式的发展催促着人们追求在有限的时间内获得最大的利益，教育在这样的时代做着许多拔苗助长的事。在学校，为了能考出好成绩，老师们加班加点，用时间和汗水换取教育的成功。在学生身上，除了时间、汗水，还牺牲了健康、兴趣以及其他。好的教育给予学生最重要的东西不仅是知识，还有对知识的热情、对自我成长的信心、对生命的珍视，以及更乐观的生活态度。好的教师不仅要看到学生的现在，还要着眼于学生的将来。正如朱自清在其"教育的信仰"一文中所说，"做人"是要逐渐培养的，不是可以按钟点教授的。所谓"不言之教""无声之诲"，说的便是这种培养功夫。学生处在发展中，需要教育者慢慢培养、引导。教育不能以"人"作为手段来实现所谓的种种功利，而始终只能以"人"本身为目的，重视人格发展的完整过程。老师的耐心是学生学习的榜样。老师批改作业很细致，一个个标记、一句句评语对学生的学习就是很好的榜样。有的老师会教育孩子"不要急、慢慢来"，教其学会解题的方法，从此孩子也养成了不骄不躁的品性。

在国内外一些有关"好教师"的心理特征的研究中，令学生喜欢的教师一般都具备耐心、爱心和责任心三种心理特质。耐心就是指教师在具有包容的宽阔心胸、爱护学生的热情、敬业的责任感的基础上，对待学生的一种不急不躁、温和、友善的心理特质和行为表现。耐心就是教师在工作中，在教育学生的过程中，不忽冷忽热，有持久性，并且能根据不同的情况采取恰当的方法，做深入细致的思想工作，重视调查研究，辨明是非，能对学生提出明确的要求，坚持原则，定期进行检查和总结。在遇到纷繁复杂的事情时，能克制住自己冲动的情绪，保持冷静而清醒的头脑，运用教育机制，恰当处理学生当中出现的种种问题。教育学者张文质，作为生命化教育的倡导者和实践者，提出了"教育是慢的艺术"的重要观点。"我常常发现，最可怕的是人失去耐心，缺乏最基本的修养，最可怕的是不自知、自我陶醉、自感粗鲁、卑俗，有时候这一切才是教育更为具体尖锐的问题，但它往往被各种任务、指标、困难遮蔽了。"的确，我们很多教育工作者往往缺少的不是知识而是耐心，"慢的艺术"恰恰需要耐心去完成。那么，教师怎样才能使自己具有耐心呢？首先，就是要树立坚定、崇高的专业理想；其次，就是要热爱学生；再次，要有教育效能感，要相信自己、相信学生能够成才；最后就是要注意加强自身的学习和修养，开阔自己的视野，充实自己的头脑，提高自身素质。

9. 正直

《诗经》曰："嗟尔君子，无恒安处。靖共尔位，正直是与。神之听之，介尔景福。"其含义是，作为君子不能只想安逸，要认真对待你的本职工作，爱好正直的品质，这样上天听到后会给予你最大的幸福。正直是我们中华民族的传统美德。《辞海》对"正直"的解释为：一是公正无私，刚直坦率；二是指正直的人；三是纠正邪曲而使之正直；四是不偏斜，不弯曲。正直的伦理学意义是在面对任何诱惑和挑战下坚持言行一致的程度。许玉鑫在《论传统正直文化的历史与现实意义》一文中指出："正直思想源远流长，与'仁、义、礼、智、信'有着密切的关系，是仁之归宿、义之原则、礼之核心、智之保障、信之基点；同时也与'真、善、美'有着天然的内在联系，正直求真、正直求美、正直求善。正直思想在当今社会主义社会五位一体建设中的作用依然巨大，是践行社会主义核心价值观的重要表现。"

正直要求中小学教师必须：第一，要有正气，不出卖灵魂与人格，不背离信仰与规则；第二，做事公正，对学生一视同仁，客观、公正地评判学生；第三，严于律己，勉励学生，治学严谨，精益求精。保罗·弗莱雷说："想当教师的人必须学会勇敢，即具备为正义而战的倾向，明确地捍卫创造有利于学校教学的条件的需求；虽然这可能是有趣的工作，它也必须在学术上严谨。"

10. 诚实

"匹夫行忠信，可以保一身，君主行忠信，可以保一国"，诚信居于道德规则体系之首，是我国传统美德之一。《说文解字》做了权威性的解释，"诚，信也"。社会心理学意义上的"诚实"是指一种良好的心理品质，具有这种品质的人为人处世往往真诚老实，言行一致，表里如一，知错必改，绝不文过饰非。我们这里所讲的诚实，是动机在于传达真信息的行为，是自己以为真的也让别人信其为真，自己以为假也让别人信其为假的行为。诚实是维系人际合作，从而保障社会存在发展的基本纽带。"教师们一方面应当是学识很高的人；另一方面应当是无上诚实的人。因为诚实的性格，甚至可以说，高尚廉洁的性格，不仅使孩子们敬仰，并且还熏陶孩子们，这种性格能够在孩子们的毕生生活中烙上极深刻的印象。"诚实作为教师的伦理品质，主要表现为：第一，对自己从事的教育工作心存敬畏与虔诚，能以工作为先，以发展为要，自觉抵制各方面的干扰与诱惑，恪尽职守；第二是对学生真诚，对孩子既敞开心扉，又保持一定的距离，能够温和妥善地处理、化解师生之间、生生之间的矛盾，永远保有童心和爱心；第三，遵守教育教学规律，激情教学；第四，善待同事、家长。

人本主义心理学家罗杰斯归纳了人与人之间建立安全关系的 3 个条件：无条件积极关注、共情、真诚。这 3 个条件同样可以运用到教育教学领域的师生关系中。他将自己"以患者为中心"的心理治疗方法移植到教学过程中，提出了"以学生为中心"的"非指导性"教学的基本思想。在他所倡导的"非指导性"教学的基本原则中，非常强调人的情感因素和人际关系的重要性，首先指出了教师要以真诚、理解的态度对待学生的情感和兴趣，并为学生创造一种良好的安全的学习氛围。

进入 21 世纪以来，诚信就成为一个世界性议题，也是当今社会最稀缺的道德资源之一。我国把"诚信"列为社会主义核心价值观之一，足见养成诚信的意义。陈继红在其《儒家美德与当代青年发展》一书中，把诚信看作为"立身之德""交往之德""为政之德""治学之德"。在笔者看来，诚信也是教师"立教之本""发展之资"。对于中小学教师来说，教育诚信，就是相信教育是个良心活，像农民种庄稼一样，来不得半点虚假和偷懒；教师要敬畏科学和知识，热爱和相信所教的学科，言行一致，真心关心自己的学生，友善与同事交往。为此，中小学教师要不断学习、反思，进行慎独修炼，提高自己专业伦理素养。

11. 勤奋

"少壮不努力，老大徒悲伤""书山有路勤为径，学海无涯苦作舟"这些我们耳熟能详的诗句，告诉我们勤奋是人类宝贵的品质，是中华民族传统美德。"勤奋"在《现代汉语词典》中是这样解释的，"尽力多做或不断地做"。这就是说勤奋的本质内涵是，行为发生的数量多、范围广；行为持续的时间长，不间断。教师作为青少年的人生引路人与学业指导者，必须全面、深刻辩证地认识勤奋的机制，养成勤奋勤勉的品质，做到"教人勤者须自勤，教人奋者须自奋"。裴跃进先生在《教师品质修养》一书中指出，教师勤奋的人格主要体现在：珍惜把握时间的作风、勤勉执着工作态度、善始善终育人的行为。当然在对待教师勤奋人格上,我们反对:没有人生规划、没有读书与思考、没有研究与探索,只知道埋头苦干,只知道上课、做题和考试,不知轻重缓急、价值大小的"机械式勤奋",这种勤奋牺牲了教师自己的幸福,也不利于学生的全面发展。我们提倡、鼓励教师"发展性勤奋",即有生涯发展规划,不把时间和精力浪费在细小、琐碎、价值不大的重复性、拼体力的事务上,批判地思考问题、创造性地开展工作。"勤于思考、判断、甄别是教师人格之勤中最有价值、最有意义的核心要素,在勤于思考的同事那里,不仅盲目、从众、跟风的行为不会发生,而且平庸、乏味、重复的劳作也不会出现,教师的基本工作程序、课堂教学行为甚至日常生活都是在科学有序、合乎情理的思维指导下勤而不忙地进行着。"教师人格勤奋是建立在教师主体精神的养成和发挥上。教师的主体精神主要包括:一是善于做好自己的人生规划,为自己争取发展机会;二是持续学习和研究,创造性地开展工作、执行任务,不陷于无谓的琐事之中;三是自强不息,不回避问题与困难;四是专注与自己感兴趣的问题或工作;五是有强烈的成果意识,努力追求积极的成果。

12. 教育勇敢

"勇"是儒家思想的精髓。孔子说"勇者不惧",包尔生说"勇敢是一种运用理性意志抵抗痛苦的、危险的、恐惧的感觉的能力"。我们这里所谈的教育勇敢,当然包括一般道德意义上的勇敢,即"不怕不该害怕的可怕事物""害怕应该害怕的可怕事物",但更主要的是专业伦理视域中的勇敢,即教育勇敢,是指教师面对教育困难、教育矛盾或教育变革时表现出来的自信、果敢、坚持、不怕和中庸的态度和行为。罗家伦在《道德的勇气》一文中指出:"要建立新的人生观,第一必须养成道德的勇气。"由此,笔者也认为,教育勇敢也是教师专业伦理养成的基础,是教师攻克教育难题、进行教育教学创新的基本条件。当下,我国中小教育积弊难除、素质教育难以实施的根本原因之一就是教师缺少教育勇气。因此,在教师专业伦理培训中,必须重视教师教育勇敢的培训。教育勇敢,是教师建立在对教育的理解、现实的把握基础之上的道德勇气,是义勇,是符合教育规律和青少年身心发展规律的勇敢。因此,它不是冲动、鲁莽、过度与不及。教师要获得教育勇敢可从以下几方面入手:

(1)学识的提高。"真正的道德勇气,是从知识里面产生出来的"(罗家伦)教师要多学习、研究,提高自己的学识。

（2）有节制的生活。"没有简单的生活，高超的思想是不能充分发挥的""无欲则刚"。如果教师欲望太多、忧虑太多，是不可能在面临教育教学问题时做到勇敢、坚决的。只会畏缩不前或得过且过。

（3）意志的锻炼。"凡是脆弱的人最后都要失败的"。教师要通过工作磨练、生活考验来提高自己的意志品质，做到独立、坚毅。

（4）临危的训练。俗话说，"老和尚成佛，要千修百炼"，同样教师要成为有教育勇气的人就必须多参加课题攻关、教育改革活动。

13. 教育智慧

根据《辞海》和《汉语大词典》的解释，智慧是对事物能认识、辨析、判断处理和发明创造的能力。从心理学的角度讲，智慧是相对完善的认知能力。同济大学邵龙宝教授说："智慧创造幸福，人性的不断改造也在于智慧的提升，智慧中一定要有道德作为底蕴，从这个意义上说，智慧高于德性，包含德性。一个真正有智慧的人不会伤害他人，不会做不利于社会的事情。"邵教授所讲的智慧，自然包括道德智慧、教育智慧。我们认为教育智慧既是教师的一种伦理品质、一种综合能力，也是一种教育境界。它不同于一般的教育智慧或教育机制。首先，它是教师专业伦理的一部分，是"智者，德之帅也"，教育智慧是教师专业伦理中的指导因素。教师的教育智慧越高，对教师的发展越有利，对学生全面发展也越有利。其次，教育智慧作为教师对教育本质与教育过程所持有的一种深刻洞见、精确理解、迅速判断等成熟完善的心智思维品质，是促进、保障学生全面发展、教育效能提高的必要因素。"睿智是教师人格魅力的基础。"教师要获得教育智慧，或者说要成为智慧型的教师，最为关键的：一是不懈求知，二是善于思考，三是积极参与教育教学改革与实践。

四、主要专业伦理原理及其应用

何怀宏教授在其《伦理学是什么》一书的开篇中指出：人们关心、研究伦理学问题源于"实践的焦虑"和"知识的兴趣"，为此，他在这本书中，重点介绍了伦理学的基本概念和主要原理。这种安排和处理对于愿意反省道德问题的人来说是非常智慧的。由此笔者认为，中小学教师专业伦理培训是不能忽视专业伦理原理学习的。下面是中小学教师应该了解和掌握的基本专业伦理知识。

（一）现代西方三大主要伦理

伦理研究的发展，大致经历了元伦理学、规范伦理学和美德伦理学阶段。1903年摩尔发表《伦理学原理》，宣告了元伦理学的诞生，研究优良道德制定的方法、探讨道德语言的内涵、研究道德推理的逻辑过程。美国思想家罗尔斯《正义论》的出版标志着现代规范伦理学的复兴。规范伦理学研究的是，优良道德的制定过程，其主要任务就是根据理性原则来制定行为的道德原则或道德规范。美德伦理学的鼻祖可以追溯为古希腊的亚里士多德。美德伦理研究优良道德规范的实现过程，也即优良道德由社会的外在规范向个人内在美德的转化过程。罗莎琳德·赫斯特豪斯在《论美德伦理学》中将美德伦理的特征概括为：第一，美德伦理学是以人为中心，，而不是以人的行为为中心的伦理学；第二，它关心的主要是人的内心品德的养成，而不只是人外在行为的规则；第三，它的核心问题是"人应该成为何种人"，而不是"人应该做什么"；第四，它所采用的基本概念是具有美德特征的概念，如善、好、福祉等，而不是义务的概念，如责任、正当、应该等；第五，美德伦理学拒绝将伦理学看作提供特殊之行为指导规则或原则的教条汇编。

专业伦理学是对一般伦理学的应用，教师专业伦理是教育伦理学的一个主要领域。它关注教师教育行为的正确与错误，以及如何调整与控制。其基本假设是，社会为教育积累并提供了优良道德，通过教育等多种途径为教师所接受、内化，并在行为中表现出来，成为约束力量，从而保证教育的质量。

（二）规范伦理学的主要内容及其应用

根据评价对象不同，规范伦理学划分为德性伦理学、功利主义和义务论。

1. 德性伦理学

一切事物皆以善为目的。一个人之所以优秀是因为他拥有优良的品格。亚里士多德认为，优良品格不仅使得一个人好，而且使人能出色地完成他的活动；它使得一个人处于最好的状态之下，在这种状态下，幸福并不依赖于运气，尽管生活也需要运气。造就幸福的是合乎德性的活动。这就是德性伦理学的基本内涵。德性，又称美德，一般是指人类行为所表现出来的内在的卓越品质与精神气质。德性伦理学，又称美德伦理学，它是以人生幸福为道德价值原点，以道德主体的卓越品质为道德评价标准的道德哲学。德性伦理学认为德性与幸福是内在一致的。亚里士多德的伦理学是最具代表性的德性伦理学理论。亚里士多德认为"人的善就是合乎德性而生成的灵魂的现实活动""在所有的善中，灵魂的善是最主要、最高的善""幸福是终极的和自足的，它是行为的目的""幸福就是合乎德性的灵魂的现实活动。只有那些行为高尚的人才能赢得生活中的美好和善良"。在亚里士多德看来，德性和幸福就是内在相通的，甚至是相互规定的。亚里士多德把德性分为理智德性与伦理德性，智慧和谅解以及明智属于前者；慷慨、勇敢等属于后者。他认为作为品质的伦理德性就是中庸（道），即"对中间的命中""不论就实体而论，还是就其所使的原理而论，德性就是中间性，中庸（道）是最高的善和极端的美"。亚里士多德还强调德性的实践特性，他说："对德性只知道是不够的，而要力求应用或者以什么办法使我们变好。"德性的实践特性是由它的本质定了的，即它本身就是灵魂的现实活动，只有通过道德实践才能显示出来。

从上面的论述中，我们可以获得以下认识：

第一，美德是"谋求过幸福生活的个性"，是与人合作、与人共同生活的技巧。

第二，美德包括知识美德和道德美德。知识是美德，智慧是最高的美德；道德美德来源于理性对肉体欲望及其倾向的恰当控制。这个恰当就是不偏不倚，就是"中庸"。

第三，人不是生来就具有美德，而是通过生活实践获得的。

第四，我们需要建设一个崇尚美德的社会，在这个社会中，有美德的人受到尊重。

第五，一个好的社会或组织，不能只强调法律、规章与制度的重要性，也不能只有法律取向的伦理思考。如果只是这样，美德就会萎缩，人也就失去幸福。

"师德，是教师的本质要求，舍此，不能称其为教师。"因此，教师专业伦理培训也必然要关注教师德性养成，并把教师德性养成作为最重要的目标。

那么什么是教师德性呢？有人说是"教师在长期教育实践过程中形成的精神品质、良好品行，它不仅意味着主体具有良好的品德，而且表现出一种善的行为，是教育实践获得成功的道德基础"，也有人把教师德性规定为"教师在教育教学过程中不断修养而形成的一种获得性的内在精神品质，既是教师人格特质化的品德，也是教师教育实践性凝聚而成的品质，是一种习惯于欲求正当之物并选择正当行为去获取的品质"。笔者比较认可李清雁教授的观点，在《教师德性养成的本质释义》一文中，他指出："教师德性是建立在个体德性之上的职业德性，与普通人德性相比具有职业特殊性，是教师根据教育教学活动要求所形成的获得性内在职业精神品质，是指向教师职业道德生活的能动性内在力量，并以职业品德状态表现出来的职业人格特质，是教师在职业生活中逐步养成的追求卓越的职业品性。"同时，他也提出，"教师德性养成是由内向外的建构""是在身份认同的框架下进行自主建构的过程""教师师德养成不仅包括认知成分，还包括情感和行为成分，教师的认知方式会对师德养成产生影响"。基于这些认识，教师专业伦理培训要以养成教师卓越品性和善良人格为核心目标，通过重塑教师职业理想、提高教师职业认同感、归属感和荣誉感，改进教师的休闲生活，建构教师发展共同体，培养、提高教师的德性，帮助教师自我实现。

2. 功利主义

功利主义是以最大快乐（幸福）或利益净余额为道德价值原点，以行为所产生的效用（或利益）为道德价值评价依据的道德规范与道德评价体系。在这个体系中，效用（或利益）价值具有优先地位，是其他所有道德规范的价值基础，实现"最大多数人的最大幸福"是其最高道德原则。在功利主义看来，趋乐避苦是人的本性，一个人的行为是否道德主要依据是快乐或幸福的量的大小。边沁在《道德与立法原理导论》一书的开篇中指出："自然把人类置于两位主公——快乐和痛苦的主宰之下，只有它们才指示我们应当干什么，决定我们将要干什么。"他认为，选择快乐，避免痛苦是人的自然本性。边沁指出："功利是指任何客体具有的倾向于给利益有关者带来快乐、利益或幸福以及免除痛苦、损害或不幸的性质。"功利原理是指这样的原理：不损害一人、增进每个人利益总量。功利主义关注的是普遍幸福而非利己主义的个体幸福，这一点是它区别于一切利己主义伦理学的关键。穆勒指出："构成功利主义的行为对错标准的幸福，不是行为者本人的幸福，而是所有相关人员的幸福。"功利主义要求，行为者在他自己的幸福与他人的幸福之间，应当像一个公正无私的仁慈的旁观者那样，做到不偏不倚。

学习、掌握功利主义伦理理论的目的是应用，是教师运用它来评判自己，或他人乃至学校机构其教育教学行为是否符合教师专业伦理，进而帮助自己及他人发展。理查德·T. 德·乔治在《经济伦理学》一书中，提出一个应用模式，即功利主义分析方法，如下：

（1）对需要评价的行为进行准确描述。（最好用中性道德词汇，避免价值判断）

（2）对受到该行为直接和间接影响的人群范围加以界定。

（3）考虑是否存在一些明显的决定性因素，其重要性超过其他影响因素。

（4）将该行为对直接相关人群造成的后果进行详细描述，考察每一后果可能产出的正面及负面效应及其在现实中发生的可能性。

（5）为利益因素与损害因素分权重，需要分别考虑每一种收益或损害的数量、持续期、短期性或长期性、多产性及纯度，从而确定各自的重要程度。

（6）如有必要，对那些受到该行为间接影响的人群以及总体社会作用做同样的分析。

（7）对所有正面及负面效应进行加权计总。

（8）考虑除"非此即彼"的选择外，是否还存在其他备选方案，如果有，则需要对每一种方案进行如上的分析步骤。

（9）比较所有备选方案的分析结果。能够产出最大收益净值的行为（如果所有方案为弊大于利，则选择产出最小损害净值行为）作为最后方案（结论）。

需要注意的是，我们在运用功利主义进行道德评判时，往往遇到"公正与否"的问题。众所周知，公正是给予每个人应得的结果以及平等对待每个人的权益，因而公正并非以行为的效用为基础。如，班主任为了全班学生的权益，把一个成绩与品德都很差，但因病（狂躁症）而扰乱课堂纪律的学生强行拉出教室的行为。班主任把该学生拉出办公室，是对学生的惩罚。那么，这种惩罚符合教师专业伦理吗？如果这个学生不听劝告，而班主任又要抓紧时间完成重要的教学任务呢？按照学校规定，教师是有权这样处理学生的。然而该学生那天确实患有狂躁症？且该生从家里带过来但来不及服用的镇静药被他的同桌看到并恶作剧地把它偷走藏起来。该同桌也因为害怕惩罚不敢及时站出来说明，班主任教师也不知道。这样一来，教师把该生拉出教室又有违公正。但是，如果考虑所有的后果和长期的后果，笔者还是赞同教师的做法，因为让一个这样的学生暂时离开教室，毕竟有利于全班同学，是利大于弊的。当然，让学生离开教室的方式可以再考虑。

3. 义务论及其应用

与功利主义不同，义务论的前提是道德目的的自律。义务论强调行为"正当"或义务的至上性。义务论认为道德起源于道德自身，起源于每个人完善自我品德的需要。"正其义不谋其利，明其道不计其功"。这样，也就只有出于完善自我品德之心的、为完善品德而完善品德的行为，只有出于义务心的、为义务而义务、为道德而道德的行为，才因其能够使行为者的品德达到完善境界、符合道德目的而属于道德的、应该的；而不是出于完善自我品德之心的行为，不是出于义务心的行为，不是为完善品德而完善品德、为义务而义务、为道德而道德的行为，则因其不能够使行为者的品德达到完善境界、不符合道德目的而都是不道德的、不应该的。对此，康德指出："道德完善就是出于义务（即法则不仅是支配他行动的规则，而且是他行动的动机）而履行义务。"按照康德的说法，"义务（责任）就是出于尊重规律而产生的行为必要性"。这就是说，义务的实质是一种"行为必要性"，因此，判断个体行为的道德价值就在于它是否符合该"正当（或义务）"即"行为必要性"。既然这种"行为必要性"是"出于尊重规律而产生的"，那么这里的规律就是先在性的了。康德指出这一规律的最高形式就是一条道德的"绝对命令"，这个绝对命令的主要内容是：道德行为出自我们自身的理性而不是外部压力，出自我们要做一个道德人的内部需要。康德根据这一"绝对命令"推演出了三条普遍的实践义务命令："第一，你的行动，应该把行为准则通过你的意志变为普遍的自然规律。第二，你的行动，要把你自己人身中的人性，和其他人身中的人性，在任何时候都同样看作是目的，永远不能只看作是手段。第三，每个有理性东西的意志的观念都是普遍立法意志的观念。"这三条义务命令一般被后世理论家简化为相应的三条义务原则，即"可普遍化"原则、"人是目的"原则和"意志自律"原则。因此，任何具体的义务都不能违背这三条原则，否则，这种义务就不是真正的义务了。因而，满足了以上三条义务原则的行为本身就是具有内在价值的行为，因为，义务就是行为的道德价值之所在。康德根据这三条义务原则，论证了"人的尊严"和"人的道德自律"的光辉思想，这两个思想深刻地表达了人性的高贵，成为启蒙时代以来人类精神支柱的重要基座。

中国古代有丰富的义务论（或道义论）伦理思想，如先秦时期的"忠""孝"思想，汉代以后的"三纲五常"思想，特别是宋明以来"存天理、灭人欲"的极端道义论思想等。但中国传统伦理思想中一直未能形成系统的义务论思想体系。值得说明的是，中国传统社会的等级制社会结构，决定其道德生活基本上由各种各样的义务关系构成，这些义务均是下级对上级、晚辈对长辈、女性对男性的无条件服从、服务关系，可以说，尽义务成了人们道德生活的压倒性要求。因此有西方学者称中国的传统伦理就是"义务本位"的伦理。经过现代启蒙后，中国社会形成了具有民族特色和时代特色的新的义务论思想，在民族民主革命时期主要体现为爱国主义和革命牺牲精神，中华人民共和国成立后，义务论思想主要体现在社会主义集体主义和社会主义人道主义思想体系中。

总之，正当（义务）是人类道德的核心价值范畴之一。古往今来的人类道德生活，首先是基于人与人、人与社会之间的各种义务关系展开的——从家庭中的各种义务关系到社会交往中形成的义务关系，成为人们生活展开的关系前提。正当（义务）关系从某种意义上讲构成了道德结构的基石，如果离开了义务关系，人类的道德大厦必定崩塌殆尽。正是义务论伦理思想不断抵近人类道德生活的真谛，释放出了强大的精神力量，引导着人类不断迈向崇高。

根据义务论的观点，教师的教育教学行为是否符合教师专业伦理与其行为的影响、后果无关。作为教师承担的义务就是坚持按照教育规律、学生身心发展规律和教师专业伦理进行教育教学，而对违背教师专业伦理的尽量采取避免的态度，做到"有所为，有所不为"。

（三）教师专业伦理困境与伦理决策

教育伦理学对判断教育行为对与错的理由加以解释，为教育疑难问题和有争议的案例的解决提供有效的决策模式，从而提高教育善的价值。"如果一个人掌握了伦理学理论就可以在理论指导下进行道德推理，这将有助于解决自身可能面临的复杂道德课题"。

1. 教师专业伦理困境的内涵与特征

"绝对责任作为道德的最高原理本身并不存在矛盾。在其基础上衍生的规则和原理在普遍推广的过程中也不会发生自我矛盾的现象。然而在这些第二层级的道德规则与原理之间却又可能存在严重的分歧和冲突。这种冲突构成了道德上的两难困境，也就是说，在我们选择了某一规则时，必然会对另一种规则造成侵害"。早在20世纪80年代，研究者就指出，教师专业伦理不是一套规范体系，而是一个充满困境的伦理实践领域。目前学界，对什么是伦理困境或道德困境、什么是伦理难题或道德难题还没有统一的概念，有的称，"道德困境是某些情境，其中某个主体在道德上应该在两个（或更多）不同选择中做出一种选择，不能同时有两种（或所有）选择"。也有人提出，伦理困境是"行为主体依据现有的道德规范，难以做出善恶或正当与否的道德判断和选择的困境"。在教师专业伦理领域，教师也会经常碰到伦理困境，存在着教育伦理价值观的冲突，存在着超过一种可能性的解决方案，并且每一种方案都得到教育伦理的支持。如，一位母亲要求教师阻止她7岁的儿子在学校午睡，因为她早上需很早上班，希望儿子晚上早睡。教师会发现存在不止一种答案答复那位母亲的要求。这源于教师应该尊重家庭需求和教师应该满足儿童需要的价值观冲突。一方面,这位教师可能决定不组织孩子午睡,因为她知道早起工作是多么辛苦。如果问她为何采取这种办法,她可能回答说尊重家庭需求和帮助家庭养育孩子的价值观引导她如此作为。另一方面,这位教师可能拒绝母亲的请求,允许孩子午睡,如果问她为何做出这种决定,她可能说午饭后多数7岁的孩子都需要睡一会儿,午睡会使孩子下午精力充沛。无论哪种决定,都有合理的论证,也都涉及某些利益和损失,教师如何协调办法,满足这位母亲和孩子的需求?何种原则能帮助教师平衡两方面的责任?如果不能妥协,何种利益应该最受重视?教师既不能简单运用相关规则和事实,也无法做预案应对特殊的伦理困境。

根据王凯的研究,教师专业伦理困境有如下特征:第一,教师专业伦理困境始于道德选择的意识;第二,教师专业伦理困境现于具体道德情境;第三,教师专业伦理困境凭事实解决;第四,教师专业伦理困境拒绝相对主义。

一般而言,教师专业伦理困境是个体在教育实践场域中遭遇的一种冲突情境。在这种情境之中,存在着超过一种可能性的解决问题方案,并且每一种方案都得到有力的道德证明,任何一种方案都会产生有利结果,但也会造成某些损失。坎普贝尔(Campbell, E.)认为,教师在实践中可能面临三种伦理困境:第一种,伦理困境是由于教师缺乏丰富的伦理知识指导专业实践,以致他们在面临实践中相互冲突的情境时困惑不解、束手无策。第二种,伦理困境是教师知道正确的道德选择,但是不知道如何去做。第三种,伦理困境是教师不仅清楚地知道什么是正确的道德选择,而且还知道应该做些什么,但是由于安全、便捷、有效等原因,或者可能是被某种学校文化胁迫,而不会选择那样去做。

2. 教师伦理决策策略

为有效解决专业伦理困境,需要促进教师伦理推理水平发展,提升教师的伦理推理能力。伦理推理是应用伦理原则探究伦理难题的过程,具体而言是将伦理原则运用到事件中,并判断伦理原则是否充分和有效,进而决定行为是否符合道德伦理的过程。科尔伯格学派认为教师伦理推理也存在着科尔伯格提出的三水平六层次,不同层次的伦理推理水平影响教师教育行为。他们的实证研究表明,教师伦理推理水平的高低极大地影响了教师角色类型,以及课堂管理和师生关系的质量:①在教师伦理推理与教师角色方面,伦理推理水平低的教师常视自己为教学的中心,将遵循既定规范和维持教学秩序为其重要工作,但伦理推理水平高的教师则倾向探索课程的意义,视学生为学习的中心,教师是学生学习的协助者。教师欢迎学生参与课程设计。②在教师伦理推理与课堂管理方面,与伦理推理水平较低的教师相比,伦理推理水平高的教师相信学生、尊重学生,发挥学生作用。伦理推理水平高的教师认为课堂规范的设定是为了保障学生权益。他们愿意协助学生了解规范、制订规范。伦理推理水平高的教师也倾向于从事件背景及动机角度看待学生的违规行为,对学生违规行为的惩罚也较轻。③在教师伦理推理与师生关系方面,伦理推理水平低的教师较强调教师控制与学生顺服,而伦理推理水平高的教师则较倾向人本观点,愿意考虑学生的感受与动机,较能营造和谐的师生关系。学生也认为伦理推理水平高的教师较支持学生,较友善,其为学生所景仰。伦理推理水平高的教师所任教的班级也被学生认为较具有道德氛围。总之,研究表明高水平的伦理推理使得教师能够更全面、更深入地思考教学,更愿意尊重学生权利、满足学生需求、促进学生发展,更为客观地处理教育问题。教师行为更为民主和专业。

瑞士学者奥泽认为教师伦理不是指导系列行为的规范,而是一种解决具体问题,作出某些具体行动的一种特殊能力。如果教师没有遇到冲突,通常无须注意自己行为的伦理准则。当且仅当他们处于教学常规被中断、冲突的情境中时,教师才需要思考解决现存困境的道德原则,因而教师伦理就是在伦理困境中的决策能力。奥泽基于对话伦理学提出了"完全对话"(complete discourse)策略,要求教师:①创设"圆桌式"(roundtable)情境。邀请所有伦理困境相关者参与交流。②同等对待所有参与者的言语表达,无论是需求、辩护、指责、建议等等。互相倾听,共同寻求最佳解决问题的方案。③坚信并期待参与圆桌会议的所有参与者都能负起追求真理、自由决策和诚实、关爱和公正原则。④坚信如果前三类条件得以满足,商谈的结果将一定是道德的,而且满足所有人的最佳利益。以色列学者马斯洛瓦蒂(Maslovaty)进一步探究了影响教师伦理决策类型的因素,他主要考量了教师信念、教学情境和个人背景对教师伦理决策类型的影响。他发现,教师的社会价值观与他们的个人背景会综合性地影响着教师解决伦理困境所采用的方式,当学校出现盛行技术文化、缺失支持性环境等教学情境时,教师不会选择对话商谈的策略。芬妮提出了4步伦理决策模式:

第一步,是研究伦理问题。第一,考量伦理问题涉及哪些人?每个人需求是什么?每个人的义务是什么?第二,向伦理规范寻求帮助,理解相应规范内涵的核心价值,仔细查看规范是否为解决困境指明的方向。第三，叩问自己是否掌握了有关伦理困境的所有信息。

第二步，着手解决问题。一旦发现冲突的价值观，就要开始思考是否能够做些什么来解决问题，寻找双赢的解决办法，用"伦理机智"（ethical finesse）来寻找相关各方都比较满意的解决方案；创设开放和诚实的氛围，听取各方意见。

第三步，决定行动方案。充分预计行动产生的多种可能性。

第四步，回顾与反思。决策实施后，回顾整个过程，获取经验教训，提升对伦理困境和专业伦理价值观的理解。

澳大利亚 Ehrich 等人提出了一个包括 4 个步骤的教师伦理决策模型：第一步，是关键性事件（critical incident），它引发了伦理困境。

第二步，是系列相互冲突的影响力。它们都能从各自角度解释关键性事件。这些影响力包括专业伦理规范、法律与政策、组织文化、制度背景、公众利益、社会与社区、全球背景、政治结构、经济与财政状况。

第三步，是携带影响困境的价值观、信仰和伦理取向的个体。

第四步，是选择，个体在相互矛盾冲突的解决方案中做出抉择。

3. 专业伦理困境处理的策略

对于伦理两难问题，我们首先应当确定所面临的情况是否真的是两难困境，是否还有第三种选择使得我们不必违背教师专业伦理的要求？如果确实没有第三种选择或其他方案，那么我们就必须直面问题，努力解决。有两种方法可以借鉴。

第一种方法是构建出一种行为规则，使得我们在解决这个问题时的行为成为一种合理的例外情况。例如，如果你是一个忠贞爱情的人，并且你的妻子也爱你，她曾对你说过"只要你有任何不忠行为，她都要以命相搏"，但有一天晚上，你突然收到你班上最漂亮的学生也是你喜欢的一个女生给你的微信："亲爱的老师，你一直是我的偶像，现在我被诊断为'绝症后期'，我现在唯一的希望是在我生命的最后的时间里，你能来医院吻我！"作为班主任的你如何处理？你不去，是对爱情的坚贞；你去是出于教师对学生的关爱。你最后还是答应了学生的要求。因为你用"吻别即将离开人世的学生"重构了爱的规则。

处理伦理两难的第二种方法是将每一种伦理规则均视为具有普遍约束力的规则。如果某个特定案例中只有一种处于支配地位的道德规则，则其内容就是我们必须履行的道德义务。但是如果有几种道德规则同时用于某一案例，而我们又不可能同时兼顾，那么可以肯定这些规则所具有的约束力和地位必须存在差异。此时我们所承担的义务，是遵循其中地位最高、约束力最强、与案例情况最相适宜的道德规则。只要我们对各种对立的道德义务进行充分细致的权衡比较，就能找出其处于优势和主导地位的一个。此时，我们可以将功利论思想融入我们的判断之中。我们可以将以上道德法则评判方法归纳为以下5个步骤：

（1）对需要我们评价的行为进行准确、细致和广义的描述与界定。

（2）是否可以将该行为归入某种明确道德义务的管辖范围，如不许伤害学生、不许论文剽窃，不许滥用教学权利等？①如果可以，而且只能归入唯一一项道德义务的管辖范围，则根据此义务的需求对该行为进行衡量。②如果难以判断，则转入步骤（3）。③如果该行为涉及多项道德义务的要求，则转入步骤（5）。④如果该行为可以描述为一种能够普遍推广的例外情形，则转入步骤（3）。

（3）从三方面对该行为进行检测：①该行为是否能够在普遍推广的过程中保证其一致性与持续性？如果答案是肯定的，则该行为是合乎道德的，否则就是违背道德的。②该行为是否体现了对他人的尊重？能否将他人视为一种目的而非简单的工具或手段？如果答案是肯定的，则该行为合乎道德，否则就是违背道德的。③是否所有具有理性的人，无论是行为人还是受众，都希望将这一行为在公众中普遍加以推广？如果答案是肯定的，则该行为合乎道德，否则就是违背道德的。

（4）如果该行为涉及两种以上的彼此对立的道德规则而令人无法兼顾，则转入步骤（5）；否则可将步骤（3）的评价结果作为最终结论。

（5）对不同道德规则的观点、要求和依据进行比较，找出其中占主导和优势地位的一个作为对该行为进行评价的依据。在实际情况下往往选取论据最充分、说服力最强、支持者最多的那种规则来指导个人行为。

正如杜威所言："不确定性和冲突是道德所固有的，任何被正当地称为道德的情境的特征是，人们不知道终局和善果，不知道正确的和公正的做法，不知道美德行为的方向，人们必须去寻找它们。"教师专业伦理困境的研究揭示出教师实践存在"道德模糊"的地带。教师不是每日刻板地执行道德原则，而是面对形形色色的伦理挑战，创造性地做出合乎专业伦理的行动。

因此，加强教师专业伦理培训，提高教师的伦理决策能力是必须的，也是可行的。"就像数学一样，伦理学也需要学科理论，但是它也像任何一种解决实际问题的方式一样，能够被接受。伦理学中有着大量有用的可以学习的概念、可供讨论的基本原则，以及帮助我们解决问题的策略，伦理学如同大多数类似烹饪、滑雪和操作电脑的技能一样可以被接受。"

(四) 有条件的义务、特殊义务

限制性的义务规定了一些教师不得采用的行为,如不歧视学生、不体罚学生,所有这些都是教师专业伦理所禁止的。我们可以将其称为绝对义务（perfect duties）,因为它不仅对所禁止的行为进行了明确描述,同时也规定了该义务适用的范围（即所有教师）。然而,还存在另外一些义务。与绝对义务相比,它们无法进行同样清晰的描述,也不具有同样严格的约束效果。因此我们称之为"有条件的义务"。在一些案例中,所讨论行为的目标无法预知,还有的行为在这两方面都是模糊的。举例来说,"满足学生的特别需要"就是一种有条件的义务,其之所以是有条件的,主要体现在以下两点：①我们受该规则约束的程度取决于我们为学生提供帮助的能力；②我们不必满足所有学生所有需要,而只需要帮助其中一部分。

可以看出,我们在履行这一规则时具有相当大的自由度。在满足学生特殊需要这一问题上,我们所承担的义务之所以具有局限性,主要是以下原因造成的。第一个原因在于客观的规则,即我们所承担的道德法则、义务应以个人能力为限。用康德的话来讲,这个规则就是"义务反应能力"（ought implies can）。我们只承担义务,做我们力所能及的事,如果我们因一些原因,如缺少资源、缺少机会、缺少必要的工具等而无力为他人提供帮助,那么我们完全有理由不履行这种义务,我们的行为也无可厚非。同样的,即使我们有能力能提供帮助,但如果这种行为给他人带来的利益等同于我们可能会由此遭受的损害,那么我们同样可不履行这一义务。举例来说,当我面对一个溺水的人时,如果我水性过强,不会因救人而牺牲自己的生命,那么我有义务尽力挽救那名不幸者免遭灭顶之灾。相反地,如果我不会游泳,根本不可能施予援手,那么我只能提供其他帮助,而不必承担下水去救人的责任。因为很明显,那样做不但于事无补,反而会使我自己也陷于同样危险的境地。

将有条件的义务加以准确描述是比较困难的。因为人们在对受其约束的程度、时间和条件等问题上经常存在各种不同的看法。举例来说,我们每个教师在满足学生特别需要这一方面所承担的义务是不同的,它在一定程度上取决于每个教师的能力。有条件的义务确实具有不确定性,有条件的义务的不确定性具有积极的意义,并在道德的建设中发挥着积极的作用。那些消极的绝对义务只是设定了教师行为的最低标准,是行为合乎道德或违背道德的分界线。与这相比,由于有条件义务的规定不那么严格和明确,因而可以为人们超越道德底线提出积极要求并留下更大空间。它引导、激励教师成为名师和人师。

作为教师，我们每个人都肩负着相同的一般的教师道德义务等，而作为独立的个体，我们每个人又各自承担着一些特殊的教师道德义务。教师特殊义务主要有3种：第一种是基于特殊关系的特殊义务，如体育教师与体育特长生的关系；第二种是基于所采取具体行为的特殊义务，如教师带领学生野外考察、探究；第三种是基于我们所扮演具体角色的特殊义务，如班主任教师。在我国班主任工作有特定的职责要求，作为班主任必须履行班主任义务，并取得一定的岗位津贴或报酬。

（五）权利公正及其原则的应用

（1）权利。

权利，这里是指道德权利，即人们在道德生活中，由一定社会的道德体系所赋予人的道德地位以及所应获得的道德上的资格、权益。具体地说，就是人们在社会生活中应该享有的人格独立、价值和尊严，以及享受人道、公平的善待的权利，是作为一个人所应得到的正确对待方式。换句话说，道德权利是作为道德主体的人应享有的道德自由、利益和对待。道德主体有权利作为或不作为，要求他人做出或不做出某种行为，必要时借助一定的道德评价形式（如社会舆论）协助实现一定的道德权益。具体地说，道德权利包括道德选择的自由，人们在一定道德关系中的地位、尊严和受惠，以及道德行为的公正评价。

中小学教师作为专业劳动者，其享有的道德权利如下：

第一，获得尊重的权利。教师的职业要求教师必须有相应的人格和尊严，应当受到他人和社会的尊重，这也是教师获得教学话语表达权的首要前提。学生应珍惜老师的劳动，对老师的教诲诚心领悟、感激在心；当然，学生也有人格尊严，老师也应对其予以尊重，教而不厌、诲人不倦。

第二，获得荣誉的权利。教师荣誉是对教师道德行为的社会价值所做出的肯定评价和教师本人对这种评价的自我意识。它包括两个方面：一方面是指教师履行了社会义务，对社会做出一定贡献后，社会舆论所给予的赞许和褒奖；另一方面是指教师对自己行为的社会价值所产生的自我意识，即由于自己履行了社会义务而产生的自我道德情感上的满足和自豪感。教师意识中的这些荣誉意识，是对社会评价的主观感受和自我评价，是教师在履行社会义务的过程中逐步发展起来的道德责任感和道德的自我评价能力，它能够激励教师自觉地按照社会所崇尚和倡导的价值尺度去从事职业行为，履行社会义务。当一个教师亲眼看到自己教育培养的学生成为对社会、对人民有用之才时,他就会感到由衷的欣慰和自豪,体验到人生的真正乐趣。通过辛勤劳动获得的荣誉能推动教师更好地履行职业道德义务,能帮助教师对自己行为后果做出光荣和耻辱的评价,有助于舍弃错误,养成高尚人格;有助于激励教师奋发向上,发挥教师最大的潜能。因此,教师有权依据自身的劳动成就获得特定的荣誉。

第三,获得公正评价的权利。教师是人类文明的传承者,是社会发展的推动者,承担着教书育人的责任。因此,从社会和他人的角度而言,应该对其道德行为给予褒奖和肯定,使履行道德义务的教师能够得到社会和他人公正的评价。只有获得公正的评价,教师才能体会到教师职业的尊严和荣誉,才能做到敬业爱岗,教师获得公正评价不仅鼓励了教师个人,更重要的是还鼓励了其他的教师向其学习,促使教师集体的高尚行为不断涌现。

第四,获得人格尊严保障的权利。我国有尊师重教的传统。《荀子·大略》称:"天地者,生之本也;先祖者类之本也;君师者,治之本也。无天地恶生?无先祖恶出?无君师恶治?"诞生于秦汉之际的《礼记·学记》强调"善歌者使人继其声,善教者使人继其志",总结了春秋战国时期的儒家教育思想,明确提出了"师道尊严",主张:"凡学之道,严师为难。师严然后道尊,道尊然后民知敬学。是故君之所不臣于其臣者二:当其为尸,则弗臣也;当其为师,则弗臣也。大学之礼,虽诏于天子,无北面,所以尊师也。"教师由此获得了崇高的社会地位和尊严。韩愈在《师说》中指出:"古之学者必有师;人非生而知之者,孰能无惑?惑而不从师,其为惑也,终不解矣。"针对当时社会对教育的轻视、对教师的不尊重,甚至以从师为耻的不良风气,韩愈进行了尖锐的批判:"古之圣人,其出人也远矣,犹且从师而问焉;今之众人,其下圣人也亦远矣,而耻学于师。是故圣益圣,愚益愚。圣人之所以为圣,愚人之所以为愚,其皆出于此乎!"

2015年9月8日,在第31个教师节来临前夕,国务院总理李克强在北京会见全国教书育人楷模及优秀乡村教师代表并做重要讲话时强调:"强国必先重教,重教必须尊师……要在全社会进一步营造尊师重教的良好风尚,不断深化教育体制改革,既要重视高等教育,更要重视基础教育和职业教育。全面推开中小学教师职称制度改革,拓展职业发展通道,使教师这个神圣的职业更具吸引力和成长前景。"总理的讲话提出了提升当代教师职业尊严的3个现实机制:营造尊师重教的良好风尚;不同层次教育协同发展;在中小学教师中实行职称分级。

"教育的本质意味，一棵树摇动另一棵树，一朵云推动另一朵云，一个灵魂唤醒另一个灵魂。"只有自己的民主和自由权利得到尊重的教师，只有在职业活动中充分感受到创造的喜悦和幸福的教师，才能培养出更多能够自由创新的人才。

（2）公正原则。

所谓公正，就是给予每个人应得的权益，对可以等同的人或事物平等地对待，对不同的人或事物区别对待。分配的标准取决于目标和标准。公正原则主要可分为补偿性公正原则、惩罚性公正原则、分配性公正原则、程序性公正原则、交换性公正原则。

补偿性公正原则，要求对人们以往所遭受的不公正待遇或损失做出补偿。

惩罚性公正原则，要求对违法者和罪犯给予惩罚。

分配性公正原则，涉及利益与责任的分配，通常应用于各级政府管理工作中。

程序性公正原则，用于对公正决策的模式、行为与协议进行规定。

交换性公正原则，要求公平交易，等价交换，物有所值。

分配性公正是政府行为的核心。那么如何保证政府行为的公正呢？当代美国哲学家约翰·罗尔斯（John Rawls）用他的《正义论》做了回答。其主要思想是，秉承康德的道德精神，采取一种思维方式，即理性的人处在"无知的帐幔"（veil of ignorance）。在那里，我们具有理性，可以对个人利益进行价值判断；但除此之外，我们一无所知，陷入茫然，从而保证道德评判的客观性。罗斯认为，处于无知的帐幔之后的人们可以就分配性公正原则的两条具体标准达成共识，并以此为基础建立公正的制度和规定。这两条标准是：①每个人都具有平等的权利实现与他人相同的、灵与肉方面最大程度的解放；②在社会与经济方面存在合理的差异（Inequality）使得：a. 人人有进一步发展完善的动力与愿望；b. 人们拥有平等的机会和可能来达到任何社会地位和职务。

（3）权利与公正原则的应用。

①对所研究的道德法则课题进行明确描述，了解其中是否涉及权利或公正原则方面的内容。

②在某些情况下两种因素均存在。此时你是否能够将以权利范畴概念表达的道德标准转为用公正范畴的术语表达或者反向转换？

③如果权利是主导性因素，则对每种权利分别进行分析：

a. 这种权利是否得到广泛接受与认同？如果不是，原因是什么？该权利的合理性如何体现?

  b. 在当前情况下,哪些人享有该种权利?对哪些人造成了约束?
  c. 行使该权利的同时使他人受到了哪些道德法则义务约束?
  d. 在案例中是否涉及多种权利?它们之间存在冲突吗?

  ④如果权利间存在冲突,则需要明确其中哪种权利最为重要,在案例中居于主导地位并说明判断的依据。

  ⑤找出居于主导地位的权利后,考虑该权利是否会受到其因素的制约和支配。如果是,则对这些因素进行分析;如果不是,则用该权利解决问题。

  ⑥如果公正原则是主导性因素,则需要对案例中公正原则的具体类型加以明确。

  ⑦如果是涉及分配性公正原则或有关法律及社会秩序的问题,则可以用罗斯的两条基本标准直接加以评判。

  ⑧如果是关于其他类型公正原则的课题,则采用"无知的帐幔"的思维方式加以解决。即在脱离全部主观因素影响之后,具体分析所有相关者在不知自己可能得失的情况下,如果被赋予全部相关的信息并进行了理性思考,他们是否能够对目标行为实现共同的接受与认同。如果是,则该行为是合乎公正原则的;如果不能达成共识,则该行为是不公正的。

  ⑨考虑是否存在其他因素、后果或环境条件可能对评判结果造成影响。如果有,则对各因素的具体影响效果进行分析;如果没有,则通过以上步骤所得出的结论可以成立。

(六) 谅解条件

  道德责任可能会通过很多途径得以减轻或缓解。减轻道德责任的条件也就是所谓的谅解条件(excusing conditions)。谅解条件(excusing conditions)就是减轻或取消道德责任的原因,它们往往会与某种道德行为存在某种联系。谅解条件分为三大类型:排除相应行为可能性(the possibility of the action)的条件、排除或减少必要知识(the required knowledge)的条件、排除或减少必要自由(the required freedom)的条件。

  1. 排除相应行为可能性的条件

  某种行为要成为一个承担道德义务的行为,必须是一个可能发生的行为;对一个不可能发生的行为我们是没有义务的。如果在某些情形下我们不可能做到那些要求我们做的行为,我们也就可以免除承担相应的责任。某个行为的不可能性特征往往受到下列因素的影响:行为的类型、具体情形、缺乏行为能力。在下列情形下,我们就可能免除道德责任:①相应行为不可能实现;②我们缺乏既定情形所需要的能力;③我们做出相应行为的机会不存在;④相应的环境超出我们的控制范围。如,一天晚上,你所在的学校突然被洪水包围,你好不容易把自己班上的学生转移到安全地方,但是还是有一个学生因为不听指挥未能及时撤离,等你回去找他时,发现山洪在你的手电筒光照之下把他卷走了;以你的水性和当时的情况,你想救也救不了,结果这个学生就罹难了。于此,你是不必负道德责任的。

2. 排除或减少必要认识的条件

对道德行为来说,认识与意愿都是不可或缺的,因此,当这些条件不充分具备或者说不存在的时候,道德责任就会减小或者说根本不存在。就认识这一因素来说,我们可以区别两种谅解情形:①可以原谅的无知;②不可克服的无知。两者都缺乏认识,我们都应为自己的行为及行为后果承担责任,但是我们不可能完全知晓行为的所有后果。所以,我们只能为那些由我们的行为直接引起且显而易见的结果负责,而对产生某种后果的环境与后果性质缺乏认识,其道德责任就可以减少或不承担。如,学生在教室楼道摔跤流血不止,情急之中,你取用了放在楼道边上备用的卫生急救包,为学生止血。但你不知道这个卫生急救包是学校购买的不合格产品,且已过了保质期,结果学生伤口感染,导致高烧。这种状况,作为教师的你可以对此不承担道德责任。道德责任的程度是人们认识的"函数",缺乏认识了解可能会减少我们应负的道德责任,甚至可以使我们免于承担道德责任。

3. 排除或减少必要自由的条件

第三种谅解条件与自由选择相应行为所遇到的障碍或遭受到的损害有关。我们可以区别出4种障碍:①别无选择。如果只有一种行为供我选择,甚至没有不做出这种行为的余地,那么尽管我可能同意或可能不同意,都不能说我是选择了这行为。更宽泛地说,如果我对于我的行为没有其他合理的选择,那么,所承担的道德责任就可以因此得到减轻。②缺乏控制。许多不同情况都可能出现缺乏控制的情形。有些情形下我们可以免于承担道德责任;其他一些情形则会使我们的道德责任减轻。例如,我在睡梦中的行为是我无法控制的，对此我不负有道德责任。同样，如果我正在给学生做化学反应演示实验，但我血压骤然升高发晕，撞倒了仪器架，引起酒精灯起火爆炸，烧伤了邻近一位学生，对于这起事故的发生我并没有道德责任。③外部压力。外在压力既可以减轻道德责任，也能使人免于承担责任，但是要取决于压力本身以及选择的余地。如果你在给小学四年级的学生上课时，突然几个罪犯闯进教室并用刀子逼着你让班里所有学生交出手机，否则就杀死你和拒不交出手机的学生，你是班主任老师，被迫让所有学生交出手机。这时，你并不需要为让学生交出手机的行为承担道德责任。然而，还有许多能够带来难题的各种各样更加微妙的压力。假如学校校长让你编造一篇并未真正研究的科研课题结题报告，并告诉你如果不照做，你就会失去职务晋升的机会。更进一步说，如果今年不评，你就再也没有获得高级教师评聘的机会了。对此压力，你对于自己编造假材料这一行为应承担的道德责任是否可以减轻？在能够令人满意地回答这一问题之前，必须更加详尽地考察整个情形的细节。但即使就这样概略地来看，如果你按照校长的要求做了，从道德的角度看，你的过错要比在没有任何外在压力的情况下编造材料要轻一些。外部压力可能包括武力的使用引发对自己或其他人的暴力、死亡的威胁，或者其他的威胁与压力。并不是这些压力都可以构成原谅条件，必须仔细地考察外在压力的类型和强度，有时一个善意的理性的人对他（或她）自己行为标准的期望和要求，是最值得我们研究的。④内部压力。内在的压力可以分为两类：一种是医学上所谓的不正常的人，另一种是正常人。如某些患有某种疾病的人，其不正常的心理状态或精神状态导致其不正当的行为，他或她可以免于承担道德责任。正常的人有时也会被他们所谓的自己无法控制的情感所征服，如悲痛或愤怒、喜爱或憎恨。从伦理上讲，每个人都应控制并主宰自己的感情。但是很可能存在这样一种情形：并非处于行为人本身的错误，而是强烈的感情控制了他并导致其做出某种不道德的行为。如，一个学生把家长给的生活费用在打游戏机上并输掉了，反而说已给了教师，是教师忘了登记入账；教师在气愤之下，动手打了学生的嘴巴。这种内在的压力也是一种谅解条件，能减轻行为人的道德责任。

谅解条件为教师减轻或免除道德责任提供了合理的途径。但是教师必须谨慎地运用这些条件，避免有人以此作为推卸道德责任的借口。

（七）道德推理能力的应用

中小学教师在教育教学过程中，会遇到不少教育伦理道德问题。我们希望教师在掌握基本的伦理知识，能够娴熟地运用道德分析和道德论证的工具进行伦理决策，保护自己，帮助学生发展。下面是理查德·T.德·乔治在《经济伦理学》一书中为我们总结、提出的伦理决策程序，很值得借鉴。

①取得与原理相关的所有事实。

②确定需要解决的伦理问题。

③运用您的道德想象力来思考可能的选择。

④确定在您的分析中应该考虑到的那些受该行为影响的人。

⑤确定您正在分析的行为是否是道德上允许的，或者它是否是道德上允许的，或者它是否构成了您所期望的理想状态。如果是后者，行为就是善意的但不是必要的。

⑥如果必要的话，在最有可能是正确的选择中，那些不言的义务（如不杀人、不偷窃、不撒谎）是否适用？如果是适用的，请运用它。

⑦是否仍然存在伦理问题？如果不存在，请采取正确的行动。如果存在，继续进行第8步。

⑧如果存在两个或多个不言而喻的义务（prima facie obligations）都适用并且相互冲突，是否有一种很明显的处于优势地位？如果是，依此去做；如果不是，继续进行第9步。

⑨该案例、行为或者所讨论的问题是显而易见地更适合用于对责任、权力或者正义的功利主义的分析方法，还是更适合用道义的分析方法？请运用其中明显适用的方法进行分析。

⑩在运用上述方法分析之后，再判断一下在第9步中没用到的对后果、责任、正义或者权利的考虑是否是密切相关的并应当将其加到分析中去，如果是，则对其进行分析。

⑪设想一下那些不同意您的分析的人将会如何为那种相立的道德结论进行辩论。注意这种论证所用的方法可能与您在第9步中所用的方法不同。如果您发现在您先前的分析中存在某些错误或者忽略之处，请对您的结论进行适当的修正；否则，对反对意见进行反驳，证明为什么反对者的分析是错误的或者是不足的。

⑫您已经证明的行为是否符合您的道德责任感？是否成为说明道德美德的例证？是否会被那些您认为是道德模范的人采纳？如果不是，请您再仔细考虑，直到您找到符合上述要求的另外一种选择。

⑬试确定如果你按目前分析的行为方式公开行动的话，是否感到坦然。如果不是，确定其原因并找出消除与分析不调和之法。如果感到坦然，则照此行动。

第四章　中小学教师专业伦理培训原则

开展教师专业伦理培训是当前现实而重要的一条提高教师队伍素质的重要途径，它通过科学合理的教师专业伦理研修，引领教师感知与传递道德关怀，驱动教师去参与、体验、感悟、反思与行动，在此过程中确立专业理想、养成道德情感、习得专业伦理知识，从而做一个温暖的师德实践者。为了实现教师专业伦理目标，有效开展教师专业伦理培训，需要培训者坚持和遵守一些为实践验证又有理论解释和支撑的培训规则，进行科学培训。

原则，从词义上讲，意思是说话或行事所依据的法则或标准。伦理培训原则是教师专业伦理培训过程中必须遵循的基本要求，它反映着教师专业伦理培训目标，凝结着伦理教育和道德养成的规律、经验。基于文献研究和实践感悟，笔者提出以下6个原则。

一、价值引领，系统实施

"自由、平等、公正、法治""爱国、敬业、诚信、友善"是社会主义核心价值观，糜海波教授在其收录在《教育伦理研究》第3辑的《社会主义核心价值观与教育伦理的实现路径》一文中指出"社会主义核心价值观是整个社会主义意识形态的本质体现，是社会成员共同的精神支柱和行动指南，对整个社会的精神文明建设和思想道德实践具有普遍的指导意义"。中小学教师专业伦理以社会主义核心价值观为指导，可以使自己行为的伦理性保证自己的品位和价值，同时也使自己上升到一个更高的境界。文化展现为伦理，伦理也表现为文化。如果说，伦理决定了人的行为'做什么''怎么做'，这是文化的外观；那么价值观解决的则是'为什么做'的问题，这是文化的内核。系统实施，是指由于道德伦理品质养成和伦理培训活动的艰巨性、复杂性、长期性，中小学教师专业伦理培训坚持系统性、整体性和过程性，要统筹规划、全程管理、全员行动。

1. 以社会主义核心价值观为指导，编制伦理培训方案，包括目标和课程

社会主义核心价值观对教育伦理具有价值定向、价值认同和价值评价作用。教师专业伦理培训的组织者、设计者和实施者必须以社会主义核心

价值观为行动指南，编制培训计划，开发专业伦理培训课程。教育者树立以核心价值为指针的教育道德理想，就是以科学的世界观、人生观和价值观主导个体的思想和行为，坚定教育从善的信念，增强教育劳动的责任感和使命感。中小学教师专业伦理培训的组织者和实施者要把社会主义核心价值观融入伦理培训的各个环节，推动核心价值观的道德实践。

2. 用教育价值观驱动教师专业伦理的提高

任何社会都存在着以核心价值为主导的多重价值组合的价值体系，这一价值体系体现了特定的社会价值目标，正是这种价值目标反映了特定社会的价值理想，并通过这一理想对社会成员起特定的驱动作用。而且，这种驱动总是将人们从需要的较低层次逐渐驱动到较高层次，以促使人们追求更高的价值，这就是我们所说的社会价值目标的适时上升规律。这个价值目标的适时上升规律告诉每个中小学教师，如果立志成为一个优秀的人民教师，就必须在拥有崇高的理想的前提下，要有先进的、恰当的教育价值观，然后以此提升、加固自己的教育专业伦理品质。教育是培养人的活动。"培养什么样的人，如何培养人，需要有明确的价值引领"。所以在对中小学教师进行专业伦理培训的同时，不能忽视中小学教师教育价值观的重塑或提升。中小学教师要追求、探索"好教育"。"教育的任务是培养人，好的教育就是要培养一个真正的人、一个完善的人"。在当下，中小学教师要具备的就是"立德树人"的理念，牢固树立素质教育的思想。"教育是伦理的，教育的伦理就是追求至善的教育，至善的教育也就是好的教育"。素质教育是一种以培养德智体美劳全面发展人才为核心目标的教育，是向学生传授知识和技能的教育，其更重视学生思想道德素质提高和健全人格养成的教育，是致力于培养人的教育，所以是好的教育。如果不具备素质教育价值观或其他先进教育价值观，教师所拥有的伦理价值就会贬值，甚至成为一种道德恶。

3. 系统开展中小学教师专业伦理培训

"道德教育在当今中国出现的问题是一个社会系统问题，其根源是没有把道德教育当成一个社会系统工程来加以认识、理解和建设"。要提高中小学教师专业伦理培训的效能，作为培训的组织者一定要认识到，伦理培训也是一个系统工程，伦理培训的目的不是培养"孤立"的个人，而是培养"社会人"，既然是社会人，其社会性只能由社会来规定，因此专业伦理培训就必须依托具体的社会背景和条件来进行；当然作为培训的组织者和实施者，也要明白教师专业伦理培训是在一个连续不断的社会体系中运行的。基于这些认识，在组织开展教师专业伦理培训时就要综合考虑多种因素的影响和制约，不能机械、单纯、片面地看待、安排和处理伦理培训。好的培训需要好的师资，但也离不开好的管理和后勤支持；好的培训要有好的内容和好的方法，但没有好的设施、场地，也就没有好的培训。教师专业伦理培训不是培训机构一家的事，需要科研部门、管理部门的通力配合。所以培训要在广泛合作的基础上进行。

二、以受训教师为中心，民主合作

以学习者为中心，教师与学生民主合作，是当代教学理论的一个重要思想。在教师专业理论培训过程，强调突出学习者的主体地位，满足全体被培训者的个体需要，促进个体更大的发展。这就要求培训的组织者和实施者在履行自己作为组织者、设计者、指导者的职责的同时，要尊重、相信、关心被培训者，发挥他们作为学习主体的作用。更主要的是在整个培训活动过程中，要相互尊重、密切合作、民主对话，共同提高与发展。

1. 树立主体性道德教育的理念

"教师是师德建设的主体，教师的师德自觉和参与师德建设的程度，决定着师德建设的成败"。要贯彻以教师为中心，民主合作的伦理培训原则，既要遵循马克思主义的伦理发展观，即人的伦理品质养成是个体主观能动和环境相互作用的结果，同时也要树立现代主体性道德教育的理念。道德的主体性本质决定了道德教育必须是人本性教育、主体性教育。在主体性道德教育看来，没有主体便没有道德，即便有了主体，如果主体不服膺道德、不信服道德，也就没有道德；所以在道德教育中要把受教育者当作主体来看待、来尊重，以发挥、提高受教育者参与活动的主体性。主体性道德教育在教师专业伦理培训实践中，一方面要反对强迫、行政命定式的伦理培训模式；另一方面，要给受训的教师伦理素质发展提供尽可能多的选择机会。

2. 权力的平衡

伦理培训作为一个互动的对话过程，要实现互动的对话，关键就是要使培训者与被培训者之间的关系保持恰当的平衡。在不平等关系下，互动可能是单向的，或者是强迫性的。教学之中有教师与学生、男性与女性之分，他们在培训中的地位常常是不一样的。因此，实现互动对话，就要调节培训者与被培训者的关系，对培训活动中的权力进行再分配。权力的平衡就是要实现培训活动中培训者权利与被培训者权力之间的平衡、男性与女性之间的平衡，使培训中权力的运转处于一种平衡状态。权力的平衡意味着权力的分享、意味着培训者为了激发被培训者的学习动机授予他们更多的"对话"权力，需要体现在培训活动与任务的决策、学习内容的确定以及评价活动等诸方面考虑权力的分配与权力的平衡，必须要考虑教学活动的具体背景、要求、内容以及对象等。在教师专业伦理培训，权力也包括参与和责任，学习者对自己的学习负责。

3. 基于教师需要与发展，选择、确定培训目标和内容

以教师为中心的培训，在价值取向上，是重视教师德性养成，帮助教师自我实现的培训，因此采用协商的办法来选择、确定培训目标和内容，并以此采用合适的培训策略，是保证有效培训的关键。从教师专业伦理素质发展的角度看，培训内容显然不只是局限在伦理知识与规范知识领域，它还包含着需要发展教师的专业伦理理想、道德荣誉感、道德犯罪感、道德羞耻感，还要培养教师的道德推理能力和伦理决策技能。作为中小学教师对自己所有教育教学行为都负有道德责任，对于没有遵守伦理道德，做了不道德的事情，理应产生一种道德犯罪感；自己的行为与自己的真正目的不一致时应该有道德羞耻感。如很多教师所教的学科，总是大部分学生考试不及格。对此，很多教师不是从自己身上找原因，而是怪学生基础不好、学习不努力，没有一点道德羞耻感。所以对教师进行专业伦理培训时，有必要加强此方面的培训。

4. 实现培训者角色转变

以教师为中心的培训要求培训者从"控制者、导演、教导者"变为伙伴、朋友、指导者，促进学习者的学习。在以教师为中心的教学中，培训工作的重点与以往培训者为中心的教师培训是不一样的。在以受训者为中心的教学中，培训者要"少讲、精讲"，把更多的精力用在培训内容的选择、案例提供、提问、回答以及总结等方面，要求培训者调动受训教师的学习积极性，组织好受训教师参与教学过程，指导受训教师讨论与探索问题。培训工作的重点转向：做更多的培训设计工作，包括培训活动和作业的设计；培训者要为受训者展示自己良好的道德形象；培训者在使受训者之间相互学习方面做更多的工作；培训者努力创造良好的学习氛围；培训者做更多的有关反馈的工作等。同时，正确处理好培训中培训者和受训者之间的关系，这是培训活动取得实效的关键性因素。

5. 受培训者对自己的学习负责

以受培训为中心的培训，意味受训者是培训的主体，要对自己的学习

或培训负责。这种学习或培训包括了参观学习、发现学习、远程学习、小组自由讨论和头脑风暴等不同的方式。在使用这些方式开展学习或培训时，要允许受训者按照自己的速度自由地做自己的工作，自由地发现他们自己的东西。当然，其中也可能存在着某些危险，例如，如果没有恰当的指导，学习就会变得松散。因此，在学习中，小组和个人活动都需要有明确的目标，要有伙伴，要有合作和协作，更不能忽视教学者的角色作用，必须保持培训中教与学之间的权力平衡，需要使用评价作为维持培训有效进行的手段。

6. 开展形成性评价、发展性评价

没有评价就没有教育；同样，没有评价也就没有发展。评价能够促进学习、改进培训。以受训者为中心，要求教师专业伦理培训要以形成性评价、发展性评价为主。这种评价是师生合作的评价、是受训者参加并成为主体的评价，是关注教师德性养成、终身发展的评价。这种评价是贯彻培训活动全程的开放性、情境性评价。

三、知行合一，在教育教学实践中修炼

"知行合一""致良知""在事上练"是我国古代著名的哲学家、教育家、心学代表人物王阳明，关于修身养性、成为圣人的核心观点和主要修身方法。"知行合一"是说"知"和"行"是同一活动的两个不同方面，它们没有先后的差别。"知"的本体是良知，良知充塞流行，发而为客观具体的行动或事物，就是"行"。也就是说，良知的实现就是致良知，而致良知又是依良知而行，就是行良知，也就是"知行合一"。"知"就是人人固有的良知，知的意思就是对伦理常识的知，"行"是人对道德的体履，就是着实认真地去做。只有把"知"和"行"统一起来，才能称得上"善"。"知行合一"的实质是为了解决人们道德修养实际中知行脱节的问题。笔者借鉴它，作为教师专业伦理培训的原则就是要求在伦理培训中，要妥善处理理论学习与实践体悟的关系，处理好伦理培训与岗位工作的关系，反对知行脱节、言行不一、记诵教学、纸上谈兵，实现人的认识活动和实践活动、道德认知和道德实践之间的统一，在教育教学实践中培养、提高受训教师的专业伦理素质，养成教师的职业良知，不断完善受训教师的人格修养。

1. 树立知行并进，理论与实践相统一的培训理念

知行并进，理论与实践相统一，是我国传统文化的智慧，也是马克思

主义的重要原则之一,更是伦理道德养成的基本规律。哲学家张岱年指出:"在中国古代,道德虽已成为一个名词,但仍包含两层意义,一层意义是行为的准则,一层意义是这准则在实际行为上的体现。一个有道德的人,必须理解行为所应遵循的准则,这是'知'的方面;更必须在生活上遵循这准则而行动,这是'行'的方面;必须具有这两个方面,才可以称为有道德的人。"习近平总书记说:"道不可坐论,德不能空谈。于实处用力,从知行合一上下功夫,核心价值观才能内化为人们的精神追求,外化为人们的自觉行动。"所以,我们要树立知行并进,理论与实践相统一的培训理念,助力教师养成良好的内在品德和行为习惯。

2. 以明伦成德,培养教师德艺双馨的实践人格为目标,采用生活教育的伦理培训模式

早在20世纪20年代,人民教育家陶行知先生,为了培养具有科学精神、健康身体、艺术兴趣、生存能力的现代公民提出了生活教育的思想,其核心观点就是"生活即教育""社会即学校""教学做合一",笔者认为这种模式还是适合教师专业伦理培训的。"教学做合一"教育思想的内涵是学会做事、学会生活、学会做人,教学相长,实现教和学的统一,培养知和行统一的人。这正是被当代国际社会普遍认同的高等教育的价值观。在教师培训活动中,坚持"教学做合一"的教育思想,也就是致力于使专业培训与人文教育共举,理论知识学习与教学实践活动相结合,教师的职业道德与职业学识并重,进而实现教学科研能力与个人的综合文化素养的全面提升,这种生活教育模式要求培训的组织者和实施者要确立以培养、提升受训者的专业理想、道德品质、伦理精神和道德实践能力为目标,摒弃灌输、说教的教学方法,克服受训教师被动受教、大一统的培训弊端,采用案例教学、小组讨论、角色扮演等多种方法,结合教师教育岗位实践进行伦理培训。生活教育的伦理培训模式也是生活道德教育在教师培训中的一种推广与应用。生活化道德教育理念或向生活回归的教育理念是目前正在进行的小学品德课程改革的基本理念之一,它不仅是对学校道德教育严重脱离生活反思和矫正,同时,更是基于道德、道德发展和道德教育与生活的本体关联而倡导的。目前,生活道德教育观已得到理论界的普遍认可。所谓生活道德教育,简单来说,就是要使道德教育从科学化、形式化的迷雾中重返现实生活,找回其本来面目,并以生活为基点来解决教育中的所有问题。也就是要让学生在热爱生活、了解生活、亲生活的过程中培养德性,学会过一种道德的生活,而不是在现实生活外的另外一个

世界里去培养一个人的道德。生活德育对教师专业伦理培训的启示就是，伦理培训要为了教师的生活、体现教师的生活，在教师的生活中进行。教师专业伦理培训是为了教师过上伦理的、美好的生活，那么培训的内容就要取自教师的生活，对教师的管理也要民主化、人本化。生活教育伦理培训既重视培养受训教师的德性，更注重培养受训教师的道德实践能力，因此，在培训方法上注重用道德"探究"的方法，为受训教师提供现实生活的道德困境并供其思考和讨论。

3. 帮助教师克服伦理不当或失误，促进教师美德养成

教师不是完人，教师有自身的缺憾；教师不是圣人，教师也会犯道德错误；教师是普通人，但也有人生追求；教师是专业人员，希望实现自己的价值。这就告诉我们，教师专业伦理培训不能只是引导人们向善，还要帮助受训教师认识到自己的道德不足，帮助他们勇于实践，大胆纠正自己的伦理失误，尽可能地实现自己的道德理想，尽可能地成为一个完美、幸福的人。勇于实践包含这几层意思：第一，将自己的认识应用于实践，并且指导实践；第二，在自己的实践中检验认识，并且修正认识；在应用与修正的基础上丰富认识，提高修养水平。在这一点上，中小学教师要认真向陶行知先生学习。他特别重视实践，在实践中完善自己，他曾经有言："行动产生理论，发展理论。行动所产生发展的理论，还是为了要指导行动，引着整个生活冲入更高的境界。""防于未萌之先，克于方萌之际"是王阳明的修心主张，要求将不良的道德思想防患和制止在萌芽阶段，其终极目的还是知行并进、格物至善。

四、激发与传递感染力

戴双翔博士收录在《教育伦理研究》第3辑上的文章"师德培训的核心原则：激发与传递教师的师德感染力"，其基本内涵是：师德培训作为一种特殊的教师培训实践，一种特殊的德性实践活动，它不能仅仅止于道德知识的授受、道德智慧的增进，也不能仅仅满足于道德情感的陶冶，更重要的是，它本身应该成为一个道德体验、道德践履、实践感悟的过程，也就是一个师德知、情、意、行综合修炼的过程。这种修炼必须要靠一种道德实践、道德感染来完成。师德感染主要源于两个方面：一是培训者通过自身的魅力、亲和力使得教师有较高的学习积极性和主动性。以往的师德培训，培训者总是站在道德制高点，往往摆出一副板起面孔开展道德训教的样子，这显然是缺乏温度与感染力的。正所谓"亲其师，信其

道",真正有感染力的培训者,必须在培训中能够对教师进行情感熏陶和价值影响,从而使其获得不同的情绪和感情体验,并迁移到自己的教学实践中去。二是培训过程具有感染力。培训需求分析是开展培训工作的前提。要增强培训过程的感染力,就必须了解教师的道德困境,分析其原因,从而研究教师对师德培训的真实感受、具体要求,按需施教,抓住教师内心德性中最柔软的部分,通过培训获得唤醒教师对教师事业那份关乎良知、责任与使命的初心。事实上,从外在的角度强调与施加感染力是远远不够的,因为师德培训的最终落脚点在于教师的践行,因此,感染力不止于外在的"输入",更需要教师内心的点燃、激发、被唤醒以及"输出"。这就要求教师努力成为道德实践的反思者,因为反思是感染力加速激活的助推器。唯有如此,才能实现知情意行的统一。

那么,在中小学教师专业伦理培训中,如何坚持、贯彻"激发与传递感染力这一原则"呢?笔者认为,要关注这两点:首先,培训教师要认真研究被培训教师的伦理发展需要和生活经历,精心设计培训方案,选择能走进被培训教师内心的、生动、充实的培训目标和内容,采用适合被培训教师心理特点方法和手段。其次,要实施"激情培训",现代汉语词典中说:"激情,是指强烈的,具有爆发性的情感。"《心理学大辞典》则把激情释为一种强烈的、暴风雨般的、激动而短促的心理情绪状态。激情是人们对现实生活或某种社会现象表现出来的强烈而鲜明的情绪体验。在积极心理学看来,"激情"是使生活更加有意义的重要因素之一,激情是个体对一项喜欢(甚至热爱)、感觉重要(或极具价值)、需要投入时间和精力的活动所具有的一种强烈的倾向或意愿。激情不同于一般情绪,它与人从事的活动紧密相连,是一个包含动机、情感和认知三种因素的综合体。人本主义心理学家罗杰斯认为,教学是情感活动过程,教师应运用情感进行教学。从这个意义出发,我们可以把激情培训定义为,一种培训教师与被培训教师受共同教学目标激励,培训教师与被培训教师情绪饱满、精神振奋、高效互动的教学。表现为,培训教师充满教学激情,语言畅快、风趣,动作行为挥洒自如,教学灵感迸发;被培训教师则学习兴趣浓厚、信息满满、思维敏捷、配合默契、发言大胆。

与传统教师培训相比,激情培训有许多特点。从培训教师的角度看,其特点有:

一是感染性,即培训教师的激情培训对被培训教师的思维、情感等培训心理活动具有影响作用。在激情培训状态下,被培训教师的心理活动由于受培训教师激情的驱动,会逐步趋向于培训教师,双方会产生心灵沟通,配合契合,情感互动的和谐现象。二是高昂性,在激情培训状态中,培训教师会情绪高涨,注意力高度集中,思路清晰,语言流畅,表达精确,体态得体。三是非预期性,即激情培训的培训教师会常突如其来产生一些妙不可言的教学行为、知识或情感;同时会产生灵感顿悟,将培训教师梳理整合知识的能力推向高峰,原来思考未果的问题答案现在却不期而至。

从被培训教师的角度看,激情培训的特点是:

第一,积极性。积极性是指被培训教师自觉主动而不是屈服于外在压力投入培训活动。第二,高效性。高效性表现为在理论培训过程中,被培训教师注意力高度集中,情绪轻松、想象丰富、头脑清醒,记忆快捷。第三,持久性。"锲而舍之,朽木不断;锲而不舍,金石可镂"与传统教师培训相比,被培训教师在激情培训中,意志坚强、态度坚决,表现为面对培训难点与学习困难,被培训教师能集中精力、全力以赴、勇往直前、持之以恒。第四,奖赏性。在激情培训中,学习成了被培训教师自己的一种内在需要,因而在教学过程中,被培训教师感到心情愉快,赏心悦目,乃至产生"精神解放""自我实现"的体验,而这种积极情感,在当时和后续教学活动会累积、叠加,又给予被培训教师自我奖赏和强化的功能。

激情培训是一种高效的教师培训。第斯多惠说:"我们认为,教学的艺术不在于传授的本领,而在于激励、唤醒、鼓舞,没有兴奋的情绪怎么能激动人,没有主动性怎么能唤醒沉睡的人,没有生气勃勃的精神怎么能鼓舞人。"苏霍姆林斯基说:"如果被培训教师缺乏学习愿望和动力,那么培训教师的一切计划、一切技巧都将变成木乃伊。"赞可夫强调指出:"教学法一旦能触及被培训教师的情绪和意志领域,触及被培训教师的精神需要,这种教学法就能发挥高度有效的作用"。激情培训摒弃了传统教学中忽视被培训教师学习过程中的情意因素和培训教师的刻板、冷漠等,主张培训教师要热爱被培训教师、热爱自己从事的职业,用自己的积极情感去引发、维持、促进被培训教师的学习热情、求知欲望,并在实际培训过程中营造民主、和谐的培训情境。

五、培训、研究相结合的原则

培训、研究相结合的原则的意思是,在教师专业伦理培训过程中,培训离不开研究,研究离不开培训;在研究指导下培训,在培训推动下进行研究，培训师和受培训的教师在培训期间要注重研究、开展研究。教师教育研究与实践表明，有效的教师培训是离不开教师的反思的，反思既是一种思维方式，也是一种思维模式。杜威在《我们怎样思维》指出，反省思维是思维中较好的方式，是"对某个问题进行反复的、严肃的、持续不断的深思"，朱益民则在其博士学位论文《教师培训的教育学研究》中指出："反思、研究和参与是当前教师培训教学实践中必须予以关注和重视的重要策略。""教师培训必须为中小学教育产生示范效应。这就意味着教师培训本身必须以反思的姿态，采用反思性教学的方法，不断改进自身的培训活动，使反思成为整个教师培训活动的特征之一。这对教师培训的组织者和实施者提出了培训教育学方面的要求。"这就告诉我们，无论是提高培训活动的效益，还是从教师本人的专业发展，作为培训的组织者、实施者和受训者都要把培训实践和培训研究两个方面有机统一起来——培训活动出"题目"、培训研究作"文章"，在两者之间形成一种积极的同步反馈效应，做到教学相长、反思提高。培训与研究相结合，对培训教师来说是教学相长学习：如果只培训而不研究，如同只输出没有输入，培训水平就会停滞不前，培训质量就会大打折扣；反之，只研究而不培训，研究就会脱离实际需要，为研究而研究，研究就显得空洞，对提高培训水平和质量毫无益处。对受训教师来说，带着研究的态度，参加培训，可以提高学习效果、快速掌握专业伦理知识和技能；更主要的是把自己作为研究对象、把培训中遇到的问题作为课题来研究，既能提高自己的对专业伦理的认识，克服阻碍自己伦理素养发展的瓶颈，更能提高自己的研究能力，促进自己专业发展。同时，如果培训师和受训教师一起合作，就教师专业伦理进行研究，既增加了培训的途径，又能提高培训的效益。所以，教师一定要把培训与研究有机结合起来。

1. 强化培训与研究相结合的意识，把研究作为提高培训水平的有力支撑点

研究是一个学习、反思、钻研、探索、创造的过程，它有助于研究者掌握规律，更新观念，提高理论水平。作为培训的组织者和实施者，要树立以科研为引导，向科研要培训质量的意识；通过研究，深刻地把握伦理知识，找到更加适合培训对象的目标、内容和方法，从而提高培训能力和水平，收到事半功倍之效；作为被培训的教师则要把研究当成高层次的业务进修，积极参与研究。一位中学校长很有见地地指出："教育研究过程是教师的教育水平的提高过程，写一篇教育论文，要阅读很多东西，钻研

理论，总结实践经验，这本身就是教师高层次的业务进修。"

2. 强化结合培训选择课题的敏感，把伦理培训作为研究的有力领域

对教师来说，教学是科研的源头。在培训过程中充满各种矛盾，并且在教育教学过程中经常出现一些新情况、新问题，这些矛盾和问题都是科研课程选题的来源。对于培训者和受训的教师，如果能具有并保持对这些矛盾和问题的敏锐，就能在自己的研究有"真问题"时也能保证自己的研究的全过程都立足于实践并紧紧追踪实践过程进行。能深入实践，才能高于实践。脱离实践的"纯思辨"的研究或闭门造车的所谓研究，不是一种有价值的研究。总之，教师应该成为科学研究的有心人，教师专业伦理培训应该成为教师科学研究的沃土。我们有个"认识误区"，仿佛教师应该专门从事实际工作，不得研究理论；而理论家则专门致力于读书"思辨"，不需研究实践和现状，教学和研究的这两路大军老死不相往来"。这种旧观念严重阻碍教育科学的发展。因此，培训教师和受训教师要善于发挥各自的优势，同时又加强合作，努力做到把培训过程科研化。

3. 强化培训与研究的互反馈，善于把科学研究的成果运用到培训活动上

专业伦理培训研究的目的是改进教育专业伦理培训，或促进教师专业素质的提高。但是，要把培训与研究结合得好，还要自觉强化二者之间的互反馈。把培训实践中的问题上升到科学研究的议程上来，这是培训对研究的反馈；把科研的成果运用于培训学的实践，这是又一个反馈。第一反馈是培训对科研的促进，第二个反馈是科研对培训的促进。科学研究来自实践，最终又必须回到实践。教师不能把科研成果束之高阁，而应积极地用科研成果指导实残，增强工作中的自觉性，减少盲目性，促进培训活动工作的科学化。实际上，教师的科研成果对教学还有一种隐形的影响，它突出表现为教师知名度的作用。

总之，教师专业伦理培训学和研究必须有机结合，同步发展，既要把研究作为提高培训的有效途径，又要把培训作为研究的有为领域，两者良性互动，相互促进。

六、适当结合并利用休闲教育

闲暇，是指一个人除谋生、睡眠等硬性时间之外的剩余时间，也就是可由个人自由支配的时间。现代社会，人的一生有大部分时间在休闲，休闲是现代人的存在方式之一。亚里士多德认定："人唯独在闲暇时才有幸

福可言,恰当地利用闲暇是一生做自由人的基础。"罗素认为:"一个人一生中没有充分的闲暇,就接触不到许多美好的事物。"教师专业伦理培训,如果不考虑教师的休闲活动和休闲教育,是一件很令人沮丧的事,正如《学记》所言"时教必有正业,退息必有居学"。自从1965年成人教育和闲暇问题国际会议在捷克首都布拉格召开以来,成人闲暇教育就成为世界成人教育的重要内容,并且日益与终生教育紧密联系在一起,成为促进人的全面发展,提高人的生活质量和生命境界的重要教育行为。如此,教师的闲暇教育也越来越受到人们的重视。当前,我国学界对于教师闲暇教育基本形成了一个共识:第一,闲暇教育是教师教育不可或缺的一部分;第二,教师闲暇教育有利于完善教师知识结构,优化教师的人格,提高教师的创造性,增强教师的归属感;第三,教师休闲教育是教师师德教育的有效途径。

在中小学教师专业伦理培训中,提出并要求遵守"适当结合并利用休闲教育"的原则,主要有三层意思:

1. 在专业伦理培训中,适当进行教师闲暇教育

休闲教育是指导适当利用休闲时间,帮助其提高休闲生活质量的教育。法国教育家郎格朗认为,教育既要与劳动联系起来,也要与闲暇的时间联系起来。美国著名休闲学者杰弗瑞·戈比认为,"成功地使用休闲,有3个重要观念即创造性、学习和乐趣",他极力倡议人们要自由选择去玩,去探索他居住的那片土地,去尝试新的爱好。应该承认,由于观念偏差和休闲教育的缺失,现实中我们相当部分的中小学教师是不懂得休闲、不会休闲的。很多教师要么"废寝忘食、忘我工作",要么"浑浑噩噩,无所事事",这些现象的产生都与教师缺少正确的休闲观,没有掌握利用休闲时间的技能、技巧有关。教师专业伦理培训活动作为一种促进教师专业发展,提高教师生活质量的教育,有必要融合教师休闲教育,对教师进行休闲教育,改进教师的休闲观念并获得有效利用休闲时间的技能,从而改善教师的心理、价值系统,做一个受学生尊敬、爱戴的教师。

2. 让教师在休闲活动中提升专业伦理

除了工作、睡眠之外,教师有很多休闲时间。教师的休闲活动也很多,如交友、旅游、参观、娱乐等。如果能有效地利用教师的休闲活动进行教师专业伦理培训,必然会大大提高教师专业伦理培训。这是因为,在闲暇中进行伦理培训,本质上是教师自主学习、教育,是教师在一种宽松、愉悦的气氛中教师自己改变自己、提升自己的活动。例如,在一次教

师朋友聚会的时候,一位高中语文教师提到了他们学校的教师聘上高级职称后就不再写论文了,也不愿进行教学改革了。笔者马上从专业伦理的角度,向他提出了一个问题:"这与教师师德有关吗?"我们一边喝酒、吃菜,一边七嘴八舌地议论,最后都归结了这样一个结论,与教师缺乏"终生学习的习惯、反思精神、勇敢品质"有关。几个月以后,那天参与议论的教师见到笔者都说:"何博士,那天聚会很值!"聚会、娱乐等是教师基本的休闲活动,如教师有科学的休闲价值观,这些休闲活动就会成为促进教师身心健康、提高教师人格修养的有力手段。

3. 为教师闲暇活动创造便利条件

我国教师休闲教育研究起步较晚,在教师教育中也未得到应有的重视,表现为教师负担过重,教师休闲活动设施、条件欠缺。一方面,我们希望国家重视教师休闲教育,加强这方面的政策、法规建设,为教师休闲教育和休闲活动营造良好的氛围;另一方面,希望中小学、教师培训机构加强教师休闲条件的建设,为教师休闲提供便利。中小学校长要充分认识到休闲活动对教师成长、发展的价值,加强校园物质文明和精神文明建设,建构良好高雅的学校文化,使校园物质设施体现出文化功能;挖掘、发挥教师学习、休息场所、设施的作用,图书馆、阅览室、电脑房应在闲暇时间尽量开放;学校要根据本校教师队伍师资的特点、要求,组织科技、艺术、体育、读书、知识讲座等各种活动,为教师创设一个各取所需、自由参加,富含价值的生活氛围。

第五章　中小学教师专业伦理培训策略

师德建设一直是我国教育改革与发展的重要内容。2010年的《国家中长期教育改革和发展规划纲要（2010—2020年）》中就提出，要努力造就一支师德高尚、业务精湛、结构合理、充满活力的高素质专业化教师队伍；2012年的《国务院关于加强教师队伍建设的意见》中，明确要求"构建师德建设长效机制"；2018年2月，教育部、国家发展和改革委员会等五部委联合颁布《教师教育振兴行动计划（2018—2022年）》，提出要"落实师德教育新要求，增强师德教育实效性""研制出台在教师培养培训中加强师德教育的文件和师德修养教师培训课程指导标准"。教师专业伦理培训是师德教育的重要组成部分，采用科学、有效的培训策略和方法是提高中小学教师专业伦理培训效益的必要条件和手段。

策略，按《辞海》的说法，有两层语义，一是"计策谋略"，《人物志·接识》中说："术某之人，以思谟为度，故能成策略之奇"；二是与"战略"配套使用，战略为全局性谋划，策略则指为实现战略任务而采取的手段，是战略的一部分。当然，二者的划分也是相对的。"策略"的英语对应词一般有tactic和strategy，前者指权谋、权变、达成目标的方法或战术、兵法，后者指运筹的艺术（art）或管理任何事务的技巧（skil）。策略用作形容词，则含有机智的、老练的和圆通之意。

联合国教科文组织报告则把"策略"厘定为："①把各种要素组织成为一个融会贯通的整体；②估计到在事物的开展过程中会出现偶然事件；③具有面对这种偶然事件而加以控制的意志。策略的目的就是要把政策转化为一套视条件而定的决定，根据将来可能发生的不同情况，决定所需要采取的行动。"显然，策略是目标的、计划的、整体的且带有艺术的气质，它区别于具体的方法但又不能与方法脱钩，它是"战略和战术"的统一。

策略也与程序迥然不同。法国学者埃德加·莫兰从复杂思维角度把它们之间的区别讲得很清楚："策略是随着动物物种特别是脊椎动物在进化的历史过程中的脑神经机构的发展而发展起来的。策略可以通过与程序的对比来定义。程序由一个预先确定的行动序列构成，它只能在包含着很少的随机性和无序性的环境中付诸实施。至于策略，则是根据研究既有确定性又有随机性、不确定性的环境的条件而建立的,人们在这个环境中展开行动以求实现一定的目的。程序是不能改变的,在出现预料之外的情况或危险时它只有中止。策略则可以根据在执行中获得的信息改变预定的行动方案,甚至创造新的方案。也就是说,我们应该充分认识到,策略在随机的和创新的特点上,从一开始就比固定不变的程序更为有效。"

伦理培训策略是为实现培训目标而采用的具体的方式、方法、手段和措施,它主要从方法论的视角来探索培训教师在实践中应如何操作、如何行动才能有效地贯彻自己的培训意图。结合人们对策略的研究结果,笔者认为,教师专业伦理培训策略应具有如下特征:

(1) 价值和目标指向性。任何培训策略都是在一定价值目标和教育理念指导下形成和实施的。每一个教师专业伦理策略都指向特定的问题情况、培训目标,规定着培训者与被培训者行为的方向。如果培训者目标不清、理念混浊,即使对某一培训方法很熟悉,实施起来也只能是东施效颦或机械地执行罢了。在下文中,笔者把自我教育法作为一种教师专业伦理培训策略,就是基于伦理培训本质上是道德学习、精神养成,因此必须尊重、依靠和充分发挥教师的主体性,通过教师个体的自主努力才能提高教师的伦理敏感性,进而提升教师专业伦理素质。

(2) 实施过程的灵活机变。不存在固定不变的教师专业伦理培训策略,伦理培训策略与培训问题之间的关系不是一一对应的关系:同一策略可以解决不同问题,不同的策略也可以解决相同的问题,这就为策略灵活运用提出了要求,也提供了可能;伦理培训策略要因地制宜、因人而异、因情而变。培训教师在培训时应该依据实际情况设计、运用多种风格的培训策略,并且要注意根据执行过程中的反馈信息即时调整,发挥出最佳的效果。

(3) 内涵和外延的层次性。一般来说,培训策略在内涵上由培训价值、一般规则和具体方法3个层次的要素构成。培训策略在外延上也有层次性,既有概括性较高的一般培训策略,适用于多种培训内容,如探究性学习的策略;又有适应面相对有限的特殊培训策略和具体培训策略,如严肃游戏,在教师专业伦理困境及其解决培训时可能是很有效的,但是把它运用到教师专业理想和教育核心价值观培养时就不一定妥当。所以,培训者在选择培训策略时要注意培训策略的应用的对象和边界。

(4) 综合性。伦理素质的培养是很复杂的。特别是在现代社会,价值多元,网络发达,使得单凭一种方法、几节课时就能把教师的专业伦理素质提高上去,几乎是不可能的。这就要求我们在设计、使用培训策略时,要有统筹的观点、综合的思路。无论是动态的计划、实施、评价、反思等各个环节,还是静态(空间)内容、媒体、方法、手段等各个要素,教师专业伦理培训策略的制定和选用都应加以综合考虑。这种考虑不是在设计时就能毕其功于一役的,教师要在策略实施全程中随时注意各种因素之间相互作用的状态和效果,最大限度地发挥培训策略的功能。

(5)可操作性。培训学策略不是抽象的理论,也不是奥妙莫测的玄学,它是解决伦理内容和教师认知能力、伦理培训目标和教师伦理发展需要等之间矛盾的行动谋略和艺术。因此,它必须对培训活动中一些基本关系的处理、基本环节或步骤的安排,以及操作上的规则和要领等做出自己的解释、规定和安排,必须保证自己在教师论理培训中能够有条件、有机会得到落实和执行,保证自己能有效地帮助培训教师解决问题、达成目标。

钱焕琦教授在《教师职业道德》一书中指出"在新的历史时期,教师既要借鉴传统的道德修养方法,又要能结合新时代特征,做到学习与实践、他律与自律、品质锻炼与仪表修饰三结合,以更好地履行教书育人的使命"。下面,笔者就按照这个思想介绍三类教师专业伦理培训策略:我国传统的师德教育法、公正团体法、案例教学法,以及现代5种主要道德教育策略。

一、传统师德教育法

传统不一定是守旧的、过时的、无用的。芝加哥大学的教授爱德华·希尔斯在他1981年出版的专著《论传统》里,指出传统就是指从过去传延到今天的事物,这个事物可以是思想、可以是精神,他认为一个事物,只要人类认为它是有意义的事物,传承三代就可以成为传统。2019年,陈来教授在人文清华讲坛上指出,传统的价值在于它跟民族生存与发展联系在一起的,传承发展文化,为特定的文化提供意义,而且保守这个文化的价值,塑造文化的认同。我们这里所谓传统师德教育法,是指历史上形成的,主要依靠教师口头语言、身体语言等传统手段进行的,至今仍然有价值的师德教育和培训的方法。

(一)讲说法

讲说法是把我国传统教育教学中教授法、说服教育法的优势结合起来的一种以讲授为主、辅以说理的教师专业伦理培训方法,是培训教师主要通过语言向受训教师传授专业伦理知识的道德教育方法。虽然,当下人们都反对在师德教育中采用"灌输""说教"等。捷克著名的教育家夸美纽斯在《大教学论》中指出:"这种教育不是吃力的,而是非常轻松的,课堂教学每天只有4个小时,一个先生可以同时教几百个学生。"可见讲说法的优点是节省时间与精力,可以"大量生产知识"。刘丽群、石鸥认为讲说法还具有应用广、可控性强的优点。美国哈佛学院前院长哈瑞·刘易斯就说过:"讲座制可以产生协同效应,激发学生的灵感,提供指导,进行综合化教学,只有那些高屋建瓴的教师,才能驾驭这样的课堂环境。"显然,讲座制还是具备很高的价值或优点的,讲座制曾经并将继续体现其巨大的实用和经济价值。讲座制能适应大批量培训教师的需要,并且容易被复制,特别优秀的培训教师能同时给许多渴望知识的受训教师上课。事业心不强的或知识准备不足的受训教师也喜欢讲座制,因为这样上课时他们不必太费力气,还可以避免答不上问题时的尴尬。当然运用讲说法的时候,一定要考虑到受训教师"三观"已基本形成,有一定的文化知识,有一定的自尊心和思维方式,要避免"空话连篇,言之无物""装腔作势,借以吓人""无的放矢,不看对象""甲乙丙丁,开中药铺"等。因此,运用讲说法,要求培训教师必须把握"讲授"和"说服"两个行为的特点。讲授,注重语言的清晰、生动、简明,注重知识的真理性和系统性、讲解的逻辑性和启发性,同时也要考虑教学环境的舒适性和感染性。而对于"说服"来说,则要诉诸理性,以某种真理或正确的观念,引起被说服者的理解和共鸣,才能使他们由衷赞同、心悦诚服。要有效进行说服,做到以理服人,教育者首先要把握理论、有的放矢、入情入理。把握理论就是教育者要说服别人,自己首先必须有较高的理论水平,传播真理者,必是掌握真理、信服真理之人,然后,以已昭昭,使人昭昭。有的放矢就是对教师进行说服教育时,要有充分的事实依据,有明确的针对性,就事论事,不要主观臆造、随意推测。入情入理就是要以情感人,以理服人,设身处地,推己及人,生动活泼。

讲说法实质上是以培训教师为主导的培训策略,其目的一方面主要是使受训教师正确认识教育伦理行为事实如何、社会创造教师专业伦理的目的,以及教师专业伦理行为应该如何,从而使受训教师懂得什么教育行为是道德的,什么教育行为是不道德的,知道为什么应该做一个有师德的人;另一方面主要是使受训教师正确评价自己和他人行为是否道德;最终使受训教师树立伦理道德信念。讲说法的理论支撑是行为主义与奥苏贝尔的有意义学习理论和信息处理论。因此,培训教师要及时强化、帮助受训教师理解专业伦理知识,并遵循以下5个步骤:

（1）从旧经验引导新学习。利用受训教师已有的学习经验，如运用先行组织者或复习旧知，引导受训教师开始新的学习。如，讲授"道德义务"时，教师可以先讲清义务的概念，然后引出"道德义务"，再讲中小学教师在教育教学中的"绝对义务""有条件义务"等。

（2）明确地讲解学习内容。这是讲说法中最重要的步骤，依据信心处理理论，这是一个个体吸收新知识时从输入到输出的过程，必须做到：①向受训教师呈现知识性的刺激时，要明确肯定，以便学生感官收录；②所呈现的知识性刺激要系统，以吸引、集中受训教师注意力，不使分散；③培训教师讲解时应该分段进行，便于受训教师有时间短期记忆；④讲解新概念时，宜随时提出几个简要问题，让受训教师回答以确认其是否理解，并且推知其已输入到长期记忆；⑤为加强理解新知识的意涵，培训教师宜随时举例，并做变式说明。

（3）辅导受训教师及时练习。为检查受训教师学习结果，并帮助其理解、巩固知识，宜安排时间，用以辅导受训教师及时练习。

（4）及时反馈并据此矫正错误。练习后使受训教师获得反馈，了解自己的学习结果，从而强化正确的行为，纠正错误的做法。

（5）指导受训教师独立完成作业。课后作业是必要的，但难度不宜过高，且需给予必要的指导，以便受训教师完成并保持继续学习的动力。

（二）情感陶冶法

陶冶，原意为烧造陶器、冶炼金属等，引申为对人的性格和伦理道德等进行培养。情感陶冶就是指对人的某种情感的培养。作为一种伦理培训方法，情感陶冶法是指教师专业伦理培训者为达到一定伦理培训的目的，将教育内容渗透到情景、活动等载体中，以潜移默化的方式培养受训教师道德情感并最终提高其专业伦理水平的方法。情感陶冶法不同于理论灌输法的地方主要在于情感陶冶重视情感在教育中的作用，并以提高受训教师的道德情感为目的。教育工作是用心灵塑造心灵的工作，教师对学生的教育而言是如此，以教师为对象的教师专业伦理培训又何尝不是如此。情感陶冶法是教师伦理培训过程中，培训教师运用对受训教师的爱和各种教育环境中的教育因素，对受训教师实行潜移默化，使其耳濡目染，心灵受到感化，使受训教师从感情上产生共鸣，进而自觉或不自觉地受到培训教师的影响。由于情感陶冶的效果是通过看不见、摸不着的形式产生的，这就要求培训教师必须要有较高的品德修养，恪守教师职业道德，处处以身作则，真心关心受训教师，用自身经历、身教去感染受训教师，使其受到陶冶和教育。同时，营造培训教师与受训教师相互学习，共同勉励的教育情境，有利于提高教师专业伦理培训的效果。情感陶冶又可分为：人格感化、环境陶冶和文艺熏陶。其中文熏陶是指培训教师借助影视、文学艺术、美术、舞蹈等文化艺术活动，对受训教师的专业伦理素质产生影响使之不断完善，提高的过程。如，培训教师可以组织受训教师观看《陶行知》《乡村女教师》《放牛班的春天》《我的教师生活》《一个都不能少》等经典教师题材的电影，让教师在艺术享受中产生伦理冲击，进而强化受训教师的专业理想，提高其教书育人的责任感。

（三）榜样教化法

榜样教化法是培训教师引导受训教师模仿、学习某些名师或教育家的品德的伦理培训法，是培训教师引导受训教师模仿学习名师或教育家的道德认识、道德感情、道德意志的综合道德教育方法。我国中小学教师队伍中大批优秀教师行为是具有伦理榜样价值的，值得我们学习，其不仅不断充实着专业伦理培训的内容，使得教师专业伦理培训内容常讲常新，而且为伦理培训方法创新提供了广阔的空间。例如，教育家于漪"一辈子学做教师"的行为，让我们看到了"信念、谦虚、学习、反思"在教师专业伦理中的意义，也提示专业伦理培训绝对不是道德训诫，而是可以从总结一个人的成长历史开始的。榜样教化法是培训教师通过典型示范以优秀教师的良好伦理品质和模范行为影响受训教师专业伦理和行为的方法。其特点是，通过他人的示范，把抽象的教师专业伦理具体化、人格化，使受训教师通过鲜明的形象、生动现实的榜样受到激励、感染和陶冶，使专业伦理培训具有强烈的吸引力和说服力，从而达到伦理培训的目标。

"人只能用人来建树""只有人格才能影响到人格的发展和规定""只有性格才能养成性格"。榜样的力量是无穷的，人们历来重视榜样的教育作用认为榜样是最好的教育影响源。榜样的教育作用，主要体现在3个方面：一是模仿学习；二是激励作用，受训教师因仰慕他人的优秀品德，从而受到感染，激发上进的热情；三是矫正作用，榜样是受训教师的一面镜子，以人为镜，可使人自我对照、自我反省和引起愧疚，从而自觉地克服自身的不良思想和行为习惯。教师专业伦理培训过程中运用榜样启示法，一要采取教师喜闻乐见的形式，宣传榜样，营造声势，激发受训教师学习榜样的积极性、自觉性；二要向受训教师提出明确的学习要求及具体的学习步骤；三要及时收集受训教师的反馈信息，及时予以评价和矫正，使学习榜样的成果得以巩固和提高。榜样与受训教师成长条件、道路、个性、特征、性别、年龄等方面相似愈多,榜样的作用便越大。所以,一方面,培训教师所树立的道德榜样必须是可遇可求的、真实的人,而不能是可望而不可及的神化的人;另一方面,培训教师应该根据受训教师的具体情况,树立各式各样的道德榜样,有全国的、大的、远的榜样;也有本单位的、小的、近的榜样;有教育家、学者、特级教师,也有普通平凡的一般教师;有集体的,也有个人的;有老年的,中年的,也有青年的等等。

(四) 自我教育法

自我教育法是指教师为了实现自己的专业理想,做一个美德教师,在自我感悟的基础上主动学习、涵养教师专业伦理,自觉内化、践行教师道德规范的过程。"自我教育法是受教育者按照思想政治教育的目标和要求,主动提高自身思想认识和道德水平以及自觉改正自己错误思想和行为的方法";是我国大学思想政治教育中常用的一种方法,由于其具有如下特点:①自我教育法是主体自学躬行,具有动力内生性,是主体自主学习、自主提升理论修养、自我建构的过程;②自我教育法是主体自律修身,自觉克服错误思想,内化理想信念;③自我教育法是主体自强励志,追求人的自由而全面发展的崇高理想境界。所以笔者认为它适合教师专业伦理培训,特别在教师专业伦理理想和教师教育信念培训方面有其优势。在信仰建设中,如果单纯地运用榜样示范法,其理论基础非常单薄,形成的信仰心理层次较低,还处于感性接纳层面,很容易受外界环境的干扰而产生信仰情感的波动。教育家苏霍姆林斯基提出:"只有能够激发学生去进行自我教育的教育,才是真正的教育。"

自我教育法主要包括研读伦理书籍、参观访问调查、反思社会生活、开展自我批评等。"一个人的道德知识,众所周知,有感性和理性之分:感性主要来自社会生活实践,理性主要来自伦理书籍。因此,反思社会生活是获取感性道德知识的主要形式;阅读伦理书籍是获取理性道德知识的主要形式。学习主要在于经过感性而达于理性。所以学习的最重要形式是读书;为学之道,莫先于穷理,穷理之要,必在读书。"

讲到读书,作为一个接受过中等以上教育的中国人一般知道这些话语与故事:"万般皆下品,唯有读书高""半部《论语》治天下""书中自有黄金屋、书中自有颜如玉、书中自有千钟粟""读书破万卷,下笔如有神""腹有诗书气自华"。这些语句虽然带有时代的局限,但是它们都深刻揭示了读书对人生的意义。读书可以使人开阔眼界、读书可以增加人的知识、读书可以提高人的能力、读书可以修炼人的道德品行、读书可以提升人的生命境界。哲学家培根在《论读书》一文中说：读书足以怡情，足以博彩，足以长才。其怡情也，最见于独处幽居之时；其博彩也，最见于高谈阔论之中；其长才也，最见于处世判事之际。练达之士虽能分别处理细事或一一判别枝节，然纵观统筹、全局策划，则舍好学深思者莫属。高尔基说"热爱读书吧，它是一切知识的源泉""书是人类进步的阶梯"。我们中华民族有热爱读书的优秀传统：凿壁偷光、悬梁刺股、囊萤映雪……一个个动人故事形象地体现出中华民族对读书的热爱。在我国，读书和做人始终是紧密联系在一起的。军事医学科学院原院长、研究员、博士生导师秦伯益在《读书与人生》中写道："我是江苏无锡人，家乡住宅中有一副对联，上联是'几百年人家，无非积善'；下联是'第一等好事，只是读书'，这副对联在江南地区特别是江苏、浙江一带很普遍。一个家庭能够几百年传承不衰，根本原因是这个家庭的家风家教好，做的好事多。积善是对自利本性的超越，有这样一种胸怀并非易事。因为有德，得到了当地群众的支持，家庭也得到可持续的发展。天下事仔细想来只有读书不会使人误入歧途或白费功夫。就是这副对联，我一辈子都在想，一辈子都在照着做，积善、读书是一辈子的事。"在我国文化传统中有"读书种子"元素，说的是"士之典范，志于道，据于仁，依于德，立于礼"。古有宋濂、方孝孺、王阳明、方以智、顾炎武、王夫之；近有章太炎、孙中山、王国维、蔡元培、鲁迅、陈独秀、胡适、闻一多、陈寅恪等。可以说，这些"读书种子"都是精神伟人、道德楷模。正是基于这些缘由，我国教育界的有识之士把读书看成是教师专业发展的必由之道，也是促进教师专业发展的助推器。在朱永新教授看来，"一个人的精神发育史实质上就是一个人的阅读史，而一个民族的精神境界，在很大程度上取决于全民族的阅读水平"。他不赞同仅仅把教师看成园丁、春蚕、人类灵魂的工程师和蜡烛，而要把教师看成有七情六欲的人，看成是与学生是一对互相依赖的生命、一对共同成长的伙伴。他认为，教师必须做好一个人，争取做一个大写的人，一个能够影响学生健康发展的人，一个永远让学生记住并学习的人。他指出："教师的幸福也不仅仅是学生的成功，同时应该是自己的充实与成功。教师可以利用的时间与空间决定了教师是一个幸福的人。他完全可以进行自我的设计与武装，让自己多才多艺，让自己的精神世界更加丰富，让自己脱离庸俗。"他告诉我们："教师要达到上述的境界，最重要的途径就是读书。""教师读书不仅是寻求教育思想的营养，教育智慧的源头，也是情感与意志的冲击与交流。从过去的教育家的著作中，教师可以学习的东西很多。有心的教师会认真阅读教育的重要文献，认真学习不同时代教育家的人生理想与人格力量。读书会让我们的教师更加善于思考，更加远离浮躁，从而让我们的教师更加有教育的智慧，让我们的教育更加美丽。"

所以，在笔者看来，教师专业伦理培训中，要鼓励教师多读书读好书，进行自我教育，并尽可能以书会友。"独学而无友，则孤陋而寡闻""三人行，必有我师焉"说的是读书与人交流、讨论的意义。作为教师也可以在"名家"的指导下，系统地读、有选择地读，带着伦理问题研究性地读，这可以更有效地获得专业业伦理知识，培养自己的专业伦理敏感，提高自己的伦理决策能力，获得人生幸福的体验。

总之，有目的、有计划的教师自我教育在教师专业伦理培训育过程中具有重要的意义，它突出体现教师作为受教育者的主体性和能动性，是合乎以人为本的师德建设的时代要求的。在运用自我教育法时，有4点需要注意：一是要根据教师需要，激励教师自我教育的愿望，进而产生自觉提高道德品质的良好动机；二是从提高教师自身道德素质的需要出发，培养教师的道德评价能力，指导教师对自己的行为作出正确的评价，及时根据现实要求进行调整和矫正；三是从对教师未来发展负责的目的出发，启发教师制定自我教育计划，并推动教师自觉执行计划，循序渐进；四是从对教师终身负责的期望出发，帮助教师养成自我提醒、自我检点、自我提高的自我教育习惯，促进教师始终如一地遵守职业道德，在成就事业的同时也成就了自己的高尚情操。

二、公正团体法

20世纪70年代，美国当代著名的心理学家、教育家劳伦斯·科尔伯格（Lawrence Kohlberg）为了发展自己的道德认知发展阶段理论，提高美国等西方社会的道德教育效果，在合理吸收涂尔干的集体主义教育思想和杜威的民主教育思想基础上，总结自己道德教育实践和以色列农庄的集体教育实验，提出了"公正团体法"这一影响深远的道德教育模式。其特别优势在于，在师生共建的良好道德环境中，充分强调学生的主体作用，成员自主协商制定各种规章制度，促进个体自觉规范自身行为，提升道德认知发展阶段。

1. "公正团体法"的性质和意义

"公正团体法"是以集体教育为原则，通过营造特定的道德氛围，影响学生道德行为，提高学生道德判断能力的一种道德教育方法。他主张师生通过一系列共同的民主参与，使教育者与受教育者形成一种新型的关系，使个体道德水平的提升，在一种公平正义的团体环境中进行。科尔伯格认为在良好的道德氛围下，可以使人们认同高于自己所处道德认知发展阶段的道德观念。在民主活动的参与过程中，发展学生的集体意识或共同的价值观念，强化学生在集体活动中的自我管理与自我约束。

郭本禹在其专著《道德认知发展与道德教育——科尔伯格的理论与实践》一书中，把公正团体策略的作用总结为3点：第一，促进学生道德判断发展；第二，通过民主参与培养学生的集体感；第三，实现道德责任和践行道德行为，"公正团体方法通过赋予学生一种集体的民主权利意识加强了他们的道德责任感，力图达到权利和义务的统一。"

2. "公正团体法"的主要内容

科尔伯格认为，公正团体应该是一个充盈着民主、公平与正义气息的场所。在这个团体内，一切事务应由成员进行直接的民主管理，任何道德判断与道德决策均由成员们协商产生，师生平等，知行合一，个体的自我认知与自我约束。

（1）营造良好道德氛围。

无论是何种道德教育都需要在一定的社会环境、道德氛围中进行。公正团体中为了营造良好的学校道德氛围，采取了一种被称作隐蔽课程的有效手段。隐蔽课程最大的优点在于教育学生于潜移默化之中，最大程度上发挥了集体和环境对受教育者道德判断和道德行为的影响，受教育者不会察觉，也不易产生逆反心理。它不仅仅局限于课堂氛围之上，而是体现在学校环境中的各个细节，甚至延伸到家庭环境和整个社会环境之中。在科尔伯格看来，充满公平与民主气息的学校环境才是良好的德育环境。教育者必须要有专业的理论素养、崇高的人格和真诚善良的品质，更要有一颗对待学生民主的心，也不可凌驾于学生之上具有狭隘的权威观念，要能够与受教育者和谐地相处。由此可见，良好道德氛围的营造是"公正团体法"有效实施的基础。

（2）强调团体民主管理。

"公正团体法"核心的思想之一就是采用直接的民主管理模式。团体内的各个成员，个个平等，对集体的事务均是直接负责，共同参与，对任何问题的表决都是人人一票制。任何规则的制定和秩序的建立，均是使用民主的方式，大家共同协商决定，不存在任何权威和必须遵循的固有模式。常用的民主参与方式一般为小组讨论，大家一起无记名投票，并且遵从少数服从多数的原则。

通过民主参与、共同协商的方式达成师生之间共同遵守的规章制度。

以契约的方式规定每个人的权利和义务,在日后的管理过程中就会参照相关规章制度进行。团体内没有绝对权威与施压,遇到触犯或违反制度的情况,同样会召开小组会议进行讨论,协商处理,以儆效尤。

(3) 重视团体公正水平。

群体公正意识的确立,需要共同约定的公正原则来保障。公正原则就是团体内部成员在经过共同协商制定的日常行为活动中需要共同遵循的准则。科尔伯格最看重的是公正。他认为,公正应该是人们所追求的最高原则,为保证师生贯彻公正原则,教师和学生的基本权利和义务应相同,并要求双方自觉遵守相关规定。这样做从源头上确保各项民主和公正权利的实现。团体成员均可以就大家讨论的问题,自由地发表意见,不需要忌惮自己的身份。成员彼此之间要相互尊重,禁止各种伤害,无论是言语上还是身体上。通过这些基本权利的规定,从根本上确保了参与者之间的平等性。

(4) 提倡团员自我教育。

科尔伯格倡导的自我教育包括两个维度。一方面是团体内学生之间的互相教育,即要求每个团体成员为集体负责,每个人平等地参与集体决策。集体决议一旦形成,人人都要执行,如果有人违背了集体规范,不但要受到集体的职责,还要受到其他成员的指责;当某些成员存在潜在的道德问题时,其他成员的批评与指正可能会将其扼杀于摇篮里,甚至成员会畏于其他伙伴对自己的看法,而主动放弃错误的道德认知与行为。另一方面,是学生个体的自我教育。在公正团体这种集体协商决策下,教师扮演的角色只是一个引导者并不是决策者。学生的自律意识比之前更强,因为成员们认为自己有责任维护共同平等协商达成的集体规范,有责任从团体利益的角度对现实中的问题做出道德判断,学生个体的自我教育也就在这样的一个过程中实现。成员自己制定的规则必然会自觉遵守,施行起来的效果自然会比被动接受和强加于身的更好。在公正团体里,这种良性的道德氛围,可以有效地帮助成员树立自律意识,警醒自身,开展自我教育,实现道德自我。

3. "公正团体法"的组织结构与实践应用

(1) 组织结构。

"公正团体法"应用的组织结构,主要包括议事委员会、顾问小组、集体会议和纪律委员会。团体的形成也有一定规模的限制,一般要求学生数量控制在 60~100 人之间,在此基础上,教师数量有 5 人即可。

①设集体会议。由全体学生和教师参加,是公正团体里的常设机构,

也是核心机构。每周定期举行一次，时长控制在一个半小时和两个小时之间，讨论的主要议题大到团体内各项方针政策如计划集体活动，制定有关规则和纪律；小到对于本周内出现的违纪现象的处理进行协商、讨论。日常的议题选定尽量是一些涉及公平并且为学生所关注的具体问题。大会形式是把每个人都召集起来，标志着每个人都具有合作精神来参与决策，这有利于建筑群体精神，而且定期召开全体大会对保障群体的存在具有重大的意义，这样可以使学生时时感到他们处在一个群体之中，增强他们的群体意识和对集体的责任感。

②设议事委员会。由为数不多的 8～12 名学生和 2 到 3 名教师代表参加，是公正团体中的核心小组。其职责是为每周举行的集体会议决定商讨的问题以及会议的流程。所以，一般重大事件需要商讨时，会先由议事委员会审核，通过后才可以提交团体大会，进行集体讨论。当然议事委员会成员并无特权，同样与其他团体成员基本权利相同，需要一起参加团体会议。其另外一个重要的职责就是，充当申诉机关。当被惩罚者对惩罚不服时，可以向议事委员会提起申诉，要求重新审议。

③设顾问小组。由 1 名教师或专家以及 10～15 名学生组成，就 1 到 2 个将在团体大会上审议的重要道德问题，提前进行思考和讨论，剔除一些违背民主和公正原则的提案，对带有绝对权威和官僚主义色彩的解决方式率先进行否决，以把握团体讨论的正确方向。在这个小组里，虽然设有专家顾问，但大家同样是平等的，所有人都可以畅所欲言地表达自己的想法，就一个共同的议题作论述并对各种提议做分类，鼓励学生倾听别人的理由。

④设纪律委员会。由 2 名教师和固定数量的学生组成，其中学生成员在顾问小组中产生。纪律委员会为学生提供了一条诉诸规则和法令的途径。主要听取违纪事件和团员相处之间的一些非礼貌行为，并对这些行为的初犯者进行教育引导。屡教不改的行为，可能会被上报议题，在团体会议上供全体成员进行讨论。

三、现代 5 种主要道德教育策略

大家都知道，道德不同于伦理，伦理包括道德，但在很多情况下，道德就是伦理，伦理表现为道德。基于这种认识，笔者认为一些道德教育策略也是适用于中小学教师专业伦理策略的。戚万学、唐汉卫两位先生在其编著的《现代道德教育专题研究》一书中，指出道德教育策略不是一元的，而是具有各种各样的策略；在各种各样的道德教育策略中，没有最好

的,也没有万能的;任何策略都有一定的理论依据,都从属于一定的教育智慧和观念,作为培训教师一定要依据自己的教育智慧和实际情况,摸索、创造或选择属于自己的策略。因此,他们推荐、介绍了罗伯特·霍尔年在《道德教育:教师手册》设计的 5 种基本的课堂道德教育策略,分别是:意识策略(the awareness strategy)、辩论策略(the debate strategy)、推理策略(the rational strategy)、概念策略(the concept strategy)、游戏策略(the game strategy)。笔者认为这 5 种策略基本适用于中小学教师专业伦理培训,现介绍如下:

(一)意识策略:学会了解自己和我们周围的人

意识策略不是一种单独的方法,其实质是通过一系列的学习活动来使人们对自我有清醒的认识(包括情感、价值观等),并通过移情来把握别人的价值观。

1. 价值澄清

价值澄清学派认为,现代社会是价值观多元化的,其中充满了冲突、矛盾,传统的劝说受教育者接受某种"正确的"价值的教育方法已不能胜任价值教育的任务,正确的做法是指导受教育者在澄清自己价值的基础上,把自己的价值观排出先后次序,进行自我选择并转化为行动。关键行动有:①独立自主地做出决定;②认识到自己优先看重的选择;③愿意公开肯定自己的选择。

例如:你最想成为一个什么样的老师(按先后排序 1~6,把 1 填在第一个选择的前面,把 2 填在第二个选择的前面,以此类推)?

_____学校一般老师
_____学校骨干老师
_____学区或乡拔尖教师
_____区(县)优秀老师
_____省市特级教师
_____全国名师

你为什么最想成为第 4 种教师?_____
你选择做区(县)优秀老师的缘由?_____
其他选择可能有什么意义?_____

上述活动包括两个方面:首先让被培训的教师做出选择,其次引导他们进一步明确隐藏在该选择背后的价值观。在引导学生思考和选择初期,尽量不要使用"价值"之类的术语,多用教师在生活工作中的话语,时间长了，受训教师才能脱离具体情境适应专业伦理术语。

2. 移情：超越判断

移情，即对别人的情感、动机和价值观进行了解。对于教师专业伦理培训，移情超越判断，大多数价值澄清策略可用作做移情训练。主要方式方法如下：

（1）比较：在上述例子中，培训教师可让受训教师把自己的选择和别的受训教师的选择做比较，然后写一段话来描绘别的学员是如何看待自己的追求的。

（2）访谈：在上述例子中，可以让受训教师之间互相访谈而不是仅仅记下别人的答案。如果受训教师们在进行互相交叉访谈之前并没有记录别人的答案，那么这种访谈对被采访者来说就成了自我意识的过程，而对访谈者来说就成了移情的过程。

（3）合作：让受训教师结成小组来做共同的选择，意在了解他人。因为完成共同的任务需要协商处理不同的意见，这样可以使人更好地了解别人。如果是游戏中的协商，这种合作对被培训的教师学会移情就会更有效。

（4）预言：为了让被培训的教师意识到别的被培训教师的情感，可以通过让被培训的教师尝试对他人下一步的表现和行为进行预言的方法来进行。如，甲老师的任务是预言同学乙，老师将如何回答以下问题：

①你赞成教师搞课题研究吗？

——是的，赞成

——不，反对

②如果在你授课的时候当场指出你的错误时，你如何反应？

——不予理睬，继续授课

——感谢学生，纠正后继续授课

——批评学生，不承认，继续授课

在做出预言后，甲老师向乙老师询问以下问题：

甲老师的预言正确吗？ _____

甲老师是否问出了更有暗示性的问题？ _____

为什么？ _____

是什么原因致使甲老师做出了正确的预言？ _____

是什么原因致使甲老师做出了错误的预言？ _____

作为培训教师，应该熟练掌握以上几种移情方式，并在此基础上形成自己的移情策略，满足受训教师的需要和兴趣。

3. 讨论技巧：意识策略的另外一个方面

课堂讨论对道德教育来说非常重要，它有助于受训教师进行道德选择和决定。培训教师有效组织受训教师讨论需做到：

（1）设计适当的具有启发意义的问题。

（2）帮助受训教师克服恐惧、害羞等心理，鼓励受训教师积极参与讨论，大胆表达自己的观点。

（3）要求受训教师学会倾听。

（4）传授受训教师讨论方法，让受训教师掌握讨论技巧。例如，当受训教师彼此之间不能注意倾听别人的发言时，那么，可以询问受训教师：谁可以先概括一下前一个同学的发言？一些诸如此类的问题可以帮助讨论进行下去，比如，在继续进行讨论之前，要求学生对前一个发言的同学提问题或者要求想结束自己发言的同学用一个问题来结束自己的发言，而接下来介绍新想法的同学必须先回答这个问题。

（5）留给受训教师思考和等待答复或回应的时间。

4. 意识和"被迫遵从"

鼓励、支持受训教师公开肯定自己的价值观，同时也要让受训教师理解他人的价值选择，理解和接受自我和他人的价值观的差别与分歧。在现实生活中，人们由于担心和恐惧与别人不一致而无法做出自己的道德选择和道德决定，人们害怕被视为"异类"，"被迫遵从"成为当今这个时代道德危机的一个重要体现。道德教育应致力于建设良好的课堂气氛，让受训教师自由地表达、捍卫和变革自己的思想，教师要尊重不同意见，同时，"被迫遵从"本身也可以作为课堂讨论的话题。

下面的例子就是综合运用了以上各种策略（价值澄清、移情、讨论等），让学员自由表达自己的观点。

例如：如果你在一次教研活动中反击并拒绝了偶尔来听课的校长的错误建议，结果将会怎样？

——你会失去校长的关心吗？关心的真正含义是什么？

——你怎样做才能既不接受校长的建议又不会失去校长的关心呢？

可以采用角色扮演法让学员尝试回答以上问题，做出自己的选择。

（二）辩论策略：学习作决定

辩论策略，在欧洲中世纪被称为诡辩术。用在教师专业伦理培训，就是让受训教师基于自己的亲身经历和体验来为某一道德立场、价值观进行辩护，以此促进受训教师的伦理认知、伦理决策能力发展。科尔伯格的道德认知发展理论为辩论策略提供了有力的佐证。辩论策略运用起来相对简单：培训教师给受训教师提供一个假想的或实际存在的涉及教师专业伦理问题的具体事件，让受训教师思考和回答如果他们是事件的当事人，他们将如何抉择。接下来培训教师就可以根据受训教师的回答将受训教师分成不同的小组或团体，意见相同的为一组。之后，给受训教师留出时间来思考、交流、梳理自己做出这种伦理选择的理由，最后各组来陈述和论证自己的选择，批评别人的选择。在课堂上运用辩论策略可以通过角色扮演、录像、口头辩论等方式来进行，把不同的意见、观点列在黑板上或者复制下来，让每个受训教师人手一份效果会更好，因为这样做能使受训教师充分注意到每个细节，对问题的把握会更加准确。

例如：你的好朋友张老师是初一（2）班的班主任，学生都是刚从全市小学毕业而来的新生，互不认识，也没有更多的时间让他们互相熟悉、了解。他只好暂时先给新组建的班级任命班长。但有两个学生让他感到棘手：学生甲和学生乙均品学兼优，且入学分数相同，都有担任 3 年班长的经历，不同的是，学生甲是市长秘书的女儿，而学生乙是外来务工人员的儿子。从有利于班级建设来讲，他是倾向于让学生乙来担任班长。可是校长，已向他暗示"划铃子"了，意思是让学生甲做班长。他陷入了困惑，向你请教。

你会建议张老师任命学生甲当班长吗？

1. 辩论策略：一种建议

辩论可分为自由辩论和规范辩论。为了提高伦理培训的效果，培训教师不可过多运用比较简单的辩论策略。有效的辩论策略，应该考虑以下步骤：

（1）在课堂上提供事例。向受训教师提供用来辩论的事例有许多方式，一般来说，建议把事例写在黑板上、投影或把事例印制出来人手一份。如前所述，这样受训教师可以自主地思考事例，需要的话还可以重新阅读。

（2）给受训教师留出思考和准备自己观点的时间。先不要展开讨论，而是让受训教师思考、确定自己的答案，可以让受训教师举手示意自己的看法，比如是或否。

（3）将一个班的同学分为不同的小组。根据不同的观点将受训教师分为不同的小组，每个小组人数最好限制在 8 人以内，以使每个受训教师在讨论的时候都有机会发言。接下来先让各小组内部讨论 5~10 分钟，提出本小组之所以持该观点的最佳理由。注意：如果几乎每位受训教师的观点基本一致,这样就无法分组,不利于辩论,那么,教师可以对事例做些调整以使受训教师产生观点上的分歧。

(4) 开始辩论。让每个小组都有机会陈述自己的看法及其理由,并回答反方的质疑,尝试探索各种各样的选择可能带来的结果。

(5) 结束讨论。对正反方的观点和理由予以概括,请每位受训教师重新思考自己的选择,如果愿意的话也可以改变自己的观点,最后,写下自己的最终选择和理由。对大多数教师来说,经过一两次的实验,都可以熟练而有效地运用这种辩论策略。

2. 培训教师如何选择辩论的事例

如果选用事例来作为课堂讨论的话题,那么这个事例应简单易懂,并进行加工描述,以增强其真实性。同时,选择的事例还要符合受训教师的年龄特征和心理水平,能激起受训教师的道德思考。为了让受训教师能够积极主动地发现事例中的道德问题,一个十分有效的办法就是组织正式的辩论活动。在活动之前就把受训教师分成两组,对要辩论的主题深入思考之后再来辩论,这种方法尤其适合于一些复杂的道德和法律问题。

对于如何发现好的可供辩论的事例来说,另外一个值得注意之处就是,要确信该事例能够产生明确的是非问题或者能引发受训教师强烈的各种相反意见。"张老师应该任命学生甲吗"就是一个能够带来两种不同答案的问题。而"张老师应该怎么做"就存在各种不同的答案,不利于划分明确的派别来辩论,该问题适合于后面所要谈到的推理策略。

培训教师所选择的事例既可以从教育实践中选取,也可虚构,而不必非要讨论富有争议的而又极其复杂的社会问题。有些培训教师错误地认为,专业伦理培训,就是告诉受训教师自己的观点,像不接受学生家长礼品,按时完成教学任务等诸如此类的事情。其实,告诉受训教师应该怎么做就会使道德辩论无法进行,违背了辩论的初衷。如果培训教师要从教育活动中选取实际的事例来辩论的话,就要避开那些受训教师可能有确定无疑的基本一致的看法,培训教师应了解、熟悉受训教师的生活,其中许多事例可以作为辩论的主题。

3. 促进课堂互动:让球转起来

辩论策略的成功与否有赖于受训教师的参与程度。培训教师必须时时调动受训教师的积极性,一旦受训教师的热情不高,培训教师就要思考问题出在哪里。另外培训教师在调动受训教师积极性的同时,还必须注意控制课堂的节奏、主题,把受训教师的注意力和兴奋点始终保持在所要探讨的问题上。

有时候课堂辩论会面临一些问题,比如,辩论难以进行下去,受训教师的积极性不高等。在选择辩论的主题、事例时，培训教师应仔细思考，预测在辩论中可能出现的情况，一旦需要，培训教师就可以对事例进行更改，提出一些可以调动学员积极性的问题。培训教师事先准备充分，辩论就可以"起死回生"。

还有一种方法可以在辩论中激起不同的观点，那就是对大多数受训教师反对的意见提供辩护。比如，有一个班的受训教师正在思考"一个高三毕业班的数学老师与自己所教班级的女同学结婚了"。大部分受训教师的意见可能是"不应该结婚"。这时培训教师可以指出："这位教师已资助这名女生多年，现在该女生已到癌症晚期。"或者，培训教师也可以询问学生："如果学校领导支持该教师，情况又会怎样？"上述两种方法都可以进一步调动受训教师的积极性，让争论的事情变得更加有趣，但它们也并不是完美无缺的。当培训教师努力的结果不够理想，仍然不能激发有意义的辩论时，最好是换另外一个辩论的话题，而不是继续在这个事例上纠缠下去。因为很难预测受训教师的注意力和兴趣能够在一个话题上保持多长时间。有时，受训教师会用整堂课来讨论一个小问题，或者继续对前些日子讨论过的问题保持浓厚的兴趣。尽管难以对受训教师再次辩论某个问题的结果予以评估，但受训教师似乎从中学到了许多东西。一般来说，培训教师要更好地意识到所探讨的问题是否还值得继续探讨下去。

培训教师需不需要直接参与辩论，这要视具体情况而定。有时受训教师对问题感到困惑、需要帮助，而有时受训教师又可以完全依赖自己做出决定，培训教师要根据受训教师的反应、是否需要帮助来决定参与与否。如果受训教师在一个道德事例中感到困惑、完全被弄糊涂了，那么，道德辩论就难以实现预期的效果，学生参与辩论的热情也会降低。

4. 利用黑板

受训教师一旦熟悉了上述辩论策略，那么，就可以利用黑板把每次辩论的结果记录下来。

例如：如果你在超市购物时，售货员多找了你一些钱，你会把这些钱送还给售货员吗？

是

原因	反对意见
她可能会报警	警察并不能拘捕你或证实什么事情
你会有犯罪感	过一段时间就好了
这些钱不是你的	商店完全可以承受这点损失

否	
原因	反对意见
商店总是要价过高	售货员将不得不自己垫上这些钱
见者有份	见者有份有时是非法的
这是售货员的错	别人犯了错,我为什么不能帮她呢
商店不会察觉	商店会通过检查和防范更多的人来弥补小差错、小偷等带来的损失

不能把黑板上的记录看得比实际争论还要重要,但可以作为一种有效的手段来总结和概括辩论的结果。根据黑板上的记录,培训教师可以让受训教师系统地写出自己支持或反对其中一方面的理由。想要训练受训教师的话,还可以让受训教师从对方的角度来谈谈对方的理由。

(三) 推理策略:学会辨析和预测结果

像辩论策略一样,推理策略也提出问题在课堂上讨论,但二者所要达到的目标和课堂互动的方法有很大的差别。辩论策略重点在于为某一观点辩护,而推理策略目的在于通过理性的训练来找寻各种可能的行动方式并预测其结果。在实际运用中,这两种策略在许多方面是互补的。在一次讨论活动中,受训教师要做出道德上的决定并提供理由来为自己的选择辩护,而在推理策略中,教师则要求受训教师对问题的各种解决方式和可能的结果进行深思熟虑前不要做出判断和选择。推理策略更容易给受训教师留下这种印象:推理过程是智力或理性运作的过程,而不是辩论策略所体现出的道德决策基本上是依赖于情感的。辩论策略是给受训教师提供现成的选择供其选择,推理策略则要求受训教师自己提出各种选择并思考其可能的结果。

推理策略作为一种决策制定的技术,对道德发展走向成熟来说至关重要。之所以说人们常常难以做出明智的道德选择,是因为已经做出的这些选择往往并没有变为现实。想象力、道德推理的技术在道德思考和决策中起非常重要的作用。

1. "如果……可是然后呢……"有用的第一步

对受训教师来说,经过思考、推理后的选择往往和听到某件事后当即做出的判断相反,我们可以通过某种讨论技术,让受训教师进行道德推理之前就不要凭直觉急于下断语。这种技术并不复杂:通过一个简单的句子来提问,让受训教师回答。

例如:教师受命向家长索要办学捐款,他应该怎么做?如果碰巧看到自己的一个同事在诱导学生加入邪教，他应该怎样做？如果教师抓住了一个偷铅笔的三年级学生，教师应该怎么做？

受训教师只能用两种句式回答：

（1）"如果……怎么样"，这种句式提出了可供选择的行动方案。

（2）"可是然后呢……"是通过讨论可能出现的结果对上个句式的回应。

上述回答方式并没有做出实际的决定，这种技术有一种头脑风暴的效果，平常用的头脑风暴法对此很有帮助：

- 所有的观点都是可接受的
- 想到什么说什么
- 快速讨论
- 吸收别人的观点
- 可以重复以前的观点

讨论可以持续几分钟或更长的时间。无法预测受训教师对一个问题的观点是多还是少，在受训教师掌握讨论的规则之前可以先试验一两次。即便是一次短暂的讨论，也要事先准备四五个话题，因为不能引发受训教师思考的话题对道德推理的训练来说没有什么用处。

2. 开始实施推理策略

从上一步很容易转入推理策略，培训教师只要提供道德两难问题，并通过在黑板上记录的方法减缓讨论过程就可以了。记住，推理策略的本质是要让受训教师对道德问题所有的可能和结果进行周全的思考。受训教师一旦适应了辩论策略的话，就自然会习惯推理策略。当培训教师宣布自己的要求——仔细思考所提出的问题而不是马上做出判断，然后提供事例，接下来问应当怎么做而不是选择是或不是——两种策略的差别就显而易见了。

尽管在推理策略中运用的问题明显存在多种选择，但对问题及其答案的记录方式和辩论策略基本相同。本质区别在于，辩论策略要求表明支持或反对，而推理策略中问题的答案是开放式的。

例如：李老师是一个忠诚老实且教学成绩一直很好的教师，从教20年，获得过多种荣誉，唯一的缺憾是没有发表过科研论文或参加过官方立项的科研课题；杨老师是一个只有教龄6年的青年教师，小伙子谦虚好学，积极上进，头脑比较灵活，虽然教学成绩不够显著，但科研能力很强，在省市级教育刊物上发表了多篇论文，很受学校领导重。现在，上面行政部门有一个"国外考察学习1年"的名额，学校准备从他们两个人中选派一个。作为学校工会主席的你，这一票很重要，你的态度决定他们中的一个能否获得这个含金量极高的国外学习机会。而就在这个消息传出来的前一天晚上,杨老师还请你在一家有名的酒店吃过饭,说是感谢你多年对他的帮助。面对这种情况,你推荐谁?

运用推理策略可以调动班级内每一个受训教师讨论的积极性,一旦受训教师掌握了推理策略的基本技巧,就可以将受训教师分为许多小组,每组人数控制在3到4人,以给每位同学充分思考和发言的机会。不论是以班级为单位集体讨论还是分小组进行,推理策略的步骤和程序都是一样的。首先,给受训教师提供特定的事例;其次,让受训教师提出所有可能的道德选择;最后,每个受训教师从中选取3到4个道德选择,并向其他同学描述每种道德选择可能带来的结果。

培训教师或许对受训教师所列举的各种选择持有不同意见,其中一些甚至令人无法忍受,培训教师应该对此表达自己的见解,对受训教师想象出来的各种道德选择施加适当的限制。但是,这种限制不是简单地去禁止和强迫,否则会使受训教师不能充分地表达自己的观点。培训教师应该对那些不可忍受的、明显不应该的选择提出自己的反对意见,比如,李老师应该获得国外学习的机会。只有这样才能让受训教师感受到既能自由选择又没有受到教师的胁迫。值得注意的是,可以接纳某种观点,允许其存在并不意味着要同意这种观点。

各种选择及其可能的结果最好写在黑板或学生的作业本上,这样可以相互比较而不至于混淆。只要能把讨论的结果放在一起并有利于比较,那么,各种表格都能利用,教师可以把这些表格画在黑板上或复制好让学生每人一份。例如,下面就是一种表格:

选择1:

结果:

选择2:

结果:

选择3:

结果:

上述表格对受训教师分小组讨论特别有用，因为它对讨论有一定的导向作用。时间长了，受训教师就会仅仅把它作为一种工具，而并不觉得神秘。通过练习，受训教师就会很快提出各种选择并预测结果，熟练运用道德推理策略。当然，培训教师一般希望受训教师能养成每天都进行道德推理的习惯，对自己每天经历的事经过思考后再抉择，这对受训教师的道德发展是有好处的。在进行道德推理之前，不能对受训教师的道德选择进行数量上的限制，如有必要，应鼓励受训教师增加表格和纸张以记录他们的选择，而不管这种选择看起来多么滑稽。在讨论过程中，应注意始终保持自由讨论的气氛。其中一个小组反对的意见可能为另一个小组所支持，受训教师越是积极开动脑筋，他们将从中收获得越多。等到用来记录的纸张或黑板基本写满之后，应让受训教师回过头来检查一下各种选择，并在前面标明哪种选择较好、是有利的，哪种选择不好、是有害的。最终的道德决定是不可避免的，也是不能忽视的，应在充分考虑各种选择及其结果后让受训教师做出道德决定。以下问题对此有帮助：

- 哪种结果看起来最重要？
- 在所有可能出现的结果中，最重要的结果应该是哪一个？
- 在作道德决定的时候，你会选择一个附加的后果吗？
- 如果一种选择所导致的后果不大，你会对该选择忽略不计吗？
- 如果你是事件的当事人，你会做出哪种道德选择？

受训教师可能会一致同意最后一种选择，也可能不会。如果是前者的话，那么培训教师就可以让受训教师来进一步讨论这种选择所包含的价值观。如果受训教师之间的意见分歧很大，不能达成基本一致，那么，培训教师就可以采用辩论策略。此时，运用辩论策略则不必严格按照步骤操作，因为受训教师对该问题已经有了一定的思考。如果对某一事例、问题的讨论已经进行得比较彻底，则可以让受训教师写一段话来陈述自己的选择及其理由，这是一种有效的结束方式。

（四）概念策略：一种把握世界的方式

所谓概念策略，即概念形成及运用所依据的认识论逻辑。它包括两大内容，一是赋予对象以命名与意义，二是建立思维的逻辑结构层次，可讨论该如何从部分认识整体，在不失具体性细节的基础上建立总体性认识。运用到教师专业伦理培训，就是为了帮助教师建构专业伦理价值观，提高伦理判断与推理能力，而采用讲解、对比、辨析、澄清等多种方法对专业伦理原则、规范和范畴等进行认知加工和处理，使之获得深刻、全面的理解，并能运用。在概念策略论看来，公正、平等、勇敢、尊重等伦理规范都是人们进行道德决定和推理时运用的概念，它们在本质上是模糊的、不明确的，而且会因为文化环境等不同具有不同的意义，但是作为价值它们又具有某种程度的普遍性和一致性，作为伦理培训教师就必须告诉受训教师道德相对主义和绝对主义都是错误的，客观地教授这些价值概念，引导受训教师形成自己专业伦理价值观，掌握伦理判断和决策技巧。概念策略的具体实施办法是：

1. 解释：引入伦理概念

选定一个概念，如"公平"，并向受训教师做初步的介绍：概念的名称、辞典中的定义、两个相反的例子，解释的时间不宜过多，且不要"灌输"。

2. 澄清概念

运用辩论策略、推理策略和意识策略，帮助受训教师进一步澄清概念。例如，如果采用了推理策略，则可以把受训教师支持和反对的价值概念列举在选择后面：

    辩论——价值辨析表格
问题：_____
     正方理由
拥护的价值观：_____
反对的价值观：_____
     反方理由
拥护的价值观：_____
反对的价值观：_____
    推理——价值辨析表格
问题：_____
选择1：_____
结果：_____
拥护的价值观：_____
反对的价值观：_____
选择2：_____
结果：_____
拥护的价值观：_____
反对的价值观：_____
选择3：_____

结果：＿＿＿＿＿＿＿＿＿＿＿＿＿＿＿＿＿＿＿＿
拥护的价值观：＿＿＿＿＿＿＿＿＿＿
反对的价值观：＿＿＿＿＿＿＿＿＿＿

在教授价值概念时，教师要鼓励受训教师辨析与同一个或同一组价值概念密切相关的事例。运用下面的价值辨析简明表格，可以帮助受训教师更好地了解和辨析价值概念。

价值辨析简明表格

事例决定　　拥护的主要概念　　反对的主要价值概念

1. ＿＿＿＿＿正方＿＿＿＿＿　＿＿＿＿＿　＿＿＿＿＿
　　　　　　反方＿＿＿＿＿　＿＿＿＿＿　＿＿＿＿＿
2. ＿＿＿＿＿选择
（A）　＿＿＿＿＿　＿＿＿＿＿　＿＿＿＿＿
（B）　＿＿＿＿＿　＿＿＿＿＿　＿＿＿＿＿
（C）　＿＿＿＿＿　＿＿＿＿＿　＿＿＿＿＿

3. **建模：拓展并举例说明概念**

为了更好地帮助受训教师理解价值概念，教师可以采用建模的办法，即运用图表或模型来呈现概念所对应的事例，以及与之相似与相对的概念，该概念的内涵与外延，该概念所具有的益处和局限性等。

概念策略表格

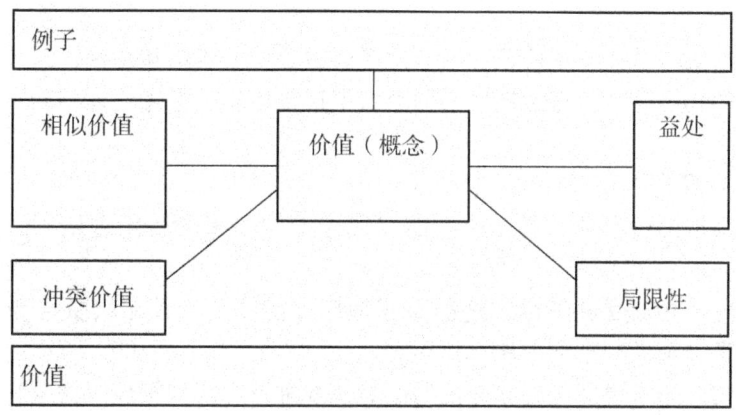

价值（概念）：是模式的核心。用词典中的定义或日常生活中的一般理解加以初步说明，如关爱（关怀爱护）。

例子：围绕价值概念举例。培训教师可以运用头脑风暴法，鼓励、引导受训教师多角度举例，以促进对概念的认识和辨析。

益处：模式右上方的方框内要填写价值概念的益处，就是说明拥有这种价值并按其要求行为的意义或好处。培训教师可以这样问："关爱"有什么好处？教师关爱学生，结果会怎样？关爱的好处是，得到学生的尊敬；形成良好的师生关系；有益学生发展等。

局限性：与价值概念益处相反的一面。任何价值概念都有局限性，并且物极必反，过分追求价值的益处就会带来问题。在模式右下方的方框里填上某一概念的局限性。培训教师可以这样启发受训教师思考：关爱学生，会给教师带来什么麻烦？关爱学生总是一件好事吗？

相似的价值：各种价值由于彼此相互支持或反对而联系在一起。在相似的价值这一方框里，可以列举所要教授的概念的同义词或与这一概念呈正相关的概念或价值。如，关爱的同义词有"爱护""关心"，强调相似的概念，是为了更好地让受训教师把握概念内涵。

冲突的价值：冲突的概念是能引起道德困惑的，与所教授的概念相反的价值概念，相似的价值有时是相互对立的。如，教师会因为过分严谨而产生教学失误。

培训教师在采用概念策略进行培训时，可以把上述概念模式写在黑板上，或用投影仪呈现出来，然后和全体受训教师一起填写。但最好还是采用小组学习法。

（五）游戏策略：在游戏中学习

游戏策略是在一定情境中，学习者通过游戏、模仿和角色扮演等手段而进行的学习活动，在活动中学习者获得道德体验、锻炼伦理判断和决策能力。

1. 在课堂里开展游戏

培训教师设计类似科尔曼式的"民主游戏"来进行伦理培训，其要点是：

第一，相信受训教师，把课堂管理权和游戏活动控制权交给受训教师，培训教师做一个帮助者、伙伴。

第二，给予受训教师充分的时间对游戏进行理解和把握，讨论和分配游戏角色。

第三，及时纠正受训教师在游戏中的错误，并给予那些认为游戏是玩给教师看的受训教师以指导。

第四，允许受训教师在游戏过程中改变或产生新的游戏规则。

第五，游戏结束后，要让受训教师交流彼此的经验，引导其进行交流、反思。

2. 角色扮演

角色扮演的价值在于引出所要讨论的问题，给受训教师提供观察、思考问题的时间及解决方案，最终独立或与培训教师合作做出道德决定。

（1）设置情境。

角色扮演所需要的情境是要进行道德抉择的情境，是含有明确具体问题的情境。例如，假如你是一名教师，你的学生××欺负班级里的女同学，被你看见了。在此之前，有多位女学生已向你告他的状了，你也找这名谈过多次不要欺负女同学，他也保证过多次。这次被你看见，已是第5次了。现在你是否决定把××交给校方处理？

角色要具体明确，让受训教师自己做出道德上的选择。为了扮演成功，教师要对每个角色详细描述，让角色有充分的准备时间和自我发挥的权利。

（2）互动。

角色扮演活动的时间以不超过5分钟为宜。培训教师也可以参与扮演角色，但重要的还是及时指导。

（3）事后分析。

要花一点时间，进行角色活动讨论，提升受训教师道德体验，以利于下回的假设扮演。

（4）团体决定。

成立一个6～8人的小组，指定一名主席或负责人，然后团体决定扮演什么、怎么扮演。目的是缓解扮演者的焦虑与压力。

总之，角色扮演能使课堂讨论更加生动、活泼、有成效，也能帮助受训教师更准确地理解自己所接触或说出的伦理价值、规则。

四、案例教学法

（一）案例教学的意义

所谓"案例"，就是"一个实际情境的描述，在这个情境中，包含有一个或多个疑难问题，同时也可能包含有解决这些问题的方法"。托尔曾经说："一个出色的案例，是教师与学生就某一具体事实相互作用的工具；一个出色的案例，是以实际生活情景中肯定会出现的事实为基础所展开的课堂讨论。它是进行学术探讨的支撑点；它是关于某种复杂情景的记录；它一般是在让学生理解这个情境之前，首先将其分解成若干成分，然后再将其整合在一起。"

从有系统的记载来看,案例教学起源于美国19世纪70年代的法学教育,后逐渐推广、应用到医学、临床心理学、社会工作、教育行政、师资培育等领域,成为世界范围内广泛运用的教学策略。但遗憾的是,学术界至今没有一个明确、一致的概念。郑金洲教授在定义案例教学时,认为其是一种教学方法,该方法依靠讨论的方式进行,其讨论的对象并非虚设,而是具体的。换言之,该方法使用的目的在于对学生能力的培养,培养的途径是教师以教学目标为指引,以具体案例为依托,教师对学生的学习和研究进行指导。美国的哈佛工商学院专家的定义是,结合自身学科的特点,认为案例教学是一种需要师生共同参与探讨的教学方法,探讨针对的对象是工商案例或其中存在的复杂问题。工商管理中的实际情境是案例的主要来源,且多通过书面形式呈现。学生在自行对案例进行阅读、分析后,教师对案例的讨论进行引导。《教育大辞典》将案例教学法定义为"高等学校社会科学某些科类的专业教学中的一种教学方法。即通过组织学生讨论一系列案例,提出解决问题的方案,使学生掌握有关的专业技能、知识和理论。"

在笔者看来,案例教学就是教师完成教学目标,选用典型、适当的案例作为教学内容和信息载体,为学生创设一定的问题情境,引导学生对案例进行分析、讨论,帮助学生在掌握知识的同时提高自身的综合能力的一种教学方法。其主要特点是:第一,组织、表现形式灵活多样。教学可以呈现案例或学术阅读材料等多种形式开始;在教学过程的不同阶段,可以适时地、有针对性地运用不同的方法来解释和研究伦理原则和规范,或组织案例分析、讨论等。第二,启发、探究,知能统一。案例教学围绕案例感知、思考、讨论、形成结论来展开,且不追求答案的唯一性和确定性;案例来自生活,学生在教师创设的情境中,感受活生生的伦理事件或现实问题,求知欲望不断受到刺激,思维能力不断受到挑战和提升,伦理意识不断得到强化;这种以教师指导、评点,学生思考、讨论为主要特征的教学行为使得案例教学具有启发、探究,知能统一的特点。第三,民主平等性。案例教学真正实现了"以学生为本"的教育理念,学生在教学中的主体地位得到充分体现,成了课堂中真正的主角。教学过程中教师可以就案例阐明自己的观点,学生也可以就案例发表自己的意见,大家在民主、平等、和谐氛围中深刻领会伦理的精神实质。

从已有的研究成果和案例教学的实际应用来看,案例教学是适用于中小学教师专业伦理培训的。

（二）案例教学在中小学教师专业伦理培训中的价值

案例教学作为一种科学、实用、开放的教学策略是适用于中小学教师专业伦理培训的。毛菊 2009 年在《教育科学论坛》第 6 期发表的论文《案例教学在教师专业伦理培训中的应用》中开宗明义地指出，"在当前教育背景下引导教师职业道德向专业伦理过渡是教师专业发展的一种客观要求。然而，从教师教育的现状来看，大多采取的是讲座或学科教学的方式。这种方式由于其承载的内容远离了教师的真实工作环境，因此对教师的工作实践缺乏有效的指导价值。案例教学由于其情景性、生成性以及实用性等特点，可以有效地避免现有教师伦理培训的这些不足，故本文拟对这一方法在教师专业伦理培训中的应用做一个初步探讨。"

案例教学运用于中小学教师专业伦理培训，不仅具有理论依据，更在于它在中小学教师专业伦理培训中的价值。

1. 激发、强化教师伦理主体性

"教师是师德建设的主体，教师的师德自觉和参与师德建设的程度，决定着师德建设的成败"。所以，无论是教师专业伦理培训，还是其他形式的教师道德教育，都要把激发、强化教师的伦理主体意识作为基本的目标和手段。案例教学强调"学习者是课堂的主体"，教师是伙伴、支持者，主张让学习者在创设的问题情境中来感悟、体验、探究，获得知识和能力，这是符合中小学教师主体诉求的。因为主体性从哲学角度看，是"人作为活动主体的质的规定性，是在与客体相互作用中得到发展的人的自觉、自主、能动和创造的特性"。中小学教师都是成年人，都具有自己的人生观、世界观、思考方式和生活习惯，学习、做事都有明确的目标和自己喜欢的方式，不愿意被支配、被说教。案例教学以案论理，将抽象的理论转化为与实际相联系的生动的案例，创设问题情境，要求自主地寻求答案，这样能够更好地回应中小学教师的心理需求和思维特点，激发他们主动探索教育专业伦理的兴趣。

教师的专业伦理主体性，表现为教师主动地建构专业伦理知识，自觉地践行伦理规范、自动地纠正自己的伦理适当行为。案例教学以教育伦理问题作为中小学教师的基本学习材料，以个体阅读材料、小组讨论、合作探究等开放的形式进行教学，同时培训教师发挥指导的作用，纠正受训教师在案例讨论中的不当观点和行为，这一切都是把课堂学习权交给了受训教师，使其自主学习、选择，进而涵养伦理价值，实践道德规范。

2. 促进教师知行合一和伦理实践品格的养成

道德是人们认识世界的实践方式，道德教育的目的是要使学生形成一种善善、恶恶的行为方式。因此，作为促进教师专业发展，帮助教师实现幸福人生的教师专业论培训，其主要目标就是在教授伦理知识的基础上，培养教师道德判断和推理能力，养成教师伦理实践品格。但是知行脱节一直是传统道德教育和培训的弊端。作者认为，弥合知行脱节的重要途径就是学生的自主活动，通过实践或在做中实现知行的真正统一。将案例教学引入到教师专业伦理培训中，有效地实现了理论与实际、伦理与生活、知识与能力、情感与行为的链接，顺应了道德发展和教育的规律。

首先，案例教学中的案例是教师单独选编或师生合作选编的，选编的基本要求就是贴近实际、贴近生活、贴近学生，反映教育实践的动向，因而选编是促成理论联系实际的重要环节。在案例教学过程中，学生感知案例内容，发现道德问题、寻求解决方案，实际上是其认识社会、建构知识、感受生活、认识自我，自然而然地实现了理论的内化、德性的养成和实践能力的提升。

戴双翔、林倩等在《当前师德培训的价值重构与实践创新》中，指出"有效的师德培训应该坚持参与性的'体验互动'培训模式"并规定"体验互动式培训主要由创设情境、主体参与、分享交流和反思提升等阶段组成"。笔者认为，这种体验互动式培训与教师专业伦理培训中案例教学是异曲同工的。其目标都是通过主体参与、合作探究、分享交流、反思提升，激发受训教师教师的内心的发展与改进动力，并将培训收获落实到自身特别是自身工作实践之中。

3. 增强教师专业伦理培训的实效性

当前，"师德培训问题重重，很难有成效"是一个不争的事实，高校思想政治理论课教学实效性不强已成为不争的事实。究其原因，当然很多，但主要原因之一，应该是培训策略不当。毋庸讳言，我国当下教师道德培训还是采用传统的以教师为中心的培训模式，政治训导、理论灌输的痕迹很重，脱离教师生活实际。因此，案例教学必然成为人们用来改进师德教育的选择。"案例教学的方式在教师教育领域受到推崇，因其弥补了传统师资培训在内隐知识——特殊案例的知识和运用原理于案例的策略知识方面的不足。特别是专家教师，案例知识丰富，往往蕴含了许多理论，自动化程度高。运用专家的案例知识进行案例教学，通过讨论揭示案例中隐含的理论，能够帮助教师在理论与实践间架起桥梁，促使教师对伦理困境做出深入的思考，从而获得启发。"从教育心理学的立场看，因为案例教学实现了培训过程中师生关系的平等、互动，这是有利于激发受训教师的伦理学习积极性的。又加之，案例进行讨论、交流，共同探寻问题的答案，并且做到"学思结合"有助于受训教师对所学内容形成更为深刻的理解，从而增强了培训的实效性。心理学研究表明，"我们能够记住听到的20%，看到的30%，看到并且听到的50%，说过的80%，说过并且做过的90%"，案例教学过程中要求学习者要看、听、说、写、思，需要全身心的参与。相比单纯的"教师讲"培训的实效性、传统教师道德教育，案例教学还有两个优势：及时评价、反馈，能够帮助受训者实现伦理知识的内化。传统的师德培训要不无反馈，要不是通过平时的作业或者是课程结束的考试，在这种情况下，要掌握受训教师的真实情况的难度比较大，耗时比较长，不够及时。而在案例教学过程中，培训教师根据受训教师课堂上的表现，就可以及时了解到受训教师的学习态度、知识掌握情况，能够大体把握这堂课的培训效果，从而有针对性地部署下一步的培训工作，这样做的结果必然是培训实效性的明显提升。

当然，案例教学也有一定的局限性，如专业信息摄入量小、缺乏系统性等，这需要培训教师在具体应用时加以注意和弥补。

（三）案例教学在教师专业伦理培训中的应用程序及要求

案例教学的价值要实现，要依赖教师的科学应用。这就需要培训教师了解案例教学，树立"以学生（受训教师）为本"的思想，合理实施案例教学：

1. 选择和编写教师专业伦理案例

案例的价值在于提供真实而典型的素材，供受训教师教师分析、研究、讨论，总结、提炼出伦理价值观点或结论，进而发展受训教师的伦理决策能力。案例的编写和选择直接影响教学的效果和质量。好的伦理培训案例应该具备这些特质：能满足实现培训学目标的需要；包含需要解决的伦理问题；具有真实性、情境性；案例表述形式言简意赅，生动有趣。同时培训教师选择案例时，则要注意：①符合培训目标和内容；②具有真实性和典型性；③具有时效性；④难度适当。

2. 恰当呈现教师专业伦理案例

以适当的，能引起学生兴趣的形式呈现培训案例，也是教师专业伦理培训有效的必要环节。

①语言，语言一般分为书面语和口头语。如果所讨论的案例篇幅较长，案例情境较复杂，就可将其以书面文字的方式呈现给学习者或提前分

发给学习者进行思考。这样既能照顾学习者对案例理解的快慢差异，又能提高培训效率。口头叙述是培训教学中经常使用的一种传递信息方式，它对培训者口头表达能力要求较高，要求表达者的描述跌宕起伏、抑扬顿挫、富有感染力，其适用于较简单的案例。

②视频，随着现代信息技术的快速发展，视频资料库的建设和使用是进行案例教学、激发讨论的一种有效途径。视频能把典型案例鲜活地展现在学习者面前。此种方式非常生动形象，容易引起学习者的兴趣，动态的画面、视听的效果都能给学习者留下深刻印象。这种方式适用于含有较为强烈的矛盾冲突，且震撼人心灵的案例。

③表演，通过了解案例内容，让学习者积极参与并把案例的内容表演出来，给学习者营造情境氛围，以充分调动其积极性，让其获得伦理体验的机会并做出伦理决策。表演适用于矛盾场景较多，需做出伦理判断的开放性案例，在表演的过程中不仅能让学习者体验案例情境，并能展现出不同个体在面对同一情境时的伦理倾向，易于激发持不同观点的各方之间的讨论、反思。

3. 组织学生分析、讨论案例

组织学生对案例进行讨论是案例教学的核心，包括分发案例材料、学生个人阅读分析案例、小组讨论、全班讨论、每个学生撰写案例分析报告和教师小结等多个环节。这个时候一方面需要培训教师进行恰当引导；另一方面又需要培训教师具备相当的教育机智。恰当的引导，就是培训教师要确定讨论形式，呈现需要学生思考、讨论的伦理问题；教育机智是指当讨论冷场、无法继续或受训教师教师言论过激等，培训教师能及时化解危机，调控培训进程；或者给予一定的观点指导，使得讨论的方向重新回归主题。培训教师在组织、指导受训教师进行案例讨论时，要注意以下几点：

（1）要给学习者营造轻松和谐的课堂氛围。

前文已经提到案例教学具有生成性、开放性，因此，组织者应允许学习者提出各种观点，就案例做出各种伦理判断及决策。应鼓励学习者大胆提问，寻根探源，并应尽可能多地使用赞赏的语言。

（2）设置贯穿始终的经典性问题。

一篇好的文章总要有"点睛"之笔，案例教学也同样如此，它需要教师设置类似的、能激发学习者讨论、贯穿始终的问题。而通过案例到底要提什么样的问题？提出的问题是否具有启发性和探索性？是否具有较大的讨论空间？对学习者的伦理发展能起到什么样的作用等，这些都需要培训教师进行通体把握。

（3）要做好引导与把控。

虽然案例教学希望学习者激烈讨论，尽情发表自己的观点，但是培训教师必须始终清楚讨论的中心问题，掌握讨论的方向；不断引导、启发学习者，给他们留下思考时间。当学习者要表达自己的观点，但又不能明确表述时，培训教师要帮助学习者理清思路。案例教学的好坏、对学习者能产生何种影响很大程度上取决于培训者的调控能力。

4. 以小组为单位撰写案例分析报告

这一阶段主要是要求受训教师进行认真总结，一方面，完善小组对案例进行分析的观点和方案；另一方面对小组在案例阅读、讨论、课堂发言等方面解决了哪些问题，还有哪些问题尚待解决做出归纳。

5. 教师总结点评案例教学

在课堂讨论结束、各小组撰写完案例分析报告后，培训教师要就本次案例分析情况做出小结和点评。培训教师在总结和点评中，要注意以下事项：第一，对受训教师讨论交流的情况，应以鼓励为主，哪怕是对于一些怪异的观点，也不要急于批评，而要积极引导，以防挫伤教师受训教师的积极性，不利于此后的培训；第二，培训教师不要将自己的道德观点强加给受训教师，而应当通过引导、说理等方式让他们自觉接受；也不强求要所有受训教师达成一致的看法，而是要培训教师对这些零散观点进行总结、归纳，和受训教师共同分析它们的合理性、片面性，从而帮助学习者明晰思路，再次突出教学目标、提升理论；第三，培训教师要以帮助受训教师完成学习目标为出发点，让学习者寻找做各种伦理决策的理由，从而意识到自身的伦理价值观，逐渐培养伦理意识、思维，从而有效提升教师的伦理理性。

下面引用、介绍一个案例教学。

（一）探讨主题

教师专业守则第三条：教师对其授课课程内容及教材应充分准备妥当，并依教育原理及专业原则指导学生。

（二）参考案例

尺度过了头：上课播血腥反堕胎影片，小六生看完做噩梦

高雄县路竹小学有位女老师为了教导小学生尊重生命，在课堂上直接放映一部反堕胎的影片，不过影片一开头就表明不适合13岁以下儿童观看，而且内容也太过于直接和血腥，学生看完之后，有的吃不下饭，还有人不停地做噩梦。

一段反堕胎影片让小学生看完之后噩梦连连，影片用血淋淋的画面告诉观众堕胎的过程多么可怕，虽然全片有专业的医生讲解，然而影片开头就以字幕告知观众"13岁以下儿童不适合观赏"。

但高雄县路竹小学一位任姓女老师却在六年级的课堂上放起了这段画面。

但有小学生看完影片后却吃不下饭、睡不着觉，还有人上课无法专心听讲，老师的教育方式似乎出了问题。

然而校方强调，给学生看影片的老师只是想让学生建立重视生命的观念，只是影片的内容过度血腥，超过小学生能接纳的程度，这位老师的教学方式似乎过了头。

（三）案例分析

1. 伦理思考

（1）后果主义：教师应该重视传授给学生知识的内容及方法，并且对其有所尊重。教师在顾及学生之受教权的原则下，应该站在学生的角度思考教学内容及呈现方式的合适与否，两者缺一不可，否则学生排斥这些教学内容，教学便徒劳无功，也可能造成学生心理上不可预知的负面影响，以及日后学生亦可能发生抗拒学习的心态。

（2）非后果主义：老师的动机是对的。因为堕胎的行为不但是在残害生命，而且也很伤害自己的身体。由于青少年对于堕胎的认识并不多，若兴起了堕胎的念头，可能会私下去找黑诊所，黑诊所的技术并不可靠，可能伤害青少年的身体，甚至害其丧命。此外，堕胎的行为也是一种对生命的不尊重，任何人都没有权利决定另一个生命是否该存在。所以老师应该要教导学生认识堕胎所造成的影响，一方面教导学生尊重生命，另一方面也可以教导学生要懂得保护自己的身体，以及性行为安全的重要性。因此，可以用堕胎影片来帮助老师的教学，使教学更生动，也让学生能留下深刻印象，并有所警惕。

2. 角色分析

（1）学生角色：老师怎么放这么血腥的影片给我们看？明明影片开头就写"13岁以下儿童不适合观赏"，老师还放给我们看！看完后造成我们有些同学吃不下饭、噩梦连连。虽然有医生的讲解，不过想到影片的内容就觉得很恐怖、很害怕！这堂课不是要教我们"尊重生命"吗？难道只能用这种恐怖的影片来告诉我们吗？而且我们又没有扼杀小baby的生命！

（2）老师的角色：尊重生命是很重要的议题，学生必须了解它的重要性。很多学生都因为不了解它的重要性,而去轻易地自杀、堕胎或伤害自己及他人。为了要让学生了解尊重生命的议题,准备了堕胎的影片给同学看,是希望同学能借由观看影片,实际地了解尊重生命。堕胎的影片是要传达尊重生命的概念,我们必须尊重任何生命的权利及生存意愿。我选择的这部影片,是希望通过这部影片能让学生在这懵懵懂懂及成长的时期能建立正确的观念,以正确的态度面对各种事物并更了解尊重生命的重要性,我希望学生都能体会:生命是很重要的,我们必须尊重自己及他人的生命,并在尊重生命的前提下,具备了做正确的选择的能力。

(3) **家长的角色**:影片一开头就表明不适合 13 岁以下儿童观看,有的小学生看了以后,噩梦连连,吃不下饭睡不着觉,有的人上课还无法专心,所以学生回家一定会跟父母亲说明这件事,因为影响了日常生活作息,父母一定也会询问自己的孩子,以便了解来龙去脉,此外,家长一定会很生气,而且很激动,尤其是听完自己的孩子单方面的说辞后,一定会跟这位老师或导师反映和抗议,有的甚至会打电话到学校责骂校方,或是直接到校采取激烈的手段抗议,因为家长总是希望自己的孩子在学校接受的是优良且正向的教育,不论是师资或是校誉,而现在的时代,孩子生得少,家长基于爱子心切,导致过度溺爱,更不容许自己的孩子出任何差错,更何况孩子接受的是负面的信息,认为日后必会造成孩子难以磨灭的阴影。

(4) **学校的角色**:在现今多元文化社会体制下,给学生看堕胎影片的目的是想让学生建立重视生命的观念,只是老师自己可能忽略影片的内容过度写实,超过小学生能接纳的程度,然而这位老师的教学内容对于学生正视尊重生命应是有正面意义的。当然如果老师能够适时提醒学生影片中可能出现血腥画面或者将血腥画面剪掉会对学生比较好些。

3. 问题澄清

教师专业自主议题:

"自主"是专业重要的特质之一,一位教师有了丰富的专业知识,必须能够独立自由地运用其知能,才能发挥其所学;若是处处受制于他人的干涉或压抑,则专业知能很难展现出来。

专业知能和专业自主肯定专业人员具有做决定的能力,但所做决定必须顾及其可能产生的影响,例如:教师依其专业能力所作的专业判断和决定,其结果是否影响到学生的受教权益和身心发展,是值得思考的。依案例来说教师已经进行专业的决定,紧接而来探讨的是他们对学生可能有哪些影响,这些影响是否符合一些教学专业伦理规范?试想,假如教师没有进行这些专业的决定，可能就不会涉及专业伦理的问题。是故，专业自主和专业伦理的关系，犹如"自由"与"自律"关系一样，是相当密切的。

4. 解决方法

若仍以堕胎议题来进行尊重生命的教学，建议如下：

（1）教材内容的选择尽量温和，勿过于血腥，例如以堕胎的动画影片取代血淋淋的实境纪录片，或是老师可以剪辑和内容有关的部分再播出，最重要的是一定要事先看过所要播放的内容。

（2）教材内容所呈现的手法要尽量考虑学生感受，勿以激烈的手段达到教育的目标。

（3）对于像堕胎这种具争议性的话题，教材内容的慎选更显重要，因此建议教师在选择好教材内容后，可以与其他教师讨论内容的合适与否，也透过他人的回馈作修改或弥补不足。

（4）对于堕胎整个过程的陈述在教材内容中所占的比例可以减少，重点放在让学生了解生命的可贵，例如以超音波的影片，让学生了解一个生命的成长过程借此体会其生命的可贵；以及透过家里面拥有新生儿到来的喜悦的影片，去感受生命的可贵及学习如何尊重生命。

（5）对于堕胎的负面影响，可以多加着墨，例如提及在堕胎后的各种后遗症，像堕胎后少女的心理负担或罪恶感、未来可能不孕等等。

（6）教师在选择教材内容时，一定要站在学生的角度出发，这是最基本的原则。若欲以其他议题来进行尊重生命的教学，列举建议之活动如下：

生命教育的实施成效，大部分教师认为需要较长时间的耕耘，也同意对生命的学习是终身的学习。有较少部分的教师认为有些体验活动的影响是立即可见的，因此下面的建议以体验活动为主，其余的是其他建议。

（1）盲人体验活动：就是两两一组，轮流由彼此蒙住眼睛体验盲人的感受，进而发现生命的可贵，进而尊重生命。

（2）认识动物生命的轮回：例如孩子借由认识蝴蝶生命的轮回去体验生命现象，体会尊重生命的真谛。

（3）上帝的角色扮演：由学生亲自从开始种植某项植物种子，由此活动参与生命的开始与结束，观察些植物的成长过程，从中去学习尊重生命。

（4）教材必须回归专业考虑：在授课时，虽然一位专业的教师必须提供给学生最好的教学，但授课的重点是在于建立学生正确的观念，以正确的角度面对各种事物。而老师在上课前，必须先考虑学生特质及身心的成熟度……如果只是为了教学之目的而使用了不适当的教材,效果可能会适得其反。因此,在教学生必须根据学生的特质,取舍其中部分的画面,或是选择较适当的影片,配合其他的教学方法与讨论来澄清学生的价值观及观念,这样才能达到教学目的及效果。

5. 结论

专业缺乏"知能"是空的;无法"自主"是假的;未具"伦理"是乱的。因此,要破除专业的空洞、假象和混乱,必须建立三者密切的关系。Kerka(1994)将"专业"视为自主的、自我管理的和负有知能精熟的责任,是有其实质的意涵。因此,专业知能、专业自主与专业伦理是专业所不可或缺的要素。

教师专业权威的建立,并不会凭空而降,它需要教师的自觉、自力和自律。有了自觉,才会不断地反省;能够自力,才会积极地努力;心存自律,才不会损及教师形象。

"知能"是教师专业的基础;"自主"是教师专业的支柱;"伦理"是教师专业的后盾;所以"专业知能""专业自主"和"专业伦理"构成专业权威的要件,只要三者兼具,专业权威自然水到渠成。

(本案例摘自百度网)

第六章 中小学教师专业伦理培训评价

随着我国教育改革的深入和教师专业的发展，中小学教师专业伦理培训会越来越受到重视。没有评价就没有教育；同样，没有评价就是没有教师培训。"教师培训评价具有重要的现实意义，它不仅有助于规范教师培训，而且也有助于新课程改革的顺利实施以及丰富教师培训理论，最重要的是它有助于提高教师专业发展的实效性。"因此，为了保证中小学教师专业伦理培训的质量和效益，对其进行及时、有效的评价是十分必要的。

一、中小学教师专业伦理培训评价的意义

"评价"一词的汉语词义是"评定价值高低"。美国教育家泰勒（W. R. Tyler）在《八年研究》的实验报告里指出："教育评价就是衡量实际活动达到教育目标的程度。"中小学教师专业伦理培训评价是教育评价的一部分，也是教师专业伦理培训的一个必不可少的环节。因此，中小学教师专业伦理培训评价是运用有效的评价技术和手段，通过系统地收集信息和分析整理，对中小学教师专业伦理培训活动的社会价值做出测量和判断的过程，其根本目的是促进中小学教师专业伦理培训质量的提高和教师专业的发展。

中小学教师专业伦理培训评价主要是对教师专业伦理培训的过程与效果的评价。中小学教师专业培训伦理评价可分为准备、实施、结果分析三个阶段，主要实施步骤包括：①确定并分析评价目标，制定评价方案，做好评价的准备工作；②选择评价开始时间，搜集评价对象信息并加以整理；③分析评价信息，形成评价结论；④根据评价结论，提出改善评价对象行为，达到预期目的的措施；⑤反馈评价结论，促进评价对象改善行为。为保证评价工作的有效性，应当坚持评价目的明确、评价信息全面、评价方法科学、评价态度认真负责。教师专业伦理培训评价是教师教育或培训评价的一部分，但是由于起步晚，有关研究成果及实践经验十分罕见，因此，教师专业伦理评价在教诲专业伦理评价中的作用只能建立在已有教师教育与培训评价的基础上做出如下演绎和阐发：

（1）诊断性功能。专业伦理培训评价是对教师专业伦理培训事实进行诊断，即是否达到教师专业伦理培训目标的要求？教师培训机构所采取

的措施是否符合教师培训规律？教师专业伦理培训过程中有什么纰漏和不当之处？原因何在？通过评价，发现并找到问题的症结并做出诊断性评价。

（2）导向性功能。指教师专业伦理培训评价可以引导教师专业伦理培训趋向于理想的目标，朝着促进教师专业发展的方向发展。合理的评价行为可以为教师培训主管部门指明工作方向，帮助培训机构和培训教师更好地理解专业伦理培训的价值和规律，明辨教师专业伦理培训的要求，扩大教师专业伦理培训对提高整体教育质量的意义。

（3）激励功能。教师专业伦理培训评价的激励功能，是指合理有效地运用评价，可以激发伦理培训的组织者和具体实施者的内在动力，调动他们的潜能，增加他们工作的积极性和创造性，提高教师专业伦理培训的水平和质量。教师专业伦理评价要重视这种激励作用，并且通过激励来激发包括受训教师在内所有参加培训活动者的内部动机，进而提高伦理培训的有效性。

（4）改进功能。改进功能与诊断功能是联系在一起的。教师专业伦理培训评价秉承我国教育评价"以评促改，以评促建"的传统精神，通过评价能使教师培训机构明确自身的优势和不足，促使被评价者不断优化其培训行为，改进工作，坚持正确的伦理培训价值取向，从而提高教师专业伦理培训质量。

（5）咨询决策的功能。教师专业伦理培训评价不仅对教师伦理培训活动有诊断、激励、改进等功能，而且对于教育培训管理部门有了解信息、判断实情、为教师培训决策提出咨询的信息和意见等功能。

二、有效开展中小学教师专业伦理培训的要求

美国学者沃森，曾以概括性问题的方式总结了良好评价所应当具备的特性，并建议用这些特性来判断评价质量。①概念明确。评价应能明确阐述评价的中心问题、目的、作用和一般方法。突出被评价对象的特性。②评价应全面、详尽地描述被评价对象的特性。③确认并表达合法评价报告接受者的观点。所有合法的评价报告接受者应具有发言权并有机会审查评价结果。④对评价中涉及的政治性问题具有敏感性。评价应能满意地处理好产生分歧的政治、人际和伦理问题。⑤详细说明信息需求和来源。评价应当详细说明所需要信息及其来源。⑥全面性。评价应收集所有重要变量和问题的信息，但无相互矛盾的数据。⑦技术的充分性。评价的设计程序和所产生的信息应当满足效度、信度和客观性的科学准则。⑧成本考虑。

评价应考虑到成本因素。⑨明确的标准。评价应明确列出讨论判断被评价对象的标准。⑩判断或者建议。评价除了报告结果外，还应当提供判断和建议。⑪面向评价报告接受者的报告。评价应适时地向已确认的评价报告接受者提供形式适当的评价信息。里查德·J. 斯蒂金斯在总结了自己20多年课堂评价经验的基础上，提出了有效课堂教学评价的4个原则：①课堂评价能够促进和支持学生学习；②明确可行的学业目标是重点；③准确的课堂评价是重点；④合理的评价需要有效的信息交流。从我国教师培训评价的实践来看，要保证我国教师专业伦理培训评价的科学性、有效性必须从以下4个方面入手：

1. 合理吸收我国教师培训评价的经验和教训

黎志华在其博士学位论文《教师教育评价研究》中指出我国教师教育评价存在三大不足：第一，实施教师教育评价的政府机构权力过大；第二，教师教育的评价体系缺乏弹性；第三，至今仍没有一套全面的教师发展水平评估制度。乔洋则在其发表于2011年《教育科学论坛》第9期的《中小学教师培训评价的问题与对策》论文中把我国中小学教师培训评价的弊端归结为3点：①培训单位即是评价单位，导致忽视受训教师主体，评价方式单一、评价缺少信度、评价偏离培训等问题；②缺少长期跟踪式的评价，以阶段性、总结性评价为主，仅依据中小学教师单次或多次培训效果好坏做出的价值判断评价，这种没有中期考核和跟踪的评价，无法指导教师的长远发展，评价效果也差；③缺少针对培训效果的评价，"我国的中小学教师培训评价工作自开展以来，针对培训内容的评价比较全面，从教育行政机构到培训的承办机构对此都有全面的评价维度，较多地关注参训教师对培训课程安排设置的满意度和反馈信息"。这种单向度不重视受训教师反映的评价，是不利于教师培训活动改进的。这就启发我们在开展中小学教师专业伦理培训时，要做到评价目标人本化、评价主体多元化、评价类型多样化、评价手段多元化、评价过程开放化等。

2. 树立先进的教师专业伦理评价理念

《辞海》认为"理念是一种理想的、永恒的、精神性的普遍范型"。理念是人在认识事物的基础上，从认识的至性上所创造的能够最全面、最深刻地把握事物的一个范畴。它既具有绝对真理的性质，又包含着人对事物的终极眷注。理念是人理解和把握事物的最高形式，它能使事物的真、善、美在人的内心中达到高度的统一。"本书一直坚持的一个指导性信念或价值观就是，我们只有开放评价的过程，让学生完全参与进来，课堂评价才能最大限度地发挥它的效用。"可见，树立先进的教师专业伦理评价理念对于有效进行教师专业伦理评价的重要意义。

美国学者格兰特·威金斯博士在其专著《教育性评价》一书中明确指出"评价应该专门用来改进和培养学生的表现，而不仅仅是像现在大多数学校的测验那样来审计学生的表现"，为此，他提出了关于评价和评价改革的五大理念：

（1）评价改革必须以评价的目的为中心，而不是以评价的技术和工具为中心。评价的目的就是促进学生更好地学习，教师更好地教学。其他的所有需要，如教学问责制、课程评估制等都是第二需要，决不能让它们像现在常有的情况那样凌驾于第一需要之上。因此，如果我们仍然固守一次性的、保密的期末考试的惯例，只是改变了评价工具，如把多项选择题换成操作任务，那就毫无变革可言。

（2）评价改革要以道德为本。学生有权利要求采用更具教育性、更爱护被评者的评价体系。依此推之，教师也有权利要求采用促进教学的评价体系。

（3）评价处于教学的中心地位，而不是处于边缘地位。事实上，学习要依赖于评价所设立的目标，要依赖于按学习结果所做的调整措施，我们是通过接受和利用反馈而学习的。

（4）评价要紧密联系教学，真实性任务要紧密联系评价。课堂里的学生由此能够了解在现实中是如何要求成人应用其知识的，能够洞悉那些学生运动员或演奏员早已知道的道理——身临其境的真实表现是不能依靠那些只发展单项知识或技能的练习。

（5）表现的所有改进都要从自身做起。当然，我们要进行全省或全国的学业成绩比较，要继续用对地方标准有导向作用的省级标准，但是，只有学生或学校本身在平常不断地通过表现来反馈的这种循环方式，才能最有效地促进学习，才能最有效地改善学校。

故此，有效的中小学教师专业伦理培训评价的理念，以人为本，以更好的"专业伦理培训"为价值追求，遵循现代教育评价理念，运用现代教育评价手段，以过程性评价、发展性评价为主要方式，多主体、系统性地开展，促进教师专业伦理培训按照教育伦理有效进行并不断改善，最终促进教师专业发展。具体阐述如下：

（1）在评价方向上，强调面向未来。与传统的鉴定式教师培训评价面向过去、重结果评价不同，教师专业伦理评价以促进教师专业伦理培训改进为目的，面向未来发展。尽管它也关注伦理培训在评价前的实际表现，但是它更加着重伦理培训在现有基础上的进步和"增值"。

(2) 在评价目的上，倡导教师专业伦理培训追求"卓越"，走向更好。鉴定式教师教育评价特别注重甄别与选拔，是终结性评价，关注培训当前的实际表现是否达到了统一的标准和要求，忽视具体的教师培训发展基础和发展过程，更忽视了对培训教师动机的激发。以过程性评价、发展性评价为主要方式的教师专业伦理培训则充分承认和关注培训主体间存在的差异，主张通过评价寻找出培训主体的优势和不足，并制定相应的改进方案，促进培训效能的提升、能力的增长和发展氛围的和谐。

(3) 在评价内容上，注重全面性和整体性。传统的鉴定性教师教育评价主要看培训的效率高不高，培训机构的硬件设施是否达标，培训的课程建设是否齐全，培训的教师队伍构成是否合理等，单向度、注重绩效的输入因素和输出因素，而忽视了其他众多的潜在因素，比如培训机构的价值理念、文化氛围、发展过程等。以过程性评价、发展性评价为主要方式的教师专业伦理评价则强调影响培训质量的因素有很多，就评价培训效能的因素系统而言，就有背景因素、输入因素、过程因素和结果因素等。因此，在评价中就要综合考虑教师专业伦理培训的各个方面，强调全方位的质量观。

(4) 在评价主体上，强调评价主体的多元性、平等性、参与性和合作性。评价主体即评价者。以往的鉴定式教师培训评价较多地具有单一评价主体的特征，它通常主要由各级教育行政部门和督导机构自上而下地组织实施督导和检查，评价对象只能被动地接受评价，无法获得自我评价和反思的机会。以过程性评价、发展性评价为主要方式的教师专业伦理评价则努力倡导评价主体的多元化，评价主体不仅包括教育行政部门的领导、校外专家，而且还特别重视培训机构内部成员、受训教师主动参与的学校自我评价，强调建立相互对话与协商的机制，以多渠道地搜集信息，多视角地了解学校，获得更加全面、客观、公正的评价结果。

(5) 在评价方法上，主张综合运用多样化的评价方法。在教育评价方法上，经过多年的发展，先后出现了多种评价方法，如20世纪60年代以前盛行实证化评价方法，70年代以后强调人文化的质性评价方法，80年代流行"综合方法"阶段。总体而言，鉴定性的教师培训评价多以量化评价为主，重"量"轻"质"；以过程性评价、发展性评价为主要方式的教师专业伦理培训评价则认为伦理培训活动是丰富、复杂的，在选择方法时，应毫无偏见地面对众多的评价方法，不能因"量"而废"质"，也不能因"质"而废"量"，而要根据实际情况，综合运用多样化的评价方法。

（6）在评价结果上，重视"共识"。鉴定性的教师培训校评价以加强培训绩效管理为主要目的，往往依据评价的结果，对培训机构、主体做出奖励或者惩罚的决定，培训单位往往是被动地甚至是被迫接受评价结果，因而也往往得不到评价对象的认同。以过程性评价、发展性评价为主要方式的教师专业伦理培训评价则以促进培训主体和受训教师的发展为目的，因此非常关心评价对象对评价结果的认同。为了提高评价对象对评价结果的认同程度，以过程性评价、发展性评价为主要方式的教师专业伦理培训评价努力创造评价双方共同参与的机会，强调评价双方的沟通、协商、理解与合作，最广泛地搜集资料和信息，因而大大提高了评价对象对评价结果的认可程度和接受程度。

3. 选用合理的评价模式

评价模式是理想的、稳定的结构化评价模型和操作程序，主要包括四大要素：一要有大家共同认可的评价观；二要形成该模式独特的评价理论；三要具有该范式独特的评价实践操作规范、方式、方法、手段等；四是该评价范式在一定时期内要广泛而稳定地被运用。在教育评价发展的历史上，先后出现过泰勒模式、斯塔弗尔比姆 CIPP 行为目标评价模式、古巴和林肯等人为代表的"共同构建"模式。20 世纪 70 年代，在教师教育评价领域，出现了"追踪评价模式""社会系统模式""第四代评价的协商模式"。这些模式相互借鉴，各有千秋，但它们都为优化、发展教师教育评价做出了自己贡献。总结他们的历程，得到的启发是，好的教师培训评价模式应该如华东师范大学戚业国教授所言：

（1）教育评价是一种价值判断，但这样的价值应当充分体现利益相关者的主体需要，不能由强势主体价值代替其他利益相关者的价值。

（2）教育评价的根本目的在于改进和提高教育活动的质量和水平，教育评价的结论最终是要为教育发展服务的，应当根据推动教育活动的增值评判教育评价活动自身。

（3）作为价值判断的教育评价需要建立在一定价值准则基础上，利益相关者的价值协商是确立教育评价的价值准则的主要途径。

（4）评价准则无论以指标体系还是以概括性问题体现，形成过程中利益相关者应当充分参与，应当在达成共识的基础上形成。

（5）教育评价信息的收集途径与方法应当得到利益相关者的讨论与认同。

（6）教育评价中信息处理的方法和结论形成的逻辑模式应当在协商中达成共识，尤其评价者和被评者之间必须取得共识。

(7) 教育评价结论的运用以及公布范围应当在评价开始的时候就要达成共识。

依据上面的论述，考量现代教师教育发展趋势和教师专业伦理发展的规律，笔者提出了教师教育专业伦理培训评价模式："三·三制"评价，即以评价专家、培训教师、受训教师为评价主体，评价、后评价、跟踪评价来激励、改机、提高教师专业伦理培训。简单地说，三主体、三目标、三行动。

三目标：激励、改机、提高。

三主体：评价专家、培训教师、受训教师。

三行动：评价、后评价、跟踪评价。

第一步，明晰评价任务及其目标，做出实施教师专业伦理培训评价的决策；

第二步，界定教师教育专业伦理培训评价的利益相关者，明确各利益相关者的代言人以及参与评价协商的途径方式；

第三步，组织利益协商，达成评价准则的共识、评价活动的共识，这是一个关键步骤，应当遵循上述价值协商的基本程序；

第四步，评价者拟定详细的评价方案，确定评价准则和标准体系、指标体系和概括性问题，形成关于评价的详细方案并再次征询利益相关者意见；

第五步，协商并明确教师专业伦理培训的信息收集方式、信息处理方式，进行信息搜集行动；

第六步，按照商定的方式进行信息处理，形成评价的结论；

第七步，进行信息公布和反馈；

第八步，按照信息反馈付诸教师专业伦理培训活动的改进；

第九步，对这次评价本身进行评价，从而形成对本次评价的反思和总结；

第十步，跟踪评价。

三、科学编制教师专业伦理评价标准

指标体系是评价准则的具体化形式，是教师专业伦理培训教育评价实施的主要依据。因此，编制一套好的评价指标体系是有效进行教师专业伦理评价的关键。

（一）评价标准设计的原则

笔者认为，在编制教师专业伦理评价指标体系时应坚持以下原则：

1. 目标导向性原则

专业伦理评价指标体系是进行中小学教师专业伦理培训评价的直接依据，它直接制约着教师专业伦理培训评价的进行和教师专业伦理培训目标的实现，起着教师专业伦理培训"指挥棒"和"发令枪"的作用，具有很强的导向性。指标是由专业伦理培训目标分解出来的，与培训目标保持一致原则，是设计评估指标体系的基本要求。教师专业伦理培训评价目标导向性原则主要体现在，一方面指标体系设计要与教师专业伦理培训目标保持一致；另一方面指标体系的构建要与教师专业伦理培训评价的目的相一致。教师专业伦理培训评价的主要目的在于加强和改善培训机构对教师专业伦理培训的管理，提高教师管理培训活动的效益，提高教师专业发展水平。因此，评价指标体系构建必须以此为出发点和归宿。构建教师专业伦理培训评价指标体系的目的在于更好地改进教师专业伦理培训活动，所以，指标体系的构建必须反映专业伦理培训的本质特征，设计要突出针对性。

2. 科学性原则

构建中小学教师专业伦理培训评价指标体系必须遵循科学的教育理论和统计学的资料分类要求。评价指标的设计既要考虑评价研究的任务，也要符合中小学教师的特点、性质及活动规律，不能主观臆断，要做到主观要求和客观实际相统一。评价指标作为主观反映客观的工具，要遵循"实事求是"的原则，尽量做到客观和准确。在指标体系的构建、评价标准的制定、评价方法的选择等方面都要符合科学的标准，如要注意指标的代表性和完备性、评价标准内涵描述的清晰性、定量与定性分析的结合度等。中小学教师专业伦理培训评价指标体系构建过程中，所构建的全部指标要能较为全面地反映教师专业伦理培训的本质特征和教师专业发展的总目标。指标体系的描述要尽可能具体，尤其是末级指标或等级标准应有明确的内涵，词义要清晰，尽量避免使用"合理""一定""比较好"等笼统性、模糊的描述。虽然评估的量化能在一定程度上保证评价结果的精确性，但由于专业伦理培训是复杂的社会活动，有些内容不可能完全做到量化，所以评价方法的选择要做到定量与定性分析相结合。

3. 可测性原则

教师专业伦理培训目标、评价总体目标往往是抽象的、原则性的、概括性的，要达到专业伦理培训评价的目的，必须在评价指标体系构建过程中将目标逐级分解，一直分解到最后一级，即末级指标。可测性原则主要就是针对末级指标而言的。末级指标具有可测性，是由实际评价工作的需要决定的。如果末级指标不能直接测试,就无法用它来收集原始数据、资料等信息,评价工作也就无法进行,它也就不能作为末级指标,还应急需对它进行分解,直到可以直接测试为止。按照可测性原则,评价指标体系的设计要做到:一是数据的获得要相对容易;二是获得的数据要权威、准确;三是计算方法不能太复杂,以易于实现计算机化;四是末级指标内容应可以用操作化的语言概括表达,尽量采用定量描述,适当使用定性指标。

(二)教师专业评价指标体系

依据教师专业培训的目标、专业伦理培训的理念和上述3个原则,我们把教师专业伦理培训评价指标设置4大指标系统、12个一级指标。这4大指标系统分别是培训方案、培训过程、培训效果、受训教师反映等。

1. 培训方案评价指标

一般来讲,一个完整的培训过程可划分为4个阶段,即培训准备阶段、实施阶段、评价阶段和反馈阶段。教师专业伦理培训方案是教师专业伦理培训活动的前提和基础,是整个培训活动的出发点和归宿,直接影响培训活动各个方面的安排和落实,在整个教师专业伦理培训中起着决定性的作用。它主要包括受训需要、培训目标、培训课程或内容、教师安排、培训方法选择、经费保障、授课时间规定、场地与设施安排、教师与受训教师管理等。因此,培训方案的评价可以从完整性、科学性、可操作性这几个方面入手,在整个指标体系中占比30%,权值为0.3。

培训方案有效性评价指标

一级指标	二级指标	三级指标
培训方案有效性	完整性	(1) 结构完整:问题与需求分析、指导思想、目标与任务、培训措施、保障机制; (2) 要素完整:培训目标、培训内容、培训教师资、培训对象、培训方法; (3) 培训场地与设施、培训时间或课时、培训过程管理、培训考核
	科学性	(1) 教师专业伦理缺失和教师专业伦理发展需要的把握与精准分析; (2) 培训目标的适当性; (3) 培训内容或课程; (4) 培训方案制定程序合理
	可操作性	(1) 培训目标具体、可测; (2) 培训教师专业能力和人数有保障; (3) 培训时间或课时充分; (4) 培训场地和设施落实到位

2. 培训过程评价指标

培训过程是整个教师专业伦理培训活动的主干部分,是培训方案的展开和落实,主要涉及培训教师教授计划(备课方案)、教师工作状态、所用教学策略、培训管理(受训教师出勤情况、课堂秩序)、培训保障(教学设施使用)、受训教师投入状况、课堂气氛、师生关系、教学过程监控,教学效果的检测等方面。在整个指标体系中,占比35%,权值为0.4。

培训过程评价指标

一级指标	二级指标	三级指标
培训过程有效性	培训教师	(1) 培训教师学历与职称、专业能力与水平、从事相关培训的经历、授课时精神状态; (2) 受训教师:出勤率、迟到早退情况、上课发言情况、作业完成度
	培训实施	(1) 培训时间或课时充分; (2) 教师教案:教学目标是否明确适当、教学内容贴切充实; (3) 培训策略应用:先进性、针对性、多样性、启发性; (4) 培训效果监测方式与频次
	师生关系	(1) 培训教师对受训教师的了解度; (2) 教师激发、调动受训教师参与学习积极性的情况; (3) 受训教师对培训教师教学与管理的支持度; (4) 师生每课时互动频率
	教学保障	(1) 教辅人员服务情况:人数、具体职能; (2) 教学管理制度健全性; (3) 培训场地舒适度、安全度; (4) 仪器设施使用率≥90%

3. 培训管理与服务评价

管理与后勤服务对于教师专业伦理培训有效进行并取得预期成效具有重要保障意义,它包括培训前期的准备、经费的投入、受训教师饮食的提供、教学环境的维护、外出考察的组织与实施、课堂管理、危机的处置、教学资料的提供与保障等。在整个指标系统中,占比15%,权值为0.1。

培训管理与服务评价指标

一级指标	二级指标	三级指标
管理与服务	前期准备	（1）培训单位领导重视程度； （2）培训师资配置； （3）经费预算与使用； （4）管理与服务人员配备情况
	纪律维护	（1）管理制度与措施； （2）危机与事故应对办法； （3）培训教师与受训教师出席情况监控； （4）管理人员到位与履职； （5）成绩考核要求与措施
	后勤服务	（1）图书资料； （2）网络服务； （3）饮食供应； （4）资料打印； （5）环境卫生

4. 培训效果

培训效果是培训活动结束时，培训任务完成情况、培训目标达成状态。英国的管理服务委员会（MSC）对培训效果进行评估的最终定义是：判断培训是否达到既定目标的过程。教师专业伦理培训效果评估是对教师专业伦理培训管理、实施、进展进行跟踪调查，采用一定的形式，获取相关数据，分析整理以明确其是否真正达到了预期目的，判断培训后被培训教师的专业伦理素质是否得到了提升，培训过程哪些地方还需要改善，教学效果是否得到了提高。

组成要素有：培训任务完成情况、受训教师专业伦理发展、受训教师满意度、培训活动经验总结。培训效果在培训指标体系中占比为20%，权值为0.2。

培训效果指标

一级指标	二级指标	三级指标
培训效果	任务完成	（1）教学内容完成率； （2）培训目标达成率； （3）受训教师结业率或成绩合格率
	受训教师满意度	（1）对本次培训工作的印象； （2）对培训教师的满意度； （3）对学习内容的满意度； （4）对培训方式的满意度； （5）对培训机构管理与服务的满意度
	受训教师发展	（1）对教师专业伦理基本内容认知和理解情况； （2）专业伦理、职业荣誉感和教育信念提振情况； （3）教师专业伦理原则与规则理解和内化情况； （4）专业伦理判断与推理能力提高情况
	培训经验	（1）教辅人员对本次培训教师和受训教师学习的整体印象； （2）培训主管对培训过程中发现的问题与修改意见整改情况； （3）对本次培训有无专题小结和总结； （4）本次培训的典型做法和成功经验

5. 跟踪反馈

教师专业伦理培训跟踪评估是在培训结束后一个时期和阶段进行跟踪，诊断受训教师行为、教学绩效和培训机构在评价活动结束后的改进行为的评估。一方面评估教师的专业伦理表现和教学绩效，促进培训理念、培训知识向教学技能的内化和迁移，让培训落地生根，提升培训的迁移效度；另一方面督促培训机构进行整改，提高培训水平和质量。主要指标有：培训机构对培训活动的改善、学校对受训教师的反响、学生对受训教师的评价、教师教学成效等。

四、中小学教师专业伦理评价的准备与具体实施

教师专业伦理评价是一种专业性很强的教师培训评价活动，完整的过程应当包括准备、实施与后评价三个部分。

（一）评价的准备

古语曰："凡事预则立，不预则废。"做好评价准备工作对于有效开展教师专业伦理评价具有十分重要的意义。在笔者看来，评价的准备工作主要包括以下几方面：

1. 制定专业伦理评价方案

一个完整的评价方案包括评价目的、评价对象、评价标准、评价方法、实施期限、评价报告完成的时间、评价报告接收的单位、部门或个人、评价预算等。从教师专业伦理培训评价来看，评价的目的就是改善教师专业伦理培训、提高教师专业伦理培训质量、培养中小学教师专业伦理知识和能力、促进教师形成良好专业伦理品格、帮助教师实现幸福人生。中小学教师专业伦理培训评价的主要对象是培训的组织者、培训教师和受训教师。评价方法主要有现场考察、调查法等。

2. 选择合格负责的伦理培训评价专家并进行适当的培训

为达到教师专业伦理评价目的，实现专业伦理评价目标，保证评价结果的客观性和有效性，需要从专业资质和道德素质两个方面选择懂专业伦理、会评价、有责任心、讲公平的专家。专家应来自教师教育、专业伦理研究、学校管理、道德教育工作等多个领域，保证评价者的广泛代表性，使评价团队结构合理。另一方面则要对参与评价的专家进行必要的培训，使之掌握本次评价的要求、纪律，具备评价所需的最基本的面谈、沟通等技能。

3. 促进教师专业伦理培训评价"利益相关者"协商、共识

培训机构的上级行政领导、上级督导评估机构（有时也包括培训机构的领导）作为教师专业伦理培训评价的发起者，要积极、主动地与评价专家、培训教师、受训教师互动、协商，力争在评价指标、方法和程序、信息收集方式等达成共识。评价专家是评价实施者，培训活动的组织者和培训教师是被评价对象，受训教师是评价受益者，而培训教师是评价潜在的受害者。他们有时候身份并非一成不变，有时会互为转换。在评价开始之初，他们应了解评价目的，并通过协商自觉遵守评价过程中的一些活动要求，使合作协商的评价过程能够得以顺利开展。

4. 处理好定性评价和定量评价之间的关系

定量评价和定性评价相结合是现代评价的一个重要特征和发展趋势。在教师专业伦理评价工作中，一方面，要用计算机等先进设备进行数据处理，应尽可能用量化方法进行定量评价，提高评价的精确性；另一方面，也要认识到专业伦理活动和伦理品质养成的特殊性，采用"质"的方法进行定性评价，提高评价的全面性、深刻性、人文性，坚持定量与定性相结合的原则，全面、公正地对教师专业伦理培训教育进行评价。

(二) 教师专业伦理培训评价的实施

"三三制"评价模式遵循"回应—建构—协商—共识"的线索，打破了以往评价中的管理主义倾向，通过利益相关者的协商，达成共同的心理建构，形成自己完整的实施程序。

1. 听取评价对象的自我评价

教师专业伦理培训机构作为被评对象，也是评价的主体，其自我评价也很重要。因此，他们有义务提供自评报告，并正式向专家团队汇报。

2. 教师专业伦理培训评价信息的获取

评价专家团队领导可以把专家组分成"培训方案""培训过程""培训效果"等3个小组，分工合作，利用定量和定性两大类获取专业伦理培训信息，初步做出自己的基本判断。

（1）查阅被评单位提供的教师专业伦理培训资料，如培训计划、培训课程、授课教师教学方案、受训教师作业、管理制度与办法等。

（2）培训教师、主要管理人员访谈，了解培训过程与管理。

（3）问卷调查受训教师。抽样调查，定量掌握教师专业伦理课堂教学与管理、保障情况。

（4）采用口试、笔试等形式，了解培训效果。

(三) 教师专业伦理培训评价结果的处理

评价结果是对评价对象所具有或所达到预定目标价值程度做出的价值判断。信息采取工作完成后，各评价小组要按照评价指标体系的规定，整理评价信息，对各评价指标要素进行定性和定量分析，并依据各指标要素的纵向隶属关系及横向结构的权数关系，对评价对象的综合价值做出判断。此判断结论应该是小组成员协商的结果，可以用分值或描绘性短语呈现或表示，如小组成员有异议，或与自评情况差距太大，应进行再访、再查等，确认这种评价结果是否真实地反映了评价对象的客观实际。

评价专家团队主要负责人，如专家组长汇总各评价小组结论后，从总体上对教师教育的价值做出定性或定量的综合性判断，也即对整个教师专业伦理培训有无价值、有何价值、价值大小做出结论。

专家组经过协商后，对评价对象或单位教师专业伦理培训活动形成统一的结论，这个结论应该有3层意义：

第一,肯定其培训"亮点"和特色,指出其主要成绩或成功之处。如"重视教师专业伦理培训""发挥科研先导作用,在专业伦理校本课程开发方面积累了自己的经验,取得了引人注目的成效"。

第二,指出其不足和需要改进的地方。如"不重视培训教师队伍素质的挑高""教授方法传统、单一""建议加强培训管理,制定系统的管理制度"等。

第三,给出总体评价结论:如"通过""不通过"和"暂缓通过"。

评价结果一般还都需要经过验证性检验,才能予以最后的确定。

最后,由专家组组长主持召开评价总结会,向评价对象或培训单位通报评估结论。如果评价对象和培训单位没有异议,形成书面报告,上报评价发起人或组织,然后由评价发起人或组织及时向有关利益者公布评价结果。当然,为了使评价尽可能准确、恰当,在实现评价目的之前,评价发起人作为评价主体往往还要或者说还应该要对评价结果进行检验,并根据检验的情况,对评价结果做出必要的修正。评价结果的检验包括3个方面的内容,一方面是通过逻辑的途径,对此次评价意见是否准确和恰当进行检验;第二是把此次评价结果放到实践中进行检验,看评价结论是否合理、是否恰当;第三是当我们通过逻辑或者实践的途径对此次评价结论进行检验而发现评价结论失当,就必然要考虑评价结论的修正问题。评价结论的修正一般来说有两种情况:推倒重来或部分改良。人们对于事物的评价是一个不断完善的过程,因此经过检验修正后的评价依然不能说是评价的完成,对于修正后的评价还有再检验、再修正的必要。但任何过程总得有一个相对的终结点,我们把经过检验修正后的评价结论作为一般评价过程的终结性评价。

五、对评价的评价和跟踪评价

为了检查教师专业伦理培训评价的过程和结果,检验根据专业伦理培训评价结果做出的有关伦理培训决策和改进工作的效果,以便及时纠正专业伦理培训评价工作的不足或为今后的专业伦理培训评价工作提供经验教训,我们还应该对教师专业伦理培训评价工作进行评价。我们可以把这种评价称为"对评价的评价"或"后评价""元评价"。

跟踪评价,是对培训活动结束后回到工作单位的教师实际表现的评价，其目的还是了解专业伦理培训的实际效果。

总之，有效开展教师专业伦理培训评价，对于改善教师专业伦理培训活动，促进中小学教师伦理素质发展和提高是非常必要的，也是可行的。需要说明的是，要保证评价的有效性，除了上述先进的评价理念、合理的评价指标与适当的方法、程序外，对评价主体以及涉及的评价对象保持客观、公正、合作、负责任的态度也是十分重要的。特别在评价过程中，评价专家、被评的教师更要保持平稳的心态。只有这样，评价才能有序进行，最终实现评价目的。

第七章 学校专业伦理取向的教师文化的建构与作用发挥

科学劳动、追求效益，是现代社会的主要特征，也是科学研究的使命。列宁倡导，应当学会"自觉地选择耗费力量最少且能够提供最大和最持久结果的手段、方式和方法"。上面我们从目标、内容、原则、方法、评价等5个方面分析、阐述了教师专业伦理培训的基本内容和要求，从教育学的角度回答了有效进行教师专业伦理培训的基本原理和操作流程。但是，中小学教师是生活在家庭、学校和社会上的人，是实实在在进行教育教学的职场人，而不是一个个抽象意义上的"受训者"或"受训教师"。因此，从教师幸福出发，寻找一个有效专业伦理培训模式，是我们研究教师专业伦理培训义不容辞的责任和目标。"有效性"《现代汉语词典》解释为：能实现预期目的、有效果。从经济学角度看来，有效性就是合理、充分地利用稀缺资源，就是社会需要有效地使用其有限的资源，生产出尽可多的产品和服务，以使社会满意最大化。笔者在《职业伦理教育有效模式研究》一书中，提出了有效职业伦理教育模式的特性：教育理念先进、教育目标适切、教育内容厚实、教育原则科学、教育途径和方法多样化、教育评价恰当、合理。并强调"任何职业伦理教育模式，不管如何周密、细致，如果不能从文化影响的角度思考、谋划职业伦理教育，终将是无效的或低效的。"基于此，笔者综合以上六章的内容，提出一种有效开展教师专业伦理培训的模式：专业伦理取向的教师文化的建构与作用发挥。

一、教师文化的内涵、特征及其伦理培训价值

文化是人的第二自然，人在文化中养成、发展。华东师范大学哲学系教授、博士生导师付长珍曾经有言："核心价值观的建设首先必须依托自身的文化传统，并且不断进行创造性转化，才能契合世道人心，从而发生精神引领作用。"王仕民也这样界定德育文化："德育文化，是综合利用文化资源，特别是精神文化，运用文化方式，进行自觉育人的文化。"这两位学者都从伦理道德的角度告诉我们，文化是进行教师专业伦理培训的

有效策略和资源。

1. 文化的专业伦理培训意义

文化是一个见仁见智的复杂概念。卢梭在《社会契约论》认为，文化是风俗、习惯，特别是舆论。著名人类学家泰勒（Edward Burnett Tylor）则认为："文化或者文明就是由作为社会成员的人所获得的，包括知识、信念、艺术、道德法则、法律、风俗以及其他能力和习惯的复杂整体。哈维兰更为明确指出："文化不是可见的行为，而是人们用以解释经验和导致行为并为行为所反映的价值观和信仰。梁漱溟在《东西文化及其哲学》中则把文化规定为"一个民族生活的种种方面"，其中主要包括精神生活、社会生活与物质生活等3个方面。在本书中，笔者把文化看作是内在于人的一切活动之中，影响人、制约人、左右人的行为方式的深层的、机理性的东西，是一个族群或组织以价值观为核心的行为规范、制度规范和外部形象的总和。

文化对人的生存与发展具有满足需要、规范行为等多种作用。葛兰西曾经说过，"人们借助于文化懂得自己的历史价值，懂得自己在生活中的作用，以及自己的权利和义务"。美国政治学家福山则认为，"信任产生自值的信任的行为，其在社会中是否存在取决于该社会的习惯、习俗以及规范——简单地说取决于文化。"笔者在《职业伦理教育有效模式研究》》总结了文化对职业伦理养成的作用，这里摘录如下：第一，传承一个民族或社会的核心伦理价值职业伦理观；第二，引领职业伦理发展方向，建构社会职业精神；第三，传授职业伦理观念，规范个体的职业行为；第四，塑造理想的职业伦理人格。教师专业伦理是职业伦理的一部分，文化对教师专业伦理养成的作用，大抵相同于文化职业伦理教育的作用。

其实，专业伦理教育也是一种文化。2002年，中央教育科学研究所所长朱小曼教授借助苏联道德哲学家德洛布尼斯基的研究成果指出，"我认为所谓道德就是人的一种文化性的创造"。1998年鲁洁教授在其主编的《德育社会学》里就提出了"德育的文化性"并进行了充分的论述，近几年她又对德育的文化功能进行了系统的探索，指出："从内容上看，德育的社会文化功能可区分为道德文化、政治文化、经济文化等不同文化结构单位的功能；从文化的运行过程来分析，则可区分为社会文化的维系功能以及变异功能。"

文化与教师专业伦理培训的关系明确告诉我们，要提高教师专业伦理培训的有效性就必须把优良职业伦理、教师专业伦理嵌入社会文化，进而重塑社会文化、优化社会文化，而重点是建构以教师专业伦理价值取向的学校教师文化、家庭文化,因为人的一生大部分时间是在岗位和家庭度过的。从系统论和文化圈的概念看,有效的教师专业伦理培训应是一贯的、整体的、终身的、全员的。但是,笔者不想面面俱到,这里只重点论述学校专业伦理价值取向教师文化的建构及其作用发挥。

2. 学校教师文化及意义

何谓教师文化?目前学界众说纷纭,莫衷一是。如,有人认为"学校教师文化是一种组织文化,它是教师群体在共同的学校教育环境里,在教育教学过程中创造出来的物质成果和精神成果的总和与表现。它包括教师的奋斗目标、教师的工作环境、教师的教风学风以及教师文化生活、教育设施、教师社团组织、教师制度规范和教师传统习惯等等"。也有人提出,"教师文化是教师团体中教师所共享的思维方式、心理素质、职业意识、态度倾向、行为方式等,是个人与集体之间形成的组织氛围。"也有人认为,教师文化可以分为文化的内容和文化的形式两个方面。所谓教师文化的内容,是指在一个特定的教师团体内,或者在更加广泛的教师社区之间,各成员共享的实质性的态度、价值、信念、假设和处事方式,如教师信奉学术理性的观念、学生中心的观念等。教师文化的内容反映在教师所想、所说和所做之中。教师文化规范着教师教育活动,它是一种隐形的、无声的教师行为准则,对教师起着一种制约和激励作用。尽管这些人对教师文化的概念各执一词,但他们并不否认教师文化对教师专业发展和师德养成的作用。如重视教师文化建设和管理,关注教师生存状态,加强对教师职业道德、教育信念的培养和引导,打造教师精神文化品牌应成为学校领导和教师的共识。研究学校教师文化是进行学校教师文化管理的基础,也是促进教师专业发展及深化学校教育改革的需求,有利于更好地实施素质教育。

在笔者看来,教师文化是学校教师在长期的教育实践中形成的共同的教育价值观、行为规范、处事方式以及由此而形成的学校氛围等。"没有教师文化的深层次支撑,任何教师发展和教育革新都是表面和临时的。"卡西尔说:"人是文化的符号,也是文化的产物。个体的人的形成是离不开文化的熏染的,这种熏染是潜移默化、日日熏陶的。"钟祖荣先生在《教师文化:教师与文化的互动生成》一文中系统地总结了教师文化对教师发展的作用,现转录如下:

首先,是在目标和方向上的影响。一所学校,无论在教育观念上,还是评价制度上,是重视成绩与分数,还是重视素质与能力,都会给教师以强烈的目标导向。其是积极进取的文化,还是消极应付的文化;是创新型的文化,还是守成型的文化;是奉献型的文化,还是索取型(计较型)的文化,也一样会对教师的发展方向和动力产生不同影响。其次,是思维方式的影响。教师在教学、学术、交往等活动中,如何思考问题,是认真严谨的,还是马虎粗糙的;是以自我为中心的,还是以他人为中心的;是内归因,还是外归因;是把服务对象放在重要位置,还是把领导要求放在重要位置,都与长期所处的学校环境或文化是分不开的。再次,是行为方式的影响。教师的言行举止、交往方式、对待学生的态度、对待同事的态度,都同样受到学校教师文化的影响。

教师文化一旦形成,就会像无形的领导一样发挥作用,这就是道德领导、分布式领导。今天,依靠领导的个人权威似乎在减少,而分布式领导越来越受到大家的重视。教师领导某种意义上就是教师文化的代言人(教师代表、骨干教师)在群体中发挥影响力。因此,聪明的学校领导是非常重视教师文化的作用的,因为教师文化就是在帮助领导进行领导。教师文化的影响是通过制度和学习两种机制产生的。所谓制度,就是一种规定性的行为,这种行为在学校环境中是最通畅的,是能够得到奖励和积极效果的。而制度就是把价值取向固定化,制度具有约束力,可以规范人的行为,时间一长,行为方式及其背后的思维方式便形成了。另外就是学习机制,即一种社会学习。教师领导的榜样行为常常被领导肯定或得到同行的认可,其他教师则模仿其行为,这样,榜样行为就被复制和普遍化,渐渐成为一种文化。校长关注学校文化就要关注教师领导、关注教师之间的学习行为。

二、专业伦理价值取向的教师文化及其结构

所谓专业伦理价值取向的教师文化,一是以教师专业伦理核心价值观为核心和灵魂、以教师专业伦理原则和规范为主要规范、以教师自觉和身份认同为主要行为动力追求教师职业幸福的一种学校教师文化;它由三部分组成:物质文化、学校独特的教学建筑、教学科研设施及环境美化等。二是制度文化,涉及教师的规章制度、教师之间的人际交往方式以及行为习惯,是教师制度文化的重要组成部分。三是精神文化,它是教师文化的核心和灵魂所在,它反映的是教师行为中蕴含的深层次的价值观念、思维方式、道德风尚等,体现的是教师的整体精神面貌和生活态度。笔者在这里把专业伦理取向的教师文化结构规定为以下几个方面:

1. 以"立德树人、为人师表"的精神文化

"思想形成人的伟大",在教师专业伦理培训文化的构成中,专业伦

理精神文化最重要,是人类创造性和自由本性在教师专业伦理培训中的体现。以专业伦理取向的教师精神文化,其原点或最高价值就是"立德树人、为人师表",接着是"专业伦理理想""素质教育思想",接下来连着的是专业伦理原则(教书育人、教育仁善、终身学习、专业主义、教育幸福),紧接着专业伦理原则的是专业伦理规则(教育责任、教育公正、教育自由、宽容、教育合作、反思、关爱、尊重、耐心、正直、诚实、勤奋、教育勇敢、教育智慧)。

2. 渗透专业伦理价值的制度文化

制度是在一定历史条件下形成的,要求一定范围的成员共同遵守的、按照一定程序办事的规程和行动准则以及由此形成的社会活动体系和体制。制度为人们之间的交往、合作的顺利进行提供了必不可少的保障。它通过各种习惯和规则为处于其中的人提供了奖励或制裁的依据,制约了人们在各种选择方案中进行选择的能力。制度的本质是一种权利和义务关系的设定,是人与人之间的关系和相互制约机制,是使事物的内容及其本质得以存在和发展的具体形式。没有形式,再好的内容也难以表现。

一般来讲,制度有多方面的作用和功能,有正向的和负向的作用,诚如邓小平所说,制度不好,好人不能充分地做好事,而制度好,坏人便不能放肆做坏事。制度的合理性决定着个体行为的道德性。德性的学校制度是学校成员德性之善得以体现的前提。制度好与不好的评价,取决于制度是否是"公平""正义"的。根据制度伦理的理论,只有以人为本,体现公平和正义的要求的制度才能发挥制度的正向作用。我们当然追求制度的正向作用,追求能有利于教师专业伦理培训的教师制度。

以专业伦理为价值取向的教师制度文化作为教师文化的一个组成部分,既是专业伦理为价值取向的教师精神文化的产物,又是专业伦理为价值取向的教师物质文化的中介。主要由3个部分组成:一是由教师录用条件和资格,教师教育教学的要求和规范,教师劳动纪律,教师学习与进修管理办法,教师奖惩条例和职称晋升办法,教师工作传统与习惯积累形成的制度文化的基本层面;二是政府教育方针政策、上级行政部门和业务指导部门制定的教师管理与指导规定、学校管理体制与办学哲学等建构的教师制度文化的高级层面;三是包括教师管理机构、教师活动组织、设备等的实施机制层面。其中,制度文化的基本层面是一个自生自发的规范层面,渗透、反映着教师专业伦理价值观念、道德规范与习惯等文化因素。制度文化的高级层面则是一所学校有意的、有目的的理性选择的制度层面,反映该校的正式制度层面。制度文化的基本层面与高级层面是相互统一与协调一致的，是实现专业伦理价值取向的教师制度文化功能的关键。制度文化作为教师行为和活动的习惯、规则，主导或制约了精神文化与物质文化。没有文化价值的制度是不存在的，没有制度形式的文化也是不存在的。专业伦理价值取向的教师制度一定要体现、反映学校专业伦理核心价值，反过来学校核心伦理价值赋予制度以精神和气质。从这个意义上讲，制度和教师专业伦理是相互渗透、相互补充、相互支持的关系。也正因为如此，制度才能对教师的专业伦理养成或提高起到引导、促进作用。

3. 蕴含专业伦理价值教育的物质文化

教师物质文化是通过教育建筑、设施和教育手段、环境布置等物质结构表现出来的教师文化，其基本功能是维持教师教育教学活动的进行，满足教师的学校工作和生活的需要。作为专业伦理价值取向的教师文化的基础部分，物质文化自然要承载专业伦理价值的意蕴，体现专业伦理教师文化的精神追求，并且发挥"环境育人"的功效，能够激励、促进教师专业伦理素质发展。正如环境心理学家认为，人的行为心理与环境是相互联系、相互作用的，人塑造了环境，但同时又受到环境的影响，环境对人的行为、心态具有一定的导向和约束作用。所以，在专业伦理精神文化、制度文化影响之下建构的教师物质文化，也会对教师的心理平衡、价值观念及态度、工作方式产生影响，同时也有利于学校教师积累的知识、经验的保存和传递。

三、专业伦理价值取向的教师文化的建构及其作用发挥

文化是一种价值创新活动，也是一种价值建构活动，更是一种价值展开与证明的活动。人类文明发展史告诉我们，只有那些有利于人身心发展，能满足人的需要，能保障人类社会活动成功的价值、制度和物质才能积淀、传承下来成为文化。因此，文化建设的过程，也是它发挥作用的过程，专业伦理价值取向的文化亦然。

文化是为人的，人是文化建设和享用的主体。蓝德曼说："我们是文化的生产者，但我们也是文化的创造物。"因此，我们在建构专业伦理取向的教师文化时，要明确专业伦理价值取向的教师文化建设的目标是营造适合教师的生活方式，提高教师教育工作的获得感与幸福感，专业伦理价值取向的教师文化的建设主体是包括学校校长在内的全体教师。而校长作为学校的领导者和教师队伍的带头人，又在教师文化建设的实践中发挥着主导作用。所以，满足教师的专业发展需要，启发教师师德建设的自觉，尊重和发挥教师的主体性，就成为专业伦理取向的教师文化建设的前提。

(一)设计、确立教师文化核心理念和价值,建构教师精神文化

学校领导即校长要遵循现代人本管理、民主管理等现代管理理论。领导学校教师,协商、合作设计、建构专业伦理价值取向的教师文化。

1. 树立立德树人、全面实施素质教育的办学理念

立德树人、实施素质教育是我国新时代中小学教育的根本要求、基本策略和运作方式,同时也基本规定中小学教师的专业价值和工作要求。学校领导要树立立德树人、全面实施素质教育的办学理念,并把它融进学校规划、制度与教育教学活动中,使之成为教师文化的根本指导方针。素质教育的根本目标是培养德、智、体、美、劳全面发展的社会主义接班人和建设建设者,核心理念是"为了学生的发展,一切为了学生",基本主张是:德育为先、因材施教、启发教学、联系生活。这些价值是与教师专业伦理一脉相承、相互辉映的。学校在设计、建构教师专业伦理取向的价值文化时自然是要有机融入,加以落实的。

2. 融合学校校训、教风,设计、确立学校教师专业伦理价值体系

培养出老一辈无产阶级革命家的南开中学,其校训是"允公允能",华东师范大学第二附属中学的教风是"严谨、扎实、灵活、创造",都蕴含着诸如"公正、求实、敬业"等的优良专业伦理价值规范。学校可以在新建或重塑自己学校的校训和教风时把它们融进教师专业伦理价值;学校可以在利用编制教师专业发展规划时,提出自己学校的教师队伍专业伦理价值追求并把它们作为学校师德建设的愿景。如,上海市宝山区淞南中心小学自2001年就制订了打造"仁善型"教师队伍的蓝图,2011年开始建构"仁善型"教师文化。该校希望本校的教师人人要有"仁爱"的精神和情怀,尊重同事、理解他人、爱护学生,珍惜自己所从事的工作和岗位。学校还采用协商办法编制教师座右铭或伦理手册的办法,制订具有本校特色的教师公约或专业伦理规则。如"近日,浙江杭州安吉路良渚实验学校《教师公约》的发布像一石激起千层浪一般引发了教育圈内圈外的高度关注,原因在于这个公约很实在地阐述了教师对待教育中重要的利益相关者'工作'(自己)、'学生''同事'"和'家长'的立场,尤其是在对待'家长'上鲜明地阐述了'不把学业辅导的责任推卸给家长'的专业立场,确实具有深刻的专业内涵的建构意蕴。因为在我们看来,教师专业是由'教会学生学习''育人'和'服务'三个内涵构成的,而'不把学业辅导的责任推卸给家长'是教师'服务'专业内涵的集中体现。我们把'服务'专业内涵概括为三个方面的内容,一是为家长服务,

二是为同伴服务，三是为组织服务。"又如深圳实验学校员工座右铭：为祖国和孩子们的未来奉献一切！第一，突出爱国主义；第二，强调以人为本；第三，确保工作重点；第四，追求完美卓越；第五，坚持务实推进；第六，注重同步建设；第七，提升境界品位；第八，维护职业尊严。当前，我国大部分中小学都制订有自己的教师公约，如果能从专业伦理视角思考并强调底线思维则更好。

3. 讲好自己学校优秀教师的故事

学校要以学校教师专业伦理核心价值观的学习、宣传、内化等，在教师中抓典型或榜样，讲好典型故事、事迹，让典型人物成为文化的符号，让这些故事成为伦理价值的载体。笔者清楚记得，刚大学毕业分到江西省鄱阳中学工作时，老校长给我们刚分配来的青年教师开会，介绍了学校一些名师，其中有一位是北大毕业的李老师——"三个特点，一支粉笔、一个三角板、一条紫红毛线围巾。"一支粉笔，是讲他字写得好，板书规范；一个三角板，是说他几何课上得好，画图特别标准、速度快；围巾是笑谈他讲究，生活有情调，一条围巾几乎天天戴。校长又说这位老师唯一的不足就是"说话嗓门大，口水多，一节课下来，坐在离讲台近的学生满脸都被他喷出的吐沫打湿了"。老校长就用几个小故事把学校对青年教师的希望和要求巧妙地植入我们这些新教师的心中。故事是易记的，有感染力和说服力，因而在教师精神文化的形成中能起到良好的作用。

（二）返本开新，建构专业伦理价值取向的教师制度文化

身份感缺失，价值迷失，进而丧失主动修为的自觉，是我国目前部分中小学教师的精神状态。蔡辰梅教授在《社会转型进程中教师道德的文化断裂及其重建》一文中，把造成这一情况的原因归结为文化断裂：第一，教师既因为放弃对传统文化中师道尊严的维护而失落了尊崇，又难以安放自己于现实，在文化转型中道德所依存的文化支撑的断裂，导致了在道德上的迷失，在道德世界里感到空洞和空虚。第二，旧的身份已经放弃，包括这一身份所承载的道德意义，而新的身份却尚未确立，尤其道德意义上的自我胜任和完成。这正是教师在这一身份文化断裂中面对的道德断裂的现实和困境。第三，既无法借由认同集体道德来充实个体的道德世界，也无法经由个体道德世界的高洁风范而改善群体道德，在集体文化与个体文化的双重脆弱中，教师的道德无以获得支撑而挺拔坚韧、高洁出群。对此，蔡教授给出的解决方案是"回到传统""走向专业""重建自我"。笔者十分赞同，所以提出"返本开新，建构基于教师身份认同的教师制度文化"。

1. 制订突出教师专业伦理的教师录用、晋升制度

如学校可以把具有坚定的专业理想和教师职业荣誉感作为引进教师的基本标准之一；也可以把是否主动开展教学改革和课题研究作为教师参加学校高一级教师评聘的重要依据。在制订教师晋升制度方面，可以引进"前瞻职业角色激励"的思想。前瞻职业角色，就是指中小学教师对未来晋升上一级职称时应具有的各方面条件、自身素质及履行职责的期待。以中学为例，目前中小学职称系列有中学三级教师、中学二级教师、中学一级教师、中学高级教师、中学副教授教师。其角色可界定为中学教师从教时社会对教师形象的期待，它是由中小学教育制度及社会共同塑造的，并以此作为规范行为，评判教师优劣的标准。作为中小学教师应该把握好自己的前瞻职业角色定位，并且以前瞻职业角色来激励自己成为一名"伦理型教师"。中小学教师前瞻职业角色激励，指的是中小学教师未来的职业角色应具有的各方面的条件、素质和履行职责的诸要素对教师行为动机的产生及行为执行力、坚持力的推动作用。这种激励和推动作用是前瞻的、上进的、主动的和过程性的，主要体现为教师对晋升上一级专业角色的自身应当具有的知识、能力和师德的"预知预见"，体现为对教师伦理失范的"预警警示"，体现为引导教师积极进行伦理实践，促使教师在教育生活中淬炼、提升自己的伦理品质。要充分发挥中小学教师前瞻职业角色激励作用，要求学校帮助教师做好前瞻职业角色发展生涯计划，提升教师前瞻性思维能力。

2. 建立学校荣誉制度

为提高教师地位，维护教师权益，改善教师待遇，使教师成为学校最受人尊重的人群；也为了鼓励更多教师教书育人，激发教师的工作积极性，学校有必要制定自己的荣誉制度。如有的学校模仿中央台每年推选出"年度感动人物"或"教师楷模"，也有的学校每年评选自己的"星级教师"或"最受学生欢迎的教师"并予以物质重奖。

3. 开展优秀教研组、年级组或其他教师团队建设

教研组、年级组是我国中小学进行教学研究或学生管理的组织，从教师专业伦理素质培训与提高来看，学校要赋予它们新的使命，不能满足于传统的业务研修或管理职能，而应把它们升格为教师专业伦理共同体。"教师要借由自我道德主体性的重建，重建集体意义上的道德，发现自我道德重建的共同体意义，进而重建作为教师群体的'我们'的道德，实现道德自我主体性的引导性传播"。学校领导要继承以往教研组、年级组

等建设的经验，引导他们成为教师专业伦理进修的教师共同体。如，笔者2008年就把自己管理的教育发展研究室设定为"学习型组织"，在协商的基础上，把"大局意识、服务品质、政研特点、精细作风"作为全体成员的行为规范，很好地促进了成员的专业发展。

4. 建立重视教师专业伦理的教师发展性评价机制，并制度性规定评价结果是教师评模选优的依据

"师德境界的提高，需要通过有效的教师职业道德评价'让教师对自己选择的教育行为负起道德责任'，主动远离道德底线"。学校要根据学校教师专业伦理价值观，制订重视教师专业伦理表现的教学班主任工作、学科研修、年终工作考核等评价依据，如师德评价一直是学校年度考核和评模选优的"软当"，师德考评要么形式化，要么缺乏实效，要么引起教师不满。原因是思想不重视，评价指标不科学、缺少适当的方法和技术，也没有专门的人员负责实施。鉴于这种情况，学校完全借用上文提到的评价技术，把教师自我评价、领导评价、学生评价和同行评价结合起来，把定性评价和定量评价结合起来，采用档案袋评价法、日常观察法进行发展性评价，并指定专人负责。更主要的是要把教师专业伦理评价结果作为评模选优的重要依据。我国1998年颁布的《教师和教育工作者奖励规定》明确规定："全国优秀教师"的基本条件是：热爱社会主义祖国，坚持党的基本路线，忠诚于人民的教育事业，模范履行职责，具有良好的职业道德。并具备下列条件之一：全面贯彻教育方针，坚持素质教育思想，热爱学生，关心学生的全面成长，教书育人，为人师表，在培养人才方面成绩显著；认真完成教育教学工作任务，在教学改革、教材建设、实验室建设、提高教育教学质量方面成绩突出；在教育教学研究、科学研究、技术推广等方面有创造性的成果，具有较大的科学价值或者显著的经济效益、社会效益；在学校管理、服务和学校建设方面有突出成绩。因此，学校为了建设专业伦理取向的教师文化，更有理由把教师专业伦理评价结果作为评模选优的重要考量。

5. 建立严格的教师奖惩制度

墨子早就看到，奖惩是使人达到兼爱境界的道德教育方法，"今若夫兼相爱，交相利，此其有利且易为也，不可胜计也，我以为则无有上说之者而已矣；苟有上说之者，劝之以赏誉，威之以刑罚，我以为人之就兼相爱、交相利也，譬之犹火之燃上、水之就下也，不可防止于天下。"奖惩是教育者对受教育者的道德行为给以奖励，对不道德行为给以惩罚的道德教育方法。据此，学校要制定科学、适当的教师奖惩制度，并严格、公平

地执行。例如，学校对于教师在教育教学过程中猥亵学生、向家长索要礼品、向部分学生透露考试试题与答案等信息的教师，就可以处以解除合同、扣除奖金、取消年度疗休养等惩罚；而对于利用节假日义务为差生辅导的教师应给予物质或精神奖励。

6. 建立学校教师师德校本研修制度

这里有两层意思，一是建立全校性的专业伦理学习与培训制度。学校领导负责组织，做到时间、场所设备与资金有保证，学习与培训内容包括优秀传统典籍、专业伦理知识与技能、教师礼仪等；二是对教师中存在的伦理问题等开展校本研究，建立学校师德与学生道德校本研究制度。这是目前中小学制度的一个短板。学校有教研组、年级组或教导处组织指导教师如何上好课、如何做科研，但没有专门人员与程序来就教师师德教育进行组织和策划，党支部或工会可能会组织全校教师进行时政教育与学习，但根本无精力和能力研究教师的专业伦理培训。"古往今来，研究道德的学问很多，但只有伦理学把'道德'作为唯一的对象来研究，所以教师要学点伦理学，并不断展开相互讨论，而且只有进行集体学习和共同探讨时才更有利于教师有效提高道德思辨能力，提升把握教育过程中伦理问题的敏感度，增进分析教育和社会现象的理论水平"（刘竑波，追寻专业伦理，教育伦理研究，第二辑）。所以笔者建议有见识的校长不妨尝试建立自己的校本师德研训制度，如学校可创办"王阳明读书会""陶行知教育思想沙龙"，就专业伦理困境进行讨论。道德是一种能力，如果借助校本研修，使教师专业道德素质得以提升，学校的教育质量也会可持续发展。

学校可以在校本研修的基础上，建立教师学习型团队。彼得·圣吉在《第五项修炼》中强调"系统思维和创造性思维根源于知识及知识的灵活运用和潜能及智慧的开发"，学习、反思、智慧都是教师专业伦理的重要范畴，加强学习型团队建设养成教师这些品质的重要措施，也是教师文化的目标。学校领导要带头学习，要营造学习的氛围，提供学习的条件，建立学习的制度，让学习成为全体教师的自觉需要，让追求卓越、崇尚一流、不断进取成为教师的共同愿景。最终依靠教师个人的卓越和团队良好的配合，互相补足，使教师的才能更好地发挥，化个人卓越为团队卓越，使教师的合力通过有效的整体合作，融合成强劲的整体力量，使学校发展出超乎教师个人才华总和的知识和能力，使组织的整体智商高于个人智商。

学习型团队建设的重要内容是加强校本培训，可采取以下措施：首先是要树立共同体意识。成尚荣先生在《学校发展共同体的价值启示》指出:"当今世界合作比竞争更重要,集体行动比个别行动更重要,互利共赢比单纯利己更重要。在全球化不断加快的今天,世界应当成为发展共同体。"利用共同体开展师德建设是今天学校教师道德发展的不二选择。学校教师学习型建设,要充分利用共同体思维,建构教师的集体精神和意识;其次是要采取一系列行动。如四川成华小学的做法就值得借鉴:开阔眼界——听大家报告,请教育界的大家来学校做报告,开阔教师们的视野;名师导航——拜师求艺聘请教育界的名师担任中青年骨干教师的导师,言传身教,迅速提高教师的教艺水平和个人修养;走进经典——读书活动,组织教师阅读文化名著和教育经典,汲取精神养料,陶冶情操,提升人文素养;案例课题——教研活动,通过记述课堂教学案例和教育案例以及在此基础上的课题研究,反思教育行为,改进课堂教学。思维碰撞——学校沙龙,每月一次教育沙龙,组织老师们就教育热点问题和学校发展问题展开讨论,思想交锋,激情碰撞,互相启迪,经验共享。

专业伦理价值取向的教师制度建设就是系统的动态运行过程,是总结和概括学校师德建设经验教训及其规律,形成学校校长、教师必须遵守的法规、条例、规则等的过程。校本专业伦理价值取向的教师制度建设的实质就是用专业伦理使学校制度更加道德、更加有利于教师专业发展和学校整体发展,同时又使这种更加专业和道德的制度养育教师的专业伦理素质,满足教师自我实现的需要。是故,制度建构一定要符合程序伦理,一定要尊重教师、依靠教师,充分发挥教师的聪明才智。就教师制度建设活动本身来说,是一个继承、发展和创新的过程,也是一个长期、复杂、系统的工程,必须采用科学的方法、踏踏实实地进行。

美国当代伦理学家富勒说:"一个真正的制度应当包含着自己的道德习性,一旦国家施行的制度没有能蕴含着道德的价值取向,就会导致一个根本不宜成为制度的东西。""徒法不足以自行",专业伦理价值取向的教师制度实施要靠校长、教师和专业研究人员自觉严格遵守。另外,制度的监督作为事后纠正或督促行为对于教师制度建设具有重要意义。

(三)打造舒适、现代、能承载教师专业伦理教育的物质文化

教师物质文化是直接满足教师生存与物质需要的产品,也是教师其他高级需要得以满足、发展的物化形态。从教师专业伦理培训的角度看,学校要打造的教师物质文化应该是安全、舒适、便捷、现代化的,能承载教师专业伦理教育物质丰富序列。

1. 改善教师的物质待遇,增加教师的幸福感与获得感

虽然,我们提倡教师"捧着一颗心来,不带半根草去",也希望教师能像陶行知先生那样"人生天地间,各自有禀赋,为一大事来,做一大事去",但教师不可能人人都是"圣贤"或道德英雄,应该承认大部分教师都是普通人,他们要生存,要活得开心,有着自己的物质需要和利益诉求;何况专业伦理终极目标也是教师的幸福。因此,作为学校领导要有为教师谋福利的意识和举措,同时制订、实施公平的学校利益分配制度。校长要采取多种措施,为教师排忧解难,在提高教师学校认同感的过程中,提高教师的专业伦理修为。所谓"仓廪实而知礼节"大抵如此。

2. 建立、运行教师专业伦理宣传文化传媒体系

目前,中小学都有自己的网站、微信公众号或其他信息平台,笔者建议学校领导要扩大其职能,利用它们为教师专业伦理培训出一份力,而不仅仅是发布通知、交流教育教学信息的工具;有条件的学校可以创设、编发关注教师专业伦理素养的纸质刊物或电子杂志,宣传教师嘉言善行。学校要重视出版教师的作品和成果,传递和传播教师的价值观、教育观、思维方式和行为方式等。比如,北京二中的教育博物馆就珍藏了许多教师的作品(过去的老教案等),反映着过去教师们的种种精神和价值理念。

3. 设计、使用专业伦理价值取向的教师文化标识系统

媒介不仅通过它的内容影响人的知识、价值观和行为,一种媒介的出现、使用和普及以及它所形成的媒介工具环境本身,都会在很大程度上改变人的个性和人格。如果情况允许,学校可以从有利于本校教师专业伦理品质养成的目标出发,系统设计、使用教师文化标识系统。如,印制教师使用的备课本、工作笔记本,在封面上打上"爱满天下"的标语,或扉页印上《新师德宣言》。学校也可以统一教师着装,使之体现"严谨""公平"等,也可以让学校教师佩戴印有"一切为了学生"的徽章等。

4. 营建隐含"教师专业伦理"的物质环境

教师专业取向的教师物质文化,是包括学校绿化、美化、净化的物质环境,是能让"学校每堵墙都能说话"的学校建筑、设施、场地等。当代学校都很重视硬件建设,但很多学校的环境建设缺少文化品位,更看不到学校教师的精神追求,这是值得校长们反思的。从教师专业伦理培训讲,校长要大力加强教师办公室文化建设,要重视教师图书馆、计算机房的文化建设;有条件的学校,要树立为教师熟悉、敬仰教育家、学校名师的塑像。如,上海市行知中学的校园里就矗立着陶行知塑像。学校也可根据本校的教师文化的核心理念装饰、布置教室办公室、教师食堂与活动室等,把挖掘出来的本校教师"名言",适当地摆放其间,使之具有激发教

师工作热情、浸润教师德性的作用；同时学校还可以根据本校教师的审美标准，绿化、美化校园，让教师生活在绿树成荫、芳草萋萋、花香鸟语的环境里。上海市建平中学就是这样一所非常重视"教师专业伦理"的物质环境的学校，为了让教师内化、践行"为了学生的终身可持续发展，为了学生健康幸福地成长"的办学理念，学校在教师工作环境建设与布置时，尽力按照"高雅性、舒适性、现代性和教育性"的原则进行，落脚点是"培育海纳百川、追求卓越、开明睿智、大气谦和的新上海人形象"。

5. 组织开展蕴含伦理价值培训的教师文体活动

教师文体活动是专业伦理取向的教师的主要载体，文体活动本身就是教师文化建设和运行的重要内容，文体活动一方面能营造有利于教师身心健康的人文氛围，给教师创造沟通、合作、展示才艺的机会；另一发面，又有利于推行教师自我教育、自我管理，养成教师团结奋斗、积极进取的精神。学校可以组织教师运动会、教师艺术节，也可以组织教师春游、秋游或假期疗养活动，这些都能促进教师修身养性，有利于教师专业伦理素质的提高；学校也可根据教师的特长和爱好，组成若干小团队，如影视、读书、烹调、健身、美容等，开展团队活动，交换信息，交流感情，增进了解，增进友谊，增强他们对学校的归属感。对于任何全校性教师文体活动，校长都要精心设计和组织，确保活动成功；特别是那些外出参加的竞赛性的活动，更需要校长全力以赴，争取好成效。因为，文化实质上是成功经验的积累。在这里，笔者建议学校领导，要定期开好教师运动会、教师联欢会及做好法定节假日活动，如"教师节庆祝活动""三八妇女节"等，要让这些活动成为教师专业伦理培训的"润物细无声"的精神旅游。时下，很多中小学为了提高广大教师对教育工作重要性的认识，激励教师爱岗敬业、严谨治教，定期举办教师才艺展示、教学比武、课件教具制作竞赛，鼓励和支持教师参加社会上举办的各种竞赛、学术交流活动等，大大促进了教师专业发展，如能有意识、有计划地赋予其专业伦理教育的内涵，则能起到事半功倍的效果。如四川成都成华小学，在各种教师成长活动中加入美育因素；学校在"青年教师赛课""校级最有影响力班主任评比"等活动中，引入美育评价指标，例如制定了《审美化课堂导学评价表》，激励教师提升自身的美育修养，在教学中自觉贯彻美育原则，有效促进了该校"审美教师文化"的建立，也促进了学校审美化课堂教学。

刁培萼教授曾经明确指出："在现代化建设过程中，学会用文化的视野、文化的手段来观察、分析和处理问题，对改革的整体、协调发展有意义，对经济、政治和教育的发展也是大有益处的。长期以来，人们习惯于以经济的、行政的眼光和手段来认识、处理问题，而忽视文化的手段，这是一个严重的缺陷。"我们提出建构专业伦理价值取向的教师文化，并从理念、目标、内容和方法等几个方面回答了如何建构及其怎样运行，正是看到了文化育人的作用及其优势。美国人类学家本尼迪克特（R. Benedict）是这样论述文化对人的社会化作用的：个体生活历史首先是适应由他的社区代代相传下来的生活模式和标准。从他出生之时起，他生于其中的风俗就在塑造着他的经验与行为。到他能说话时，他就成为自己文化的小小的创造物。而当他长大成人并能参与这种文化的活动时，其文化的习惯就是他的习惯，其文化的信仰就是他的信仰，其文化的不可能性也就是他的不可能性。"

参 考 文 献

[1] 檀传宝. 论教师"职业道德"向"专业道德"的观念转移[J]. 教育研究,2005(1).
[2] 宿珊珊. 教师专业伦理的实践困境与突破[J]. 产业与科技论坛,2017(21).
[3] 王彩霞. 我国教师专业伦理建设的现状研究[J]. 四川教育学院学报,2003(8).
[4] 王正平. 教育伦理研究(第三辑)[M],上海:华东师范大学出版社,2016.
[5] 杨晓平,刘义兵. 论教师专业伦理建设[J]. 中国教育学刊,2011(12).
[6] 杜时忠,张添翼. 以专业伦理精神重构师德规范:以"2008版师德规范"为研究对象[J]. 教师教育论坛,2013,26(2):63.
[7] 兰英. 中美教师职业道德规范文本分析及建议[J]. 西南大学学报(社会科学版),2012(50).
[8] [加]伊丽莎白·坎普贝尔. 伦理型教师[M]. 王凯,杜芳芳,等译. 上海:华东师范大学出版社,2011.
[9] [美]理查德·T. 德·乔治. 经济伦理学[M]. 李布,译. 北京:北京大学出版社,2002.
[10] 徐廷福. 论我国教师专业伦理的建构[J]. 教育研究,2006(7).
[11] 孙碧菡. 教师专业伦理:概念、内容及其意义[J]. 教师教育学报,2014(12).
[12] 王淑宁. 高师教师专业伦理课程体系构建[J]. 中国成人教育,2017(20).
[13] 郭玉霞. 教育专业伦理准则初探:美国的例子[J]. 国民教育研究集刊,1998(6):1-19.
[14] David Carr. Professionalism and Ethics in Teaching[M]. New York:Routlege,2000.
[15] Elizabeth ampbell. Professional Ethics in Teaching:Towards the Development of a Code of Practice[J]. Cambridge Journal of Education,2000,30(2):203-221.
[16] R. S. Downie. Professions and Professionalism[A]. inDavidE. W. Fenner (ed). Ethics in Education[C]. New York and London:GarlandPulishing,Inc. ,1999.
[17] 王正平. 教育伦理研究(第一辑)[M],上海:华东师范大学出版社,2014.
[18] 边沁. 道德与立法原理导论[M]. 北京:商务印书馆,2003.
[19] 周玲萍. 中小学教师专业伦理的反思与对策[J]. 当代教育论坛,2015(5).
[20] 王正平. 教育伦理研究(第五辑)[M],上海:华东师范大学出版社,2018.
[21] 容中逵. 中小学教师身份认同构建的基本理论[J]. 中国教育学刊,2019(1):01.
[22] 孙峰. 教师专业伦理的价值选择[J]. 思想理论教育,2008(22).
[23] 王恩华. 论专业伦理教育[J]. 长春工业大学学报(高教研究版),2014(9).
[24] 方农生. 专业伦理教育与高校德育改革[J]. 高等工程教育研究,2006(3).
[25] 刘铁芳. 从"敬业"到"乐业":当前师德建设的基本问题[J]. 教育科学研究,2005(4).
[26] 吴云鹏. 教育学案例教学中的教师专业伦理[J]. 教育评论,2011(2).

[27] 毛菊.教师职后培养中专业伦理教育的缺失及对策[J].集美大学学报,2009(10).
[28] 童富勇,刘桂林.中小学教师专业伦理现状调查[J].教育发展研究,2007(5B).
[29] 禹旭才.师德教育:化师道为德行[J].湖南科技大学学报(社会科学版),2005(01).
[30] 王玉玲.中小学教师专业伦理缺失与重建研究[D].上海:华东师范大学,2007.
[31] 李其龙,郭官义.赫尔巴特文集教育学(卷二)[M].杭州:浙江教育出版社,2002.
[32] 杜时忠.以专业伦理精神重构师德规范[J].教师教育论坛,2013(8).
[33] 王恩华,朱慧娟.论专业伦理教育[J].长春工业大学学报(高教研究版),2014.
[34] 杨春茂.师德修养培训教材——师德修养与师德建设理论与实践[M].北京:首都师范大学出版社,2014.
[35] 杨贤金,石凤妍,等.师德新论——以德治教与师德建设[M].南京:江苏教育出版社,2004.
[36] Knowles, M. S The modern practice of adult education: From pedagogy to andragogy [M]. New York Cambridge Book,1983.
[37] 申敏.基于成人学习特点的员工培训之浅谈[J].长沙通信职业技术学院学报,2017(3).
[38] 杨贤金,石凤妍.师德新论[M].南京:江苏教育出版社,2004.
[39] Sikes, P. The life cycle of the teacher. In Stephen J. Ball & Invor F. Goodson (Eds.)Teachers1lines and careers[M]. Lewes: Falmer Press, 1985.
[40] 王丽娟.教师专业道德的发展阶段初探[D].北京:北京师范大学,2003.
[41] 叶澜,白益民,等.教师角色与教师专业发展新探[M].北京:教育科学出版社,2001.
[42] 胡文龙.美国工程伦理教育评价研究[J].北京航空航天大学学报(社会科学版),2011,(11).
[43] 杨晓平,刘义兵.论教师专业伦理建设[J].中国教育学刊,2011,(12).
[44] 申来津.精神激励的权变理论[J].武汉:武汉理工大学出版社,2003.
[45] 斯提芬·P.罗宾斯,蒂莫西·A.贾奇.组织行为学[M].12版.李原,孙健敏,译.北京:中国人民大学出版社,2008.
[46] Butterfield K D, Trevino L K, Weaver G R. Moral aware - ness in business organizations: Influences of issue - relatedand social context factors [J]. Human Relations,2000,(53):981 - 1018.
[47] 周文阔.培养优秀教师的策略思考[J].网络财富,2010(12):18.
[48] 王升,赵双玉.论一般教师向优秀教师的转变[J].教育研究,2008(8).
[49] 叶澜,白益民等.教师角色与教师发展新探[M].北京:教育科学出版社,2001.
[50] 邵龙宝.师德的实质与人格建构[J].西南民族大学学报(人文社会科学版),2014(08).
[51] 王想平.谈教师职业理想的价值与建构[J].宁夏教育,2013(9).

[52] [美]查尔斯·霍顿·库利. 人类本性与社会秩序[M]. 包凡一,王源,译. 北京:华夏出版社,1999.

[53] 马克斯,恩格斯. 马克思恩格斯全集(第一卷)[M]. 北京:人民出版社,1956.

[54] [德]路德维希·费尔巴哈. 费尔巴哈哲学著作选集(上卷)[M]. 荣震华,译. 北京:商务印书馆,1984.

[55] 胡相峰. 为人师表论[J]. 教育研究,2000,(9).

[56] 罗国杰. 伦理学百科全书[M]. 长春:吉林人民出版社,1993.

[57] 陈永利,等. 演讲(上)[M]. 北京:中国人民大学出版社,2017.

[58] 王正平. 教育伦理研究(第二辑)[M]. 上海:华东师范大学出版社,2015.

[59] 王正平. 教育伦理研究(第四辑)[M],上海:华东师范大学出版社,2017.

[60] 程春梅. 终身学习理念及其对教师的启示[J]. 教育探索,2009(4).

[61] 陆道坤. 师德"师范"现象折射出的教师专业发展与困境[J]. 教育科学,2013(4).

[62] [西]阿莱霍·何塞·G. 西松. 领导者的道德资本[M]. 宇文轩,丁敏,译. 北京:中央编译出版社,2005.

[63] Friend, M. & Cook, L.. Interactions: Collaboration Skills for School Professionals [M]. White Plains,NY: Longman, 1992.

[64] 杜静,王晓芳. 论基于社会互动理论的教师合作[J]. 教育研究,2016,(11).

[65] [奥]阿德勒. 生命的意义[M]. 欧阳谨,译. 北京:台海出版社,2018.

[66] 陈芳. 教师合作:教师专业发展的动力[J]. 职业教育研究,2008(7).

[67] 宋明钧. 反思:教师专业发展的应有之举[J]. 课程·教材·教法,2006(7).

[68] Lynda Fielstein,Patricia Phelps. 教师新概念——教师教育理论与实践[M]. 王建平,等,译. 北京:中国轻工业出版社,2002.

[69] 陈嘉明. "理解"的理解[J]. 哲学研究,2019(7).

[70] 程良宏. 教师的课程理解及其向教学行为的转化[J]. 全球教育展望,2013(1):113-120.

[71] 王正平. 尊重教师是教育伦理的一项重要原则[J]. 道德与文明,2015(04).

[72] 联合国教科文组织总部. 教育:财富蕴藏其中[M]. 联合国教科文组织总部中文科,译. 北京:教育科学出版社,1996.

[73] 张家军. 论教育宽容[J]. 教育研究与实验,2004(4).

[74] 陈鹤琴. 家庭教育[M]. 上海:商务印书馆,1925.

[75] 许玉鑫. 论传统正直文化的历史与现实意义[J]. 濮阳职业技术学院学报,2016,(9).

[76] 保罗·弗莱雷. 十封信[M]. 熊婴,刘思云,译. 南京:江苏人民出版社,2006.

[77] 顾明远,钱理群. 现代教师读本(教育卷)[M]. 南宁:广西教育出版社,2006.

[78] 中国社会科学院语言研究所词典编辑室. 现代汉语词典[M]. 5版. 北京:商务印书馆.

[79] 糜海波. 社会主义核心价值观与教育伦理的实现路径[J]. 教育参考,2016(01).

[80] 陈章龙,周莉. 价值观研究[M]. 南京:南京师范大学出版社,2004.

[81] 张岱年. 张岱年全集(第3卷)[M]. 石家庄:河北人民出版社,1996.

[82] 习近平. 习近平谈治国理政[M]. 北京:外文出版社,2014.

[83] 戚万学,唐汉卫. 现代道德教育专题研究[M]. 北京:教育科学出版社,2005.

[84] 辞海编辑组. 辞海(缩印本)[M]. 上海:上海辞书出版社,1989.

[85] 联合国教科文组织国际教育发展委员会. 学会生存[M]. 华东师范大学比较教育研究所,译. 北京:教育科学出版社,1996.

[86] 埃德加·莫兰. 复杂思想:自觉的科学[M]. 陈一壮,译. 北京:北京大学出版社,2001.

[87] [捷]夸美纽斯. 大教学论[M]. 傅任敢,译. 北京:人民教育出版社,1984.

[88] 刘丽群,石鸥. 课堂讲授策略[M]. 北京:北京师范大学出版社,2010.

[89] 王海明. 伦理学原理[M]. 北京:北京大学出版社,2001.

[90] 郑永廷. 思想政治教育方法论[M]. 北京:高等教育出版社,2003.

[91] 朱晓林. 论自我教育法在信仰培育中的运用与价值[J]. 江苏第二师范学院学报(教育科学),2016,(7).

[92] 郭本禹. 道德认知发展与道德教育——科尔伯格的理论与实践[M]. 福州:福建教育出版社,1999.

[93] 郑金洲. 案例教学指南[M]. 上海:华东师范大学出版社,2000.

[94] Towl A R. etal, ASCI case collection,https://m.xzbu.com/g/view-5145116.htm.

[95] 顾明远. 教育大辞典:增订合编本(上册)[M]. 上海:上海教育出版社,1998.

[96] 朱水萍. 专业伦理与教师教育[J]. 教育评论,2013(5).

[97] 陈国元,蔡双全,高雄. 上课播血腥反堕胎影片,小六生看完做噩梦[N]. 东森新闻报.

[98] [美]里查德·J. 斯蒂金斯. 促进学习的学生参与式课堂评价[M]. 国家基础教育课程改革"促进教师发展与学生成长的评价研究"项目组,译. 北京:中国轻工业出版社,2005.

[99] 郑双流. 法哲学与法社会学论丛(二)[M]. 北京:中国政法大学出版社,1999.

[100] 王仕民. 德育文化论[M]. 广州:中山大学出版社,2007.

[101] 杨宏伟. 学校教师文化建设[J]. 基础教育参考,2004(9).

[102] 张冰. 论教师文化对教师专业发展的影响[J]. 现代教育科学,2017(1).

[103] 施惠玲. 制度伦理研究论纲[M]. 北京:北京师范大学出版社,2003.

[104] 刘超良. 制度德育的环境支持[J]. 教育科学,2004(8).

[105] 曾小华. 文化、制度与制度文化[J]. 中共浙江省委党校学报,2001(2).

[106] 蓝德曼. 哲学人类学[M]. 北京:中国工人出版社,1988.

[107] 朱旭东. 教师公约体现教师专业内涵构建[N]. 中国教育报,2013-9-20(003).

[108] 李龙. 西方法学名著提要[M]. 南昌:江西人民出版社,1999.